本书由高水平学科（社会学）资助出版，并获江西省2011"客家文化传承与发展"协同创新中心经费资助

客家与民俗研究丛书

主编：林晓平　万建中

文化传播视野下的客家民间信仰研究

邹春生／著

中国社会科学出版社

图书在版编目(CIP)数据

文化传播视野下的客家民间信仰研究 / 邹春生著. —北京：中国社会科学出版社，2017.11

（客家与民俗研究丛书）

ISBN 978-7-5203-1644-6

Ⅰ.①文… Ⅱ.①邹… Ⅲ.①客家人-信仰-民间文化-研究-中国 Ⅳ.①B933

中国版本图书馆 CIP 数据核字（2017）第 299454 号

出 版 人	赵剑英
责任编辑	宫京蕾
责任校对	秦 婵
责任印制	李寡寡

出　　　版	中国社会科学出版社
社　　　址	北京鼓楼西大街甲 158 号
邮　　　编	100720
网　　　址	http://www.csspw.cn
发 行 部	010-84083685
门 市 部	010-84029450
经　　　销	新华书店及其他书店

印刷装订	北京君升印刷有限公司
版　　　次	2017 年 11 月第 1 版
印　　　次	2017 年 11 月第 1 次印刷

开　　　本	710×1000　1/16
印　　　张	17.25
插　　　页	2
字　　　数	283 千字
定　　　价	75.00 元

总 序 一

俗话说"一方水土养一方人"，在学术界也有一种现象，就是一方水土养一方学问和学者。譬如，蒙古族养育出了江格尔学和一批江格尔学的学者，藏民族养育出了格萨尔学和格萨尔学的一批研究者，彝族养育出了彝学和一批彝学学者，这种学术境况极为普遍。在我国56个民族中，55个少数民族的学者在从事本民族历史文化的研究中，或多或少带有族群的情结。族群身份定位常常决定着少数民族学者的学术面貌和课题指向，这基于不同的民族文化具有不同的学术理念和研究视域。同样，在客家人聚居区，形成了客家学，一批客籍客家学学者脱颖而出，以其独特的学术风貌活跃在中国乃至世界的学术舞台。

赣南师范大学地处客家祖祖辈辈生活的中心，研究客家可谓近水楼台，得天独厚，自然成为客家学研究的一个重镇。民俗学学科能够成为江西省"重中之重"学科，与客家研究的优越环境不无关联。而且在这个学科点，不断涌现出客家学学术才俊。这套丛书中《文化传播视野下的客家民间信仰研究》的作者邹春生，《县志编纂与地方社会：明清〈瑞金县志〉研究》的作者李晓方，《客家孝道的历史人类学研究》的作者王天鹏，《闽西南"福佬客"与明清国家：平和九峰与诏安二都比较研究》的作者朱忠飞都十分年轻，他们作为客家的后代，将客家人的血脉情缘与学术造诣结合起来，承继和发扬了客家学一贯的学术传统，是客家学的未来和希望。

"客家"既是一个族群概念，也是一个开放性的学术门类，为学术研究提供了无限广阔的视域，每位客家学学者都能从中获取属于自己的一亩三分地。诸如《先秦民俗典籍与客家民俗文化》作者林晓平的客家文化研究、邹春生的客家民间信仰、王天鹏的客家孝道、朱忠飞的客家社会制度、李晓方的客家地方方志研究等，他们皆经营着自己独特的学术领地。他们以富有情感和前沿意识的学术实践，不断推动客家研究向前发展。

《客家与民俗研究》丛书中六部属于客家方面的著述，作者的客籍身份为其客家研究建立了立场保障，也让研究有了身份优势，诸如局内人、自我和主位立场等，例如，万幼楠的《赣南客家建筑研究》就是客家内部话语的生动表述。这六部著述资料之翔实，论据之充分，定位之明确，探究之执着，唯有身为客家的学者方能达至这等学术境界。人类学强调异文化的研究，其实是西方中心主义标榜的学术准则，因为其考察的地域只能选择第三世界国家。而中国则是民俗学研究的乐园，家乡民俗学更能体现中国民俗学的学科特点。客籍学者大多生长于客家生活领地，熟悉客家的方言和文化传统，能够用主位的立场理解和叙述一个地方的客家历史与现实。方言、生活方式、性格特征和思维习惯等无不浸润了客家传统，客籍学者的学术研究自然充溢着旺盛的思想活力，自觉地将客家身份转化为学术动机。六部专著选题不一，学术追求各有侧重，但客家身份的学术意识均极为鲜明和突出。这是我读后最为强烈的感受。

立足客家，面向民俗研究的其他更为广阔的领域，这是丛书《客家与民俗研究》编纂的基本方针。另外四部书是余悦的《民俗研究的多重文化审视》、徐赣丽的《文化遗产在当代中国——来自田野的民俗学研究》、黄清喜的《石邮傩的生活世界——基于宗族与历史的双重视角》、万建中的《民间年画的技艺表现与民俗志书写——以朱仙镇为调查点》，它们似乎与客家没有关联，但据我所知，这四本书的作者也都为江西籍，且或多或少与客家有联系。然而，赣南师范大学民俗学学科点的教师和特聘教师不可能把所有的研究都局限在客家的范围内，否则，学科点学者的视域就相对逼仄，难以在更为宽广的平台形成学术对话。客家研究大都在客家圈内展开，出现了学术自我消化的局面，其影响主要在客家学术圈内。丛书的选题不拘泥于客家，大概是出于这方面的考虑。

相对于前六部书的学术"专一"，后四部书大多采取了"扇面"

的多向度的学术结构：一是涉及方方面面的民俗领域，点多而面广，尽管书名及研究对象不一致，但采用的大都是"多重文化审视"的维度；二是研究方法和手段更为多样，有田野案例的解读、三重证据与多重文化的民俗学研究、民俗志书写范式的尝试、傩文化民间记忆的重现等，学术追求更为前沿和深刻。如果说，前六部专著以题材的地域性特色和资料之扎实见长的话，后四部则是以研究手段和角度之丰富体现出学术品格。不过，在方法论层面，这十部书具有明显的相通之处，即都是运用历史主义的方法观照传统民俗，在历史与民俗契合点上寻求学术意义和理论归属。

　　总体而言，这十部专著展示了赣南师范大学民俗学学科的整体实力，是近几年来学科学术研究成效的一次全面的检验。可以肯定，这套丛书的面世，将有助于扩大赣南师范大学民俗学学科点在全国的影响。祝愿学科点在民俗学理论和实践方面都取得更大的成绩。

朝戈金

2016 年 3 月

　　［作者系中国社会科学院学部委员，民族文学研究所所长、研究员，博士生导师，国际哲学与人文科学理事会（CIPSH）主席、中国民俗学会会长］

总 序 二

　　客家（英文：Hakka）是我国汉民族的一支民系，它大约是在宋元时期，由中原汉族南迁的民众与当地土著相融合而形成的。该民系的发祥地与主要聚居区是赣闽粤毗邻地区，其居民播迁至世界各地。

　　从 20 世纪 80 年代末 90 年代初至今，客家研究出现了如火如荼的局面，俨然成为一门"显学"。与此同时，对客家研究利弊得失的反思也在进行，其中一个引起许多学者思索的问题是：客家作为汉族的一个大民系，研究的内容似乎可以包罗万象，但我们关注的重点应该是什么？这个问题也许永远没有标准答案——还是应了中国的一句老话，"仁者见仁，智者见智"。正因如此，我们就可以很坦然地提出我们所认为的重点，这就是：客家民俗文化。

　　我们关注客家民俗文化，不仅是因为它的丰富性，还因为它的特色鲜明，婀娜多姿，同时，它保持得相对比较完整，且有着大量"原生态"的"事象"。

　　《客家与民俗研究》丛书共 10 本，内容分为两大部分，第一部分以客家民俗文化为主要研究对象，涉及客家民间信仰、客家孝道、客家茶文化、客家宗族文化、客家方志的编撰书写以及客家古建筑研究，等等。第二部分的内容包括乡村民俗、傩文化、福佬客文化、民俗问题的多重文化审视、先秦要籍的民俗学解读，等等。这部分的主要内容是更大视域下的民俗文化，它与第一部分客家文化有着内在的逻辑关系。

　　从纵的方向视之，探索了客家民俗文化的源流。客家民俗文化之源在何处？与中国传统文化关系怎样？是一个引起争论的问题。丛书对先秦诸子著作以及《周易》中所描述的民俗事象、民俗文化以及民俗思想进行了解读和探析，这就能使人们更深刻地认识到，客家民俗文化之源在于中国传统文化，也佐证了所谓客家文化"根在中原"的观点。从横的方向视之，在民俗文化方面具有文化比较研究的意义。例如，客家傩文化是非常丰富的，而南丰傩文化其实与客家文化有着千丝万缕的联系，丛书中对南丰傩文化的研究可作为客家傩文化研究的延伸；对于福佬客文化的论述，本身就是一种客家文化与其他民系文化比较研究的绝佳视角；《民俗研究的多重文化审视》《文化遗产在当代中国——来自田野的民俗学研究》等著作都从一个开阔的视野来探讨民俗文化，这对于客家民俗文化的研究有着一定的启迪意义。

希望这部前后历时六年的丛书，能对民俗文化尤其是客家民俗文化的研究起到一定的推进作用。

本丛书在编著、出版过程中得到赣南师范大学党政领导以及学科处、社会科学处等部门的支持和指导，江西省社会学"高水平学科"、江西省 2011 "客家文化传承与发展"协同创新中心给予了经费上的资助；中国社会科学院学部委员、民族文学研究所所长、中国民俗学会会长朝戈金研究员亲自为本丛书作序；中国社会科学出版社宫京蕾副编审不辞劳苦，多次与作者深入交谈并进行指导，为丛书的顺利出版耗费了大量的心血，在此一并表示衷心的感谢。

编委会

2016 年 3 月

目　录

绪　　论

一　选题缘由

"文化传播视野下的客家民间信仰研究"既是本书的题目，又是笔者近年来一直重点关注的主题。本书研究的动机，是从文化传播的角度，对客家民间信仰作一全面而又系统的研究，并在此基础上，对客家文化的文化特质稍作探讨。下面笔者对三个问题稍作说明，以解释本书的选题缘由。

为什么选择"客家"作为研究主题？"客家"是历史上北方汉人由于战乱等因素，从中原地区渐次迁移到赣闽粤边区，与当地的南方土著民族经过长期交流和融合，而形成的一支新族群。早在 19 世纪开始，由于广东西路土客大械斗①、太平天国运动、辛亥革命等一系列在中国近代史上具有重大影响事件的发生，而且客家人在这些事件中发挥了重要作用，于是"客家"这一支卓立不群的族群便引起了世人的高度关注。尤其是在 20 世纪 30—40 年代发生的三次著名的"去污名化"的抗争运动②，更是把更多的学者卷入了诸如什么是

---

① 所谓"广东西路土客大械斗"事件，是指发生在以广东西路鹤山地区为中心的客家人与当地土著人之间的一场大械斗。鹤山的客家人是在清初从粤东地区迁来的，因争水源、土地、科举名额等，与当地土著之间的积怨越来越深，并最终酿成了持续 14 年、波及八个县、双方死伤人数各以数十万计的大械斗事件。最后，清政府数次出兵干预，把客家人迁移安插到他处，才把土客大械斗平息下去。

② 这三次"去污名化"的文化抗争事件分别指：（1）《广东乡土历史》教科书事件。清光绪三十一年（1905），广东顺德人黄节编撰的《广东乡土历史》教科书，在介绍"客家"时，把客家说成"非粤种"，也非"汉种"。客家人认为该书这段话的言下之意，就是说客家人是杂种、野种，这对客家人无疑是莫大的侮辱。由此引起客家各界人士的愤慨和抗争。最后迫使广东提学使（相当于现在的教育厅长）出面道歉，才算平息风波。（2）《世界

"客家人"、"客家"的来源、"客家"的文化特质等问题的研究中。在研究过程中，也产生了诸如饶芙裳《客家源流》、罗香林《客家研究导论》、（英）肯贝尔《客家源流与迁徙》、（日）山口县造《客家与中国革命》等专著论文。

20世纪80年代开始，随着我国改革开放的逐步深入，许多海外客家人纷纷回国探亲访友，掀起了一股"寻根热"。并且在学术界和海内外政府与民间组织的共同努力推动下，诸如梅州客家联会、崇正客家总会、世界客家总会等大小民间组织在我国大陆、港澳台以及东南亚许多国家和地区成立，客家文化节、公祭客家母亲河、世界客属恳亲大会等活动也纷呈并现，甚至在一些大型的客家活动中，国家领导人、当地重要官员以及社会名流等纷纷到场献词，客家现象已经成为我国和周边国家与地区十分瞩目的文化事象。此时，《客家》《客家学研究》《客家研究辑刊》等学术性刊物也纷纷公开发行，吸引了越来越多的学者加入客家研究的行列，出现了房学嘉《客家源流探奥》（1994）、陈支平《客家源流新论》（1997）、谢重光《客家研究新探》（1995）和《客家文化述论》（2008）、王东《客家学导论》（1996）和《那方山水那方人：客家源流新探》（2007）等专著。这些专著比较集中地探讨了客家人的源流、身份界定的标准，有助于世人了解客家的源流和历史，以及客家文化的若干事象。

然而，随着客家文化热的不断升温，人们越来越希望了解：客家

地理》出版事件。1920年，上海商务印书馆出版了一本《世界地理》，说到广东人种时写道："其山地多野蛮的部落，退化的人民，如客家等等便是。"广东的落后民族虽多，但像该书这样单独举例，无疑又是对客家人的莫大侮辱，因此又一次引起了客家人的强烈愤慨。香港、上海、北京各地客家人联合行动，组织"大同会"，出版学术著述，声讨商务印书馆。最后，上海商务印书馆声明认错，停发旧课本，重新出版新课本。在新编课本中，改为"客家是中国进步民族"。（3）《建设周报》事件。1930年7月，广东省政府建设厅主办的《建设周报》发表一篇关于客家风俗的短文，说"吾粤客人，各属皆有……分大种小种二类，大种语言嘲啾，不甚开化；小种则语言文化，取法本地人"。这实际上还是在贬低客家人是野蛮族类，因而又一次引起客家人的抗争。他们在广州召开大会，推选代表与当局交涉。最后，由广东省政府主席陈铭枢亲自出面，宴集双方人商议，最后省建设厅对该杂志主编予以降职调离的处分，并公开道歉，方告平息。

族群的人文特质是什么？客家精神体现在哪些方面？我们究竟应该继承和发扬什么样的客家文化？为此，在近年来的大型国际或国内客家学术研讨会中，关于客家文化特质问题的探讨都成为学者共同关注的重点。但在讨论中，由于学者来自不同的研究领域，对客家文化研究的侧重点也大异其趣，甚至产生了"盲人摸象"的情况，导致至今尚未出现对这个问题的令人信服的系统的专门研究。为此，本书即以客家文化特质为研究主题，以客家民间信仰的研究作为切入点，拟对客家文化的文化特质作一专门的探讨。

　　为什么选择民间信仰作为本书的研究对象？本书的研究主旨在于探讨客家文化的文化特质。客家文化的表现形式很多，有客家建筑、客家服饰、客家民俗、客家民间艺术，等等。我们当然可以对这些文化事象全面考察，从总体上来进行研究。但这样做，无疑要耗费巨大的时间、精力和财力，就目前条件来看，笔者远未具备这样的功力和条件。因此，就决定选择其中一个方面，对其进行研究。笔者之所以选择民间信仰作为本书的具体研究对象，主要是认为民间信仰自身具有以下特征，最能反映客家文化的本质。

　　一是民间信仰在内容上具有综合多元性。"文化特质"一词，应该是对一个文化体系内所含诸多文化因子的本质属性的高度抽象和概括，以此表达出该文化体系区别于其他文化的本质特征。我们选取民间信仰作为具体的研究对象，探讨客家文化的特质，就是因为民间信仰具有综合多元性的特征。民间信仰的综合多元性主要表现在两个方面：一方面是不同地域、不同族群所信奉的民间信仰各不相同；另一方面是在民间信仰中，包含了神灵、仪式、庙会、象征符号、信仰空间等诸多元素。这些仪式和活动，不仅包含了口头传统（如关于神灵来历、灵迹的各种传说故事），各种民俗活动、礼仪，而且还有独特的与上述表现形式相关的文化空间。通过对民间信仰的研究，有助于我们对客家族群的经济文化、社会生活以及客家人的文化心理结构、价值取向等内容的全面了解。

　　二是民间信仰在演变方式上具有活态流变性。客家民间信仰与民居建筑、服饰文化等很不一样，这些物态文化一旦形成后，就以有形、静止、固定、不变的形态流传下来。而客家民间信仰属于非物质文化遗产，它是以活态流变的形式，世代延续传承下来的。在很大程度上它是一种观念形态，存在于人们的头脑之中，动态演变发展的。在客家民间信仰中，既有古代的内容，也有当下的成分，历史沿袭的轨迹十分明显和鲜活，并且随着时代的发展继续发展变化着。客家民间信仰由于具有这个特征，对于我们研究客家文化的文化特质及其成因，无疑是一个当选不二的最佳对象。

三是客家民间信仰在传承方式上具有集体传承性。民间信仰是一个集体行为，它所包含的一切，无论是神灵观念、祭祀仪式，还是各种传说故事，都是集体所创作，并为集体所享用。无论某个神灵信众再少、影响再小，也一定是群体的信仰，该神灵信仰的产生和传承，也一定是集体行为的结果。民间信仰的这个特性，对于我们选择某一神灵信仰，尤其是流播范围广大、信众数量巨大的神灵信仰作为个案，来研究客家人的社会生活、心理特征，并以此探讨客家文化的文化特质，自然是十分有利的。

为什么我们强调要从文化传播的视野下来进行研究？这是因为一方面客家民间信仰具有上述所提到的"活态流变性"特征，要求我们的研究也必须坚持从文化传播本身的角度，重视对民间信仰在文化传播过程中的历史演变过程的研究，以真正探究出其文化的本质。另一方面是想突破以往客家学界关于客家文化研究的局限。以往学术界在客家文化特质探讨时，存在着过分偏重于移民史研究的现象，把客家文化的形成看作移民运动背景下不同族群文化自然融合的结果。因为民间信仰是一种文化现象，它的发展、演变和传承，则是一个典型的文化传播现象，所以本书坚持从文化传播的角度，试图对以往学界所忽略的主流文化影响力、文化区位优势、国家强制力等因素进行系统考察。

二　学术史回顾

关于客家民间信仰的研究，成果很多，其中对客家研究界影响巨大者，当属自20世纪90年代始，由法国汉学家劳格文先生组织客家研究学者和当地文史工作者进行的关于"客家社会结构与原动力"的调查研究，在此基础上，出版了36卷本的《客家传统社会丛书》。该丛书以调查资料为主，对赣闽粤边区的客家宗族社会和民俗文化进行了细致的介绍，其中包含了大量关于客家民间信仰的资料，为我们开展民间信仰的专项研究提供了大量的信息，至今影响深远。

客家民间信仰的成果虽多，但全面、系统的研究专著却很少①，更多的是关于客家民间信仰方面的学术论文。据笔者通过中国知网的统计，收集到1999—2014年间关于客家民间信仰研究的期刊论文95篇、硕博士学位论文28篇。② 综观这些成果，主要包含以下几方面的内容：

一是关于客家民间信仰的宗教性质的讨论。在宗教学界，关于民间信仰是否属于宗教的讨论，旷日持久。国际汉学界的主流观点基本上都是将民间信仰看作中国本土的宗教。而在国内，则经历了一个先是否认后是肯定的过程。在新中国成立后的大部分时间里，主流学术界主张民间信仰不是宗教，不具有宗教的本质属性。但随着时代的发展和研究的深入，近年来有越来越多的学者倾向于认为民间信仰本质上属于宗教，和中国现存五大宗教一样同样是人的意识对客观存在颠倒的反映，是对超自然存在的崇拜，但具有与法定的现有五大宗教不同的特征与表现形态。③ 宗教学界的争论，也延伸到了客家民间信仰

---

① 关于客家民间信仰研究的专著，正式出版的主要有：汪毅夫：《客家民间信仰》，福建教育出版社1995年版；赖泽涵、傅宝玉主编：《义民信仰与客家社会》，台湾南天书局有限公司2006年版；刘还月：《台湾的客家族群与信仰》，台北常民文化出版公司1999年版；陈进国：《信仰、仪式与乡土社会：风水的历史人类学探索》，中国社会科学出版社2005年版；邱秀英：《莲地区客家信仰的转变——以吉安乡五谷宫为例》，兰台出版社2006年版；刘道超：《信仰与秩序　广西客家民间信仰研究》，广西师范大学出版社2009年版；刘海燕：《闽台客家宗教与文化》，福建人民出版社2009年版；林晓平：《客家民间信仰与民俗文化》，中国社会科学出版社2012年版；周建新、温春香：《客家民间信仰和地域社会研究》，黑龙江人民出版社2014年版。此外，还有其他诸如《定光古佛与客家民间信仰》等未公开出版的论文集。限于文章篇幅，在此不一一列举。

② 笔者所用的搜索条件为：主题＝客家、民间信仰。数据截止日期为2014年9月23日。

③ 曾传辉：《中国民间信仰的属性》，载金泽、陈进国主编《宗教人类学》第一辑，民族出版社2009年版，第360页。

的研究之中，主要观点有三种：①否定其宗教属性，认为只是民众自发的信仰形态而已；②肯定其宗教的本质；③认为是介于二者之间的"准宗教"。①

二是关于客家民间信仰特征的探讨。不少学者都参与了这一论题的探讨。学者们基本上参照了宗教学界和民俗学界对民间信仰特征的界定，大致归纳出了客家民间信仰所具有的多神性、族群性、地域性、实用性（或功利性）、综合性（或丰富性）、本真性、民俗性等特征。②关于客家民间信仰特性的上述界定，除了"族群性"之外，基本上取得了比较一致的认可。而对客家民间信仰是否具有"族群性"的特征，则存在较大争议，出现了截然相反的两种观点。这两种观点争论的焦点在于：究竟存不存在能够代表客家族群的神明及其特殊的信仰活动？虽然大多数人否认客家民间信仰具有这一特点，但有些学者以"三山国王"主要是粤东客家人在敬奉、"义民爷"主要由台湾北部客家人所信奉为例，肯定了客家民间信仰的"族群性"。③在笔者看来，"族群性"的提法还须斟酌。因为民间信仰具有开放性，不存在专门只限于某一族群的神灵信仰，虽然一些神灵是由某个

---

① 参见汪毅夫《客家民间信仰》，福建教育出版社 1995 年版，第 2 页；吴永章《客家传统文化概论》，广西教育出版社、广西师范大学出版社 2000 年版，第 231 页；胡希张、莫日芬《客家风华》，广东人民出版社 1997 年版，第 303 页；谢重光《福建客家》，广西师范大学出版社 2005 年版，第 224 页。

② 相关著文请参见林晓平《客家民间信仰与民俗文化》，中国社会科学出版社 2012 年版，第 221—227 页；谢重光《试论妈祖信仰的社会功能》，载《中共福建省委党校学报》2002 年第 1 期；庄英章《客家族群的"历史性"：闽、客家民间信仰模式的比较》，见乔健《文化、族群与社会的反思》，北京大学出版社 2005 年版，第 216—217 页；郭志超《民间宗教视野的闽客族群对照》，见石奕龙、郭志超《文化理论与族群研究》，黄山书社 2004 年版，第 397 页；刘丽川《论客家民间多信仰及其文化源头》，载《中山大学学报》2002 年第 2 期；罗勇《论民间妈祖信仰对客家传统社会的调控功能》，《西南民族大学学报》2004 年第 7 期；周琍、周建新《从民间信仰看粤闽赣山区开发和客家族群发展》，载《中南民族大学学报》2005 年第 5 期。

③ 请参见刘还月《台湾的客家族群与信仰》，台北常民文化出版公司 1999 年版；周建新《粤东地区三山国王信仰的起源、特征及其族群意象》，《广西民族研究》2006 年第 1 期；周建新《地方性与族群性：客家民间信仰的文化图像》，《广西民族大学学报》（哲学社会科学版）2010 年第 3 期。

族群所创造，但随着族群之间的互动和交流，这些信仰会在不同族群之间进行传播。而事实上，在客家人的现实世界中，确实也不存在某一神灵专为客家族群所独有，甚至在整个客家族群中，至今还未形成由不同地域客家人所共同信仰的民间神灵。至于为粤东客家人所信奉的"三山国王"、台湾北部客家人所信奉的"义民爷"信仰，以及分别为闽西和赣南客家人所信奉的"定光古佛"和"许真君"信仰，体现更多的是地域性的差别，而在台湾，来自不同地方的客家人，以家乡神灵作为团结族众、争取政治权利的做法，更多地是体现了客家民间信仰的功用性。

三是对客家民间信仰进行功能主义的解释。主要是通过客家民间信仰的研究，探讨"国家—社会""民众—精英""主流—边缘""传统—现代""历史记忆—族群结构"等方面的问题。例如，陈春声在《正统性、地方性与文化性的创制——潮州民间神信仰的象征与历史意义》一文中，探讨了"三山国王"和"双忠公"这两尊在潮州乡村庙宇中最经常见到的神祇，通过象征意义的转换，获得"正统性"地位的过程，并认为这一过程与潮州地区数百年来王朝教化与地域社会复杂互动的契合过程有着密切的关系。① 黄志繁运用他一贯所强调的须从历时性的角度去解读神明信仰变化的研究方法，通过对赣南上犹县营前镇观音堂碑文的解读，发现了不同社会力量之间关系的演变，并仔细考察导致这种演变的因素，从而获得对"客家文化"的深度理解。② 肖文评在其博士论文中也涉及了民间信仰的研究，他运用丰富的官方和地方文献，具体探讨了广东大埔县白堠村的民间信仰在地方精英的倡导下，蜕变成既具有地方传统文化特色又符合国家礼仪和儒家伦理的客家民间信仰。③ 邹春生在其文章中阐述了国家控制赣

---

① 陈春声：《正统性、地方性与文化的创制——潮州民间信仰的象征与历史意义》，《史学月刊》2001 年第 1 期；

② 黄志繁：《神明信仰与土客关系——清代上犹县营前观音堂碑文的解读》，《赣南师范学院学报》2008 年第 2 期。

③ 肖文评：《白堠乡的故事：地域史脉络下的乡村社会建构》，生活·读书·新知三联书店 2011 年版。

闽粤边区民间信仰的若干措施，并且认为这种控制不仅有助于封建国家对赣南进行乡村秩序重建和维护地方稳定，而且还对客家文化的形成起了一定作用。①

四是对若干具体的客家民间信仰的研究。客家民间信仰丰富多彩，各色神灵林林总总，不少学者和文史工作者都对其中具体的一个或一些神灵的产生、发展、仪式、意义等方面的内容进行了细腻的研究。其中，最受人关注的是风水信仰、三山国王信仰、义民爷信仰、定光佛信仰等方面的研究。②

总的来说，关于客家民间信仰的研究是客家研究中颇受关注的问题，学者分别从自己感兴趣的角度，对此进行了研究和探讨。在研究过程中，既有对具体神灵信仰的民族志描述，又有对客家民间信仰总体性特征的归纳，还有对民间信仰背后深层次的社会结构和族群结构的研究。这些研究成果对于我们了解客家民间信仰的特点、功能和影响，无疑提供了丰富翔实的资料。然而，综观已有的研究成果，我们也可发现，现有成果虽然较多，但往往都是对某一神灵、仪式或事象进行研究的单篇论文，而对民间信仰进行全面、系统并且深入研究的专著则明显不足；同时，虽然有不少论文对客家民间信仰进行了功能性的研究，但对客家民间信仰的形成和发展机制，以及对民间信仰与客家文化特质关系等方面的研究也依然十分缺乏。所有这些都为本书的研究留下了巨大的空间。

三　本书所用的资料、方法和内容框架

（一）本书的资料来源

本书所依据的研究资料主要有以下五类：

1. 典籍类资料

主要是指各种官方正式文献，具有权威性和经典性。如《史记》

---

① 邹春生：《神灵入典与毁禁淫祠：略论国家对客家民间信仰的控制——兼论国家权力在客家文化形成中的作用》，《赣南师范学院学报》2008年第1期。

② 黄志繁：《客家民间信仰研究综述》，《广西民族大学学报》（哲学社会科学版）2010年第3期。

《汉书》《新唐书》《旧唐书》《宋史》《明史》《清史稿》《建炎以来系年要录》《宋会要辑稿》《明会典》《明实录》《四库全书》《四部丛刊》等。

2. 个人文集类

主要指个人笔记、随文、言论集等。这些文献虽没有官方文献那样权威、经典，但这些文献所记往往是作者的感同身受，所以同样具有极高的文献资料价值。本书亦采用了不少这类文献资料，如（宋）王安石《临川文集》、（宋）李觏《盱江集》、（宋）刘克庄《后村先生大全集》，（明）张弼《东海文集》、（明）王守仁《王阳明全集》，（清）屈大均《广东新语》等。

3. 地方志

地方志是指按一定体例全面记载某一时期某一地域的自然、社会、政治、经济、文化等方面情况或特定事象的文献。这类文献一般为时人所写当时之事，且以"亲历""亲为""亲见"为撰写原则，所以具有极高的文献价值，成为研究地方区域社会史的重要资料。本书亦采用了大量的地方志资料，如明嘉靖三十四年《虔台续志》、清康熙二十二年《兴国县志》、康熙五十年《激水志林》、乾隆四十四年《定南县志》、道光四年《宁都直隶州志》等。

4. 族谱

又称家谱、宗谱等。是以表谱形式记载一个家族的世系繁衍及重要人物事迹的书，实际上就是一部家族发展史。不仅可以用来区别姓氏源流，亦可作为数典认祖、研究历史、地理、社会、民俗等的参考资料，对于历史学、民俗学、人口学、社会学和经济学的深入研究，均有不可替代的独特功能。本书采用了不少家谱资料，如乾隆三年《雩邑峡溪萧氏重修族谱》、乾隆十五年镌刻梅州松源《梁氏族谱》、乾隆四十一年增修河源漳溪《蓝氏族谱》、乾隆甲辰上犹营前《陈氏族谱》、光绪三十四年《瑞金密溪罗氏六修族谱》、光绪乙酉《会昌县筠门岭龙头村蓝姓三修族谱》、民国丙辰《会昌县筠门岭镇上增村雷姓族谱》、1995年《宁都东龙李氏十修族谱》、2006年《颍川堂赣南钟氏联修族谱》等。

5. 田野调查资料

即在田野调查过程中所获取的资料的总称,既包括在考察现场发现的各类碑刻、题铭、民间文书,也包括采访、传说等各类口述资料。这些资料深藏民间,外露于野,成为正式文献的重要补充资料。关于民间信仰的田野资料很多,本书也较多采用这类资料,如关于各类神灵的灵验故事传说、科仪文本资料,等等。

(二)研究方法

本书所用研究方法主要有以下三种:

1. 历史文献研究法

这是本书最主要的研究方法。有关赣闽粤边区的历史文献资料很多,包括正史、地方志、文人笔记、题匾碑刻、家族谱牒等。通过对这些历史文献进行搜集、鉴别、整理并正确解读,以期能够把赣闽粤边区客家民间信仰的基本概况清晰地勾勒出来。

2. 田野调查法

田野调查的研究方法是来自考古学和文化人类学的基本研究方法,即"直接观察法"的实践与应用,指研究工作开展之前,为了取得第一手原始资料,到研究场域进行现场调查。民间信仰是民众自发性的一种神灵信仰活动,这种活动不仅内容丰富、仪式多样,而且因为深藏民间,官方文献缺乏记载,所以只有进行田野调查,亲临现场考察,才能发现更多的资料。本书在写作过程中,进行了相关的调查工作,获得大量的田野调查资料,为我们对赣闽粤边区的客家民间信仰的研究提供了珍贵的第一手资料。

3. 个案研究与整体研究相结合的方法

个案研究法亦称个案历史法,是通过对某一个体或团体的深入考察,以达到对这类事物进行整体描述的一种研究方法。个案研究与整体研究是密切相关的,个案研究绝不是孤立的研究,它的研究指向是为了达到对整体的完整了解和阐述,并且为整体研究提供许多深刻、翔实的个案资料,使整体研究显得更加全面和缜密。本书在撰写过程中,通篇采用个案研究与整体研究相结合的方法。如在阐述儒家文化、佛教文化和道教文化的传播对客家民间信仰的影响时,我们运用一个个案例，对此予以描述，使我们更加清晰地看到了这些文化因素对赣闽粤边区民间信仰的深刻影响。

（三）本书主要内容和框架

1. 本书主要内容

本书从文化传播的角度，运用历史文献和田野调查相结合的方法，结合传播学和文化人类学的相关理论，详细阐述和分析了儒家文化、佛教文化和道教文化在赣闽粤边区的传播，及其对客家民间信仰的影响。其研究的具体内容主要包括：一是客家民间信仰的内容。客家民间信仰既包括土著文化的特性，如尚巫信鬼、自然崇拜等，又包含了大量佛教、道教思想和儒家文化等文化因素，成为一个多元文化综合体。二是客家民间信仰的形成机制。在客家民间信仰形成过程中，有不同的力量参与其中，既有宗教的力量，又有国家政权的力量，还有来自民间社会的力量，充分反映了客家民间信仰形成和发展的内在机制。三是民间信仰对客家族群的影响。客家民间信仰的形成和变迁对客家族群产生了深远影响，它在客家族群的社会生活中扮演着极其重要的角色，它既对社会成员有着重要的精神安慰作用，成为他们日常生活中极其重要的一部分，又成为维系客家族群存在和发展的重要精神纽带，促进了族群团结。四是客家民间信仰与客家文化的关系。客家民间信仰既是客家文化的重要组成部分，也深刻体现了客家文化的多元性、区域性和移民性等文化特征。

2. 本书研究框架

绪论部分　主要介绍本书的选题缘由、学术史回顾和所用的研究方法、资料等。

第一章　主要介绍赣闽粤边区自然环境和人文环境的基本概况及其对民间信仰的影响。主要包括：赣闽粤边区地理环境的特点及其对客家民间信仰的影响；赣闽粤边区的客家族群及其文化；赣闽粤边区民间信仰的现状和特点。

第二章至第四章　采用个案研究和整体研究相结合的方法，依次介绍儒家文化、佛教文化和道教文化在赣闽粤边区的传播及其对客家民间信仰的影响。

在第二章中，介绍儒家文化如何通过各级学校的设立向赣闽粤边区广泛传播的情况，并且阐述儒家文化对客家民间信仰的深刻影响。认为不仅儒家崇尚的"天地君亲师"成为客家民众普遍信仰的对象，而且儒家"以神道设教"的神道观成为国家对待客家民间信仰的基本原则。并通过对"贤女娘娘"信仰的个案考察，阐述刘氏女从一个冤死野鬼进入官方祀典体系，取得"正统性"合法地位的过程，揭示了儒家文化对民间信仰的重要作用。

在第三章中，主要介绍佛教文化在赣闽粤边区的传播情况及其对客家民间信仰的影响。认为由于佛教文化在赣闽粤边区的广泛传播，使佛教思想成为客家民间信仰的重要理念，民间神灵与佛教之间出现密切互动，民间信仰吸收不少佛教神灵，而且也引起了佛教的民俗化。并引流行在福建地区的猴神信仰的历史演变之事例，揭示了佛教文化对民间信仰的重要影响。

在第四章中，主要介绍道教文化在赣闽粤边区的传播情况及其对客家民间信仰的影响。先是简要介绍中国道教的发展脉络及其在赣闽粤边区的传播概况，在此基础上，再着重介绍了道教文化的传播对客家民间信仰的巨大影响。如很多道教神灵成为赣闽粤边区民间信仰的对象；许多道教仪式成为客家民间信仰的主要仪式；民间信仰与道教存在密切互动，道教继续吸取民间信仰神灵到自己的神灵谱系中来；民间信仰也以道教为正教，尽量与之攀附。本章还专引"江东神"为例，介绍了这个神灵的起源、流播，以及被道教改造的过程，揭示了民间信仰与道教文化之间的互动关系。

第五章　既是对绪论部分的呼应，也是对全书的总结和提升。包括两方面的内容：一是分析了客家民间信仰的形成和发展机制，主要讨论了文化本身的因素、移民运动的因素和国家政权这三大因素对客家民间信仰的形成和发展所起的作用；二是在充分阐述民间信仰与客家族群生活和客家文化有着密切联系的基础上，进一步分析了客家文化的文化特质。

第一章 赣闽粤边区的地理环境
与神灵信仰概观

人类文化与地理环境的关系十分密切，地理环境是人类文化产生和发展的物质基础，人类文化也充分体现了地理环境的地域特征。赣闽粤边区是客家族群的摇篮，也是目前客家人口最大的聚居区。客家民间信仰丰富多彩，对客家人的生产和生活具有深刻影响。

第一节 赣闽粤边区的地理环境

地理环境作为人类赖以发展的基础，也是人类文化产生和发展的空间条件。不同的地理环境会产生不同的文化，文化的形成和发展也必然会带有这一地区的环境特点。神灵信仰的产生与地理环境密切相关，在一定程度上它既是地理环境的产物，也是地理环境的体现者。赣闽粤边区地理环境复杂，神灵信仰也是多种多样，两者之间具有密切的联系。

一 赣闽粤边区地理环境的特点

江西南部、福建西部和广东东北部的交界区域在地理环境方面十分相似，属于同一个地形区，其特点有四：

一是"崇冈复岭"。赣闽粤毗邻区山多，地方文献中常用"崇冈复岭""接岭连峰""峻岭巨嶂""高山大谷"等词语来描述。例如，明代嘉靖年间南赣巡抚虞守愚在谈到赣闽粤边区的地理环境时这样概括："臣所辖地方，俱系江湖闽广边界去处。高山大谷，接岭连峰。"① 相似

---

① 嘉靖《虔台续志》卷 4《事纪》。

的描述，在其他的文献中亦有记载。如："汀州西临章贡，南接海湄，山深林密，岩谷阻岰。"① "汀州为郡，崇冈复岭，居山谷斗绝之地。"② "（连城）居稠山之中，崇冈复岭，东控莲峰屹立之雄，西拥旗石宝嶂之胜，南案银屏秀出之障，中抱文溪九曲之流，他若金鸡诸岫插汉昂霄，天马群峰如仗如笏。"③ "虔州，江南地最旷，大山长谷，荒翳险阻。"④ "崇义据西江之上游，乃南安之新邑，律诸大庾、南康，厥山益峻，厥水益驶。穷林邃谷，盘礴深窈。"⑤ 光绪《嘉应州志》在谈到过去嘉应州的自然环境时也说，"嘉应峻岭巨嶂，四围阻隔，与濒海不同，又前此人物稀少，林莽丛杂，时多瘴雾"。⑥

地方历史文献中的这些描述，并非言过其实。从现在的科学测量统计数据看，赣闽粤毗邻区确实是一个崇山峻岭、山高林深的地方。这里除了横亘着南北走向的武夷山脉和南岭两大山系之外，境内还分布着许多大小山峦。例如，赣南境内九连山、罗霄山、雩山等山系；闽西境内的山峦亦多。全区以低中山为主，中山面积7250.87平方公里，占总土地面积的38.06%，其中海拔800米以上的占总土地面积的17.58%，800米以下的占20.48%。面积最大的一块中山，分布在连城县东部、上杭县东北部、龙岩市北部和西部、漳平县西北部、永定县北部，亦为全区地势最高部分。玳瑁山、采眉岭是这片中山的主体。面积第二大的中山，分布在漳平县南部、龙岩市东部和南部、永定县东南部，即博平岭的主体。此外，武夷山脉南段大部属于中山，但不连续，大体以长汀至瑞金公路线、武平县城至东留、背寨公路线为界，划分为三块。长汀县东部与连城、上杭交界地松毛岭也是中

---

① 《元一统志》卷8《江浙等处行中书省·汀州路》，中华书局1966年版，第629页。
② 嘉靖《汀州府志》卷1《地理·形胜》。
③ 连城县地方志编纂委员会编：《连城县志》（康熙版点校本），卷2《舆地志·形胜》，方志出版社1997年版。
④ 王安石：《虔州学记》，《临川文集》卷82，四库本。
⑤ 嘉靖《崇义县志》引郑乔《序》。
⑥ 光绪《嘉应州志》卷3《气候》。

山。其他中山，均呈零星分布①；粤东北境内有罗浮山、莲花山和阴那山等山系。

二是"水急滩险"。赣闽粤边区境内的主要河流有贡江、章江、汀江、梅水等。由于森林覆盖率高，该区域的年降水量比较大，地表径流丰富，流量大。赣南平均年降水量 1572.4 毫米，域内有大小河流溪涧 6100 条，河川径流量为 274.2 亿立方米。② 闽西地区溪河也多，全区集水面积达到或超过 50 平方公里的溪河，共有 110 条，分属汀江、九龙江北溪、闽江沙溪、梅江等水系。其中汀江水系多年平均径流量 4.39 亿立方米，多年平均径流深 1165.3 毫米；最大径流量高达 6.89 亿立方米。③

由于径流量大，加上山高路崎，河道曲折，所以水流湍急。尤其是水中多石，这些石头有的露出水面，有的暗藏水中，航运船只往往触礁而沉。最为著名的是赣南的上下"十八滩"（"上十八滩"为信丰至赣州段，"下十八滩"为赣州至万安段）。文天祥《过零丁洋》一诗所提到的"惶恐滩头说惶恐"的惶恐滩，就位于"下十八滩"的赣县与万安交界处。赣南上下十八滩水急石多滩险的形状，方志有形象记载：

> 章（水）贡（水）合流，自郡治（注：此指赣州府治）北至万安二百四十里。凡有滩十八，在赣县者九，盖举其大者称之，其实不止十八滩。……（鳖滩）乱石纷矗，络绎不绝。……（天柱滩）有三石峰暗伏中流，舟必三折而过，浪涌如山，震荡心目。……（大湖滩）舟人呼石人坝，其石如人，睡卧中流，秋冬水落，重舟不能行，必以小船剥运。……（铜盘滩）其石犬牙

---

① 龙岩地区地方志编纂委员会：《龙岩地区志》卷 2《自然环境·山岭》，上海人民出版社 1992 年版。

② 赣州地区志编纂委员会编：《赣南概况》，人民出版社 1989 年版，第 11 页。

③ 龙岩地区地方志编纂委员会：《龙岩地区志》卷 2《自然环境·水文》，上海人民出版社 1992 年版。

交错，舵师稍息，危在眉睫……①

汀江和梅水也与此相似，其江中之水"急流湍险""水迅急而浅涩"：

　　汀江："水之所归，南走潮海，西下豫章，东北注于剑浦，西北奔于彭蠡，其源皆出于此，实东南上游之地，是以山重复而险阻，水迅急而浅涩，山川大势固已奇绝。"②

　　梅水："在州之东六十里，导源自汀之武平溪。溪有七十二滩，急流湍险，上下百余里，舟筏至滩谓之入恶，过滩安流而去谓之出恶。"③

三是"山多田少"。赣闽粤边区由于"崇冈复岭""山深林密"的地形特点，造成土地资源相对较少，且开垦成本高的情况。赣闽粤边区土地资源稀少的状况，古代文献多有表述："（崇义县）众山壁立，南郊略广，山多田少，路如鸟道，水清而激。"④ "（大埔）多山陵林郁，耕稼之地仅一二。"⑤ "连城，汀之一邑耳，其土多亢燥碻瘠，不堪耕植；其俗虽俭，而不阜於财。"⑥ 赣闽粤边区山多田少的情况，在新中国成立后新编的地方志更有准确的描述。如，龙岩地区耕地面积 201.50 万亩，占全区总面积的 7.05%⑦；梅州耕地 189.12 万亩，占总面积的 8%⑧；赣南耕地面积 5369.42 万亩，占全区总面

---

① 同治《赣州府志》卷 6《舆地志·水》。

② 嘉靖《汀州府志》卷 1《地理·形胜》。

③ （宋）王象之：《舆地纪胜》卷 102《广东南路》"梅州"之"恶溪"条。

④ 嘉靖《崇义县志》《舆地志·形胜》。

⑤ （清）蔺涛纂修：《大浦县志》卷 10《民风》。

⑥ 连城县地方志编纂委员会编：《连城县志》（康熙版点校本），首卷《旧序》，方志出版社 1997 年版。

⑦ 龙岩地区地方志编纂委员会编：《龙岩地区志》卷 2《自然环境·地貌》，上海人民出版社 1992 年版。

⑧ 广东国土资源年鉴编纂委员会：《广东国土资源年鉴（2002 年）》，广东省地图出版社 2002 年版。

积的 9.09%。① 由此，我们可以清楚地看到，赣闽粤边区的耕地面积
与区域总面积相比，所占比例均低于 10%。这与周边地区闽南三角
洲、珠江流域和赣江中下游地区相比起来，这个地区的耕地面积还是
很少的。地形地貌的变迁相对稳定，所以这些现代方志的记载也大体
能够反映该地区过去的情况。不仅如此，这些耕地不仅数量极少，而
且由于"崇冈复岭"的地形特点，又使这些土地的耕垦难度很大。
如，"（南安府）无广谷平原，生谷之土，多崎岖幽僻。"② "（永定
县）邑土斗隘，厥土骍刚。山田五倍于平野，层累十余级不盈一
亩。"③ "（平远县）撮土皆山地，可耕者十仅一二，且土瘠而稼穑多
艰，力勤而收获常歉。"④

　　四是自然灾害频繁。赣闽粤边区地区也是一个自然灾害频繁的地
域。我们以赣南为例，赣南常见的自然灾害有水灾、旱灾、虫灾、雹
灾、疫疠、霜冻、春寒等，几乎涵盖了北方平原地区所有的灾害类
型，甚至连平原地区少有的雷击、瘴疫、春寒等对人们的生产生活影
响严重的灾害也经常发生。例如，春寒就是一种给赣地农业生产造成
严重损失的恶劣天气，它一般发生在 3、4 月。而这时正是赣南水稻
育秧、油菜结籽的时节，一旦强冷天气入侵，使大面积的稻秧、菜籽
冻伤冻死，会给农业生产带来重大损失。如 1970 年 3 月 11—26 日，
兴国县连续 16 天发生冷冻的春寒天气，致使全县大面积早稻烂种，
损失种谷 200 余万斤，油菜也因寒冻而引起霜霉病蔓延。⑤ 水旱灾害
在赣南发生的频率也特别高，历来就有"三年两水旱"的说法。再
以 1983 年的南康县为例，该县 5 月发生两次雹灾，又夹带风灾，龙
卷风达到 10 级，冰雹最大者径达 15 厘米，打碎屋瓦、毁坏庄稼无
数；6 月暴雨，50000 亩农田受涝；6 月 18—25 日久旱，受灾面积达

---

① 赣州地区志编纂委员会：《赣南概况·自然条件》，人民出版社 1989 年版，第 7 页。
② 同治《南安府志》卷 4《仓庾》。
③ （清）方履篯修、巫宜福纂：道光《永定县志》卷 16《风俗》。
④ （清）卢兆鳌修、余鹏举纂：嘉庆《平远县志》卷 1《田赋》。
⑤ 1988 年版《兴国县志》卷 3《灾害》。

144450 亩。①

　　赣闽粤边区上述地理环境特点的存在，对生活在这里的人们产生了极大的影响。它不仅使这里地形相对封闭，阻碍了与外界的交流，致使这里长期以来被中原统治者视为"化外之地"，社会经济迟迟得不到开发，而且还为各种神灵信仰习俗的产生提供了温床。

二　赣闽粤边区地理环境对神灵信仰的影响

　　自然环境赋予了人类生存的基本条件，而人类通过自身的进化发展影响着自然环境。自然环境是人类生存和发展的必要条件，人类文明的发展则作用和影响着自然环境，这二者之间是相互依存、相互影响的关系。钱穆曾说过："各地文化精神之不同，穷其根源，最先还是由于自然环境之区别，而影响其生活方式。再由生活方式影响到文化精神。"② 神灵信仰是人类文化的一个组成部分，它的产生、发展和传播，也与地理环境密切相关。如前所述，赣闽粤边区地理环境具有崇冈复岭、山多田少、水急滩险、天灾频发等特点，这样的环境，也对当地的神灵信仰产生了极大的影响。

　　赣闽粤边区历来是一块迷信风气十分浓厚、充满神秘色彩的地方。我们以赣南为例，据方志记载，赣南"俗颇信巫，凡疾病、死亡、祈禳、追荐，更有于父母年六七十时，设坛请僧道虔诵经藏，往各祠行香祈祷"③，花在敬神事鬼上的财钱无数，"赣俗喜演戏谢神，演剧弥月，送神仪饰尤盛，计其费可敌中人百家产"④。由于敬事鬼神造成极大的铺张浪费且又容易滋生是非，所以，北宋熙宁年间虔州知州刘彝打击迷信活动，"斥淫巫三千七百家"。⑤ 明朝南安知府张弼亦毁淫祠"凡六百余所"⑥，可见当时迷信风气之浓烈。这种迷信风

---

① 1993 年版《南康县志》卷 3《灾异》。
② 钱穆：《民族与文化》，东大图书公司 1989 年版，第 2 页。
③ （清）光绪《南安府志补正》卷 1《风俗》。
④ （清）同治《赣州府志》卷 20《风俗》。
⑤ 《宋史》卷 334《刘彝传》。
⑥ （清）同治《南安府志》卷 25《艺文八》。

俗一直延续到现在，如逢"丁日"不理发；丧葬建房时要看风水；婚嫁、出行时要拣个"好日子"；农村每逢"分龙"日（即夏至后第一个辰日），不准挑尿桶出门、在室外晒衣裳；用"藏禁"方式（请巫觋辟邪消灾）给小孩治病，打结草龙驱赶虫灾，迎请道士打醮祈雨救旱，等等。

赣闽粤边区信仰习俗的产生与当地自然环境的密切关系，可以从以下两个方面来说明：

一方面，神灵信仰的出现是环境的产物。关于赣闽粤边区神灵信仰形成的原因，有些学者从历史文化的角度作了一定解释，如劳格文先生认为赣闽粤边区的不少风俗与该地区原有的楚文化中"尚巫信鬼"的习俗有关。[①] 钟家新先生则从社会学的角度，认为赣闽粤边区诸如风水信仰等习俗，与中国的世俗皇帝观念及频繁的战争、内乱有密切的关系。[②] 其实，如果我们从环境与文化的角度来考察的话，可以明显看出，赣闽粤边区浓厚的迷信习俗的形成与当地的自然环境密切相关，只要认真考察这一地区现存的民俗，就能清楚地看出这一点。赣闽粤边区现存仍具迷信色彩的民俗与信仰中，大部分都与水旱灾害、瘟疫、虫灾等自然灾害有关。例如，闽西地区有齐天大圣信仰的习俗。如明溪县，"大圣庙，在县东北七十里，祀齐天大圣"[③]。永定县，"东华山，斯山嵯峨千仞……林深多猿猴，时悬崖走壁与游人嬉逐，每岁春秋辄有群猴取冢间纸，环挂于绝顶天池峰陈果而祭，相传上有猴王墓云"[④]。尤溪县地处莲花山的洪宅村内有一庙宇，"祀有齐天大圣"，"（每年）六月二十三日，四方来祠者甚众"。[⑤] 在尤溪县城东又有福明宫，亦祀有齐天大圣神像。[⑥] 此外，根据地方文史工作

---

① 罗勇、林晓平主编：《赣南庙会与民俗》，国际客家学会法国远东学院 1998 年版，第 58 页。

② 钟家新：《客家人"风水"信仰的社会学分析》，《客家研究辑刊》1998 年第 1、2 期。

③ 民国《明溪县志》卷 10《建置志·祠庙》。

④ 民国《永定县志》卷 3《山川》。

⑤ 民国《尤溪县志》卷 2《山川》。

⑥ 民国《尤溪县志》卷 2《祠庙》。

者的调查，在泰宁县开善乡余上村的忠靖庙所供奉的神灵中，除了主神张巡、许远之外，还有齐天大圣及五谷神等。① 我们认为，闽西以及福建其他地区的猴神信仰之所以盛行，当与这里的群山绵延、山高林深的地理环境有关。我们知道，福建地区的齐天大圣信仰，其实信奉的是现实中客观存在的猕猴。猕猴是我国常见的一种灵长类动物，分布于我国大部分地区，尤其是南方地区，性喜群居，多栖息在石山峭壁、溪旁沟谷和江河岸边的密林中或疏林岩山上。福建是一个十分适合猕猴生长的地方，它地处东南沿海，东面濒临茫茫大海，西北横亘着武夷山脉，西南有博平岭山脉，东北有太姥山脉。在这群山绵延、山高林密、人烟稀少的地方，自古以来就是猿猴群聚之地。在古代文献中多有对猿猴出没的描述。"（宋代福建）始州户籍衰少，耘锄所至，甫迩城邑，穷林巨涧，茂木深翳，少离人迹，皆虎豹猿猱之墟。"② 《闽产异录》亦载："猴性淫而躁，山县多产之。……诏安乌山多大猴，常于秋月一会，千百为群，呼啸跳跃，遍满山谷。"③ 此外，在福建各州府郡县方志的"物产"条目中，也多有关于猿猴的记载。在科学知识尚未丰富的远古时代，人们认为大自然的一些动植物具有某种神秘力量，这些精灵与作为善神的图腾神不一样，它们不做好事，而是专门危害人类。人们应当虔诚地敬奉这些精灵，才能躲避这些灾害，因而产生了精灵崇拜。福建地区猴神信仰的产生也是如此，由于这一地区繁衍了大量的猕猴，而这些猴子与闽人的相处并不和谐，它们成群结队出来糟蹋村民的庄稼，甚至还伤害幼小的人畜，严重影响了附近村民的生产和生活。在"打不过就讨好它"的敬畏心理驱使下，便产生了猴精崇拜这种神灵信仰。

另一方面，神灵崇拜的形式和内容也必将反映地理环境的若干特点。神灵崇拜是环境的产物，同时也必将体现出环境所施加在其上的影响。具体到赣闽粤边区的神灵崇拜与环境的关系方面，就是这一地

---

① 转引自傅光辉《泰宁县开善上堡的宗族与侯王庙会》，见杨彦杰主编《闽西北的民俗宗教与社会》，香港国际客家会、海外华人研究社、法国远东学院 2000 年版，第 174 页。

② （宋）梁克家：《三山志》卷 33《寺观类一》。

③ （清）郭柏苍：《闽产异录》卷 5。

区神灵崇拜的内容与形式也反映着这里的地理环境的若干特点。我们在前面曾经说过，赣南地区自然灾害很多，其中水旱灾害是发生频率最高、对当地生产生活影响最深的自然灾害。这样的地理环境特点，也在当地的神灵信仰中有所体现。例如，赣南地区普遍信仰水神，这些神灵得到信众信奉的原因，就是这些神灵具有排洪抗旱、帮助人们解决水旱灾害的功能：赣南的人们相信他们所信奉的许真君曾杀死了兴风作浪的孽龙；上犹最为崇拜的"廖公菩萨"，也曾经驱退了漫城洪水；崇义敬奉的萧氏和颜氏二位女菩萨，据说有降雨的本领并拯救了娘家的旱灾。此外，据说在"分龙"这一天，不准挑尿桶、晒衣裳，因为那样会得罪龙王，招致水旱灾害，等等。这些神灵之所以会被赋予此类神奇的功能，就是希望这些神灵能够解决人们在现实中所碰到的无法解决的问题。我们知道，认识是主体对客体的主观反映，主体对客观世界的认识，主要是对他联系最为密切的周围世界的反映。生活在灾害频繁环境下的赣南人们，时刻在与自然灾害作艰苦的斗争，十分希望具有"超自然力量"的神灵来帮助他们，所以就创造出了一个个具有降雨、伏洪、驱虫、消灾等法力的神灵。这些神灵所被赋予的降雨、伏洪、驱虫、消灾等种种法力，恰恰反映了赣南自然灾害十分深重的情况。

第二节　赣闽粤边区的社会发展历史脉络和客家族群的形成

一　赣闽粤边区的社会发展历史脉络

根据历史文献和考古资料的记载，赣闽粤边区早在石器时代就一直有人在此居住，他们与其他南方族群一样，为古代中国的早期发展作出了巨大贡献。春秋战国以后，随着南方地区与中原地区的交流和联系逐渐增多，中原地区先进的生产技术和文化也不断传播到赣闽粤边区，极大地推动了这一地区的区域开发和社会经济的发展。综观赣闽粤边区的社会历史发展过程，在以下四个时期该地区获得了重大发展：

一是秦汉时期。中原汉族政权开始了对赣闽粤边区的经略，在此设立了郡县，正式把它们纳入了统一的国家版图，为赣闽粤边区的社会发展奠定了基础。秦始皇统一六国后，便派兵攻打南越并获得胜利，在百越之地设立南海、桂林、象郡，管辖辽阔的岭南地区，现今梅州、潮州一带的粤东、粤北地区，即受南海郡管辖；现今的赣南地区，秦时归九江郡管辖，汉代则归属豫章郡，且在赣南境内还增设了南墅、赣县和雩都三县；在福建地区，秦朝时就在这里设立了闽中郡，汉初实行郡国并治的政策，汉高祖封无诸为闽越王，建立了闽越国，但由于闽越国内部经常发生争斗，同时又常进攻邻近的地区，所以汉武帝坚决镇压了闽越国的叛乱后，强迁其民，并设立县治，也把这里纳入中央政府的直接管辖之下。

随着中央政府在赣闽粤边区的军事征略和政治实践，北方先进的技术和文化也大量传播到这里，大大促进了这一地区的开发。由于受汉族政权和中原移民的影响，福建尤其是闽北地区的开发十分迅速。西晋初年，闽北各主要的河谷盆地和山间盆地都得到初步开发，建安郡所辖县治也增加到七个。闽北地区的成功经营，也推动了对福建南部的开发，至太康三年（公元 282 年），西晋又在福建南部另立晋安郡（治在今福州），下辖县八个。根据学者的研究，在北方先进技术的影响下，福建地区的社会经济，无论是农业、丝织业、陶瓷制造业、造船业等各项手工业生产以及商业，都获得了较大发展。[1]

在广东地区受中原文化影响深刻的番禺、佛山、顺德、清远、英德、曲江、连县等地，社会发展也十分迅速。如在农业生产方面，西汉后期，番禺城以西的"江浦"即西樵山一带以及浈阳（今英德）县的吴山都有外地人有组织地开垦耕种。曲江诸县凿山通道以后，远离县治的偏僻地方也出现了新的村落和农田。东汉末年，桂阳县从北方迁来的袁姓兄弟三人开凿了"龙腹陂"，灌溉农田五千多亩。西汉

---

① 胡沧泽：《魏晋南朝时期北方汉人入闽及其对福建经济发展的影响》，《中国社会经济史研究》1992 年第 2 期。

后期起，番禺的水网地带已经出现牛耕。① 在水稻种植方面，广东水稻栽培较中原早，到了秦汉时期，由于中原先进农具和技术的传入，水稻的种植面积和复种指数都大大提高了。②

在江西地区，秦汉时期铁器亦已在这里传播。据考古发掘所知，春秋晚期至秦汉，境内出土的铁制农具、手工工具逐渐增多，出土遗址的地域分布遍及境内各县，所出土的铁制农具种类也多，有铲、锄、锸、镢、斧等。生产工具的改进，大大促进了生产的发展，粮食产量更加丰足了，使江西成为当时重要的粮食生产区。人口增长是中国古代社会发展的重要表现，有学者认为，按净增人口数排列，豫章郡居于全国第二位，仅次于益州郡。③ 这种增长，也在一定程度上反映了当时生产发展的情况。

总之，秦汉时期北方中央政权在赣闽粤边区的武力征略和政治实践，不仅促进了赣闽粤边区的社会开发和经济发展，而且还使赣闽粤边区与中原地区建立起紧密的关系，促进了赣闽粤边区与中原地区的交流，为这一地区的后续开发奠定了良好的基础。

二是唐末五代时期。这一时期是赣闽粤边区发展历史上第二个飞速发展时期。随着安史之乱和黄巢起义的爆发，中原地区再起战乱，又一次引起大批北人南迁，在这次移民浪潮中，许多北方难民涌入了赣闽粤边区。五代时期，各地诸侯割据，为了在割据纷争中求得生存或吞并别国，各个割据政权都十分注意发展生产，增强自己的实力。在这种历史背景下，赣闽粤边区在唐末五代时期获得了进一步的发展。

唐末五代时期，福建主要经历了王氏闽国、南唐和吴越国等几个政权的统治，然而，对福建的发展影响最大的，还是在王潮、王审知兄弟主政福建的时候。王氏兄弟在主政的 30 余年时间里，采取了争

---

① 杨式挺：《关于广东早期铁器的若干问题》，《考古》1977 年第 2 期。

② 关于广东地区在汉晋时期的发展情况，参见子月《岭南经济史话》上册，广东人民出版社 2000 年版，第 56—82 页。

③ 许怀林：《江西史稿》，江西高校出版社 1998 年版，第 32—36 页。

取土著居民、整肃吏治、发展农桑等一系列政策和措施，使福建获得了巨大的发展。① 五代时江西先后受吴和南唐两个政权的控制，但其社会经济的发展主要还是在南唐时期。南唐烈祖李昇在位期间，十分重视兴修水利，积极垦荒，招徕移民，提高农民的生产积极性。在南唐政府的积极鼓励和引导下，南唐的农业、手工业和商业皆获得了很大的发展。② 李唐一代，现在的广东境内有 25 州、96 县，但州县分布很不平衡，粤东和粤北地区只有潮州和循州 2 个州，其他 15 个州则主要分布在粤西及南路广州一带。这种分布格局，说明粤北和粤东地区的人口和社会经济均不如广东其他地区。到了唐末五代，由于中原战乱，岭南地处偏远，所以成为移民重要的迁入地，史称"是时，天下已乱，中朝士人以岭外最远，可以避地，多游焉"③。而黄巢义军扫荡岭南时，粤北地区因未遭受战争兵火，接纳了不少移民，所以获得了比较大的发展。也正因为人口和经济有了较大的发展，所以乾和三年（公元 945 年）南汉把潮州所辖之程乡县，上升为州。④

三是两宋时期。两宋时期是赣闽粤边区获得巨大发展的第三个重要时期，促成赣闽粤边区在这一时期获得巨大发展的重要因素主要有三个：

首先是古代经济重心的南移。魏晋至隋唐前期以前，我国古代经济发展中心在黄河中下游地区，宋元时期，经济重心已逐渐移到南方。经济重心的南迁，为地处江南腹地的赣闽粤边区的社会发展提供了良好的历史机遇。

其次是赣江—大庾岭通道的开凿。大庾岭（又称梅岭）位于赣江上游，距离宋代南安府治（今江西大余县城）约 25 华里，是岭南地区北进中原的重要通道，"南扼交广，西距湖湘，处江西之上游，拊

---

① 徐晓望主编：《福建通史》（第二卷·隋唐五代），福建人民出版社 2006 年版，第 73—80 页。

② 曹开华：《试论南唐江西经济文化的初步发展》，《江西师范大学学报》（哲学社会科学版）1991 年第 1 期。

③ 《新五代史》卷 65《南汉世家》。

④ 参见蒋祖缘、方志钦《简明广东史》，广东人民出版社 1993 年版，第 101—102 页。

岭南之项背"①。大庾岭通道的开凿，最早可以上溯到秦朝。但当时岭南与中原地区的交通线路，主要取西江—灵渠—湘水之路，所以在隋唐以前，大庾岭通道的交通地位和战略意义并没有体现出来。唐宋以后，随着江南经济的发展，经济重心的南移，东南赋税在国家财政中的比重越来越大，中原与东南地区的联系和交流也显得更加重要，尤其是隋炀帝开凿了南北大运河以后，赣江—大庾岭通道对沟通中原和岭南的地位和作用空前提高。因此，唐朝开元期间，中央政府派张九龄进一步拓宽此道，并且以后历代政府都十分注意对它的维修和保护。大庾岭通道变得更加宽敞通达，成为在唐宋以后逐渐连接中原和岭南的最重要的通道。大庾岭通道的开凿和拓展，不仅提高了赣闽粤边区的交通地位，也促进了这一地区的经济开发。

最后是外来移民的大量涌入。两宋时期是继唐末五代之后又一次北方移民大举进入赣闽粤边区的时期。由于辽、西夏、金、元等政权与赵宋政权在中原地区的逐鹿和厮杀，又一次引起了大批中原汉人被迫迁移，其中，有不少难民就进入了赣闽粤边区。如据吴松弟和王东两位先生的研究，靖康之乱以后赣南、闽西的人口数量确实有较大的增长，这种增长主要就是因为接收了大量中原移民。②

由于上述三个因素的作用，赣闽粤边区在两宋时期获得了巨大的开发。隋唐以前，赣闽粤边区虽然获得了巨大的发展，但其开发程度并不高，而且其所开垦的也往往都是滨江平原，或山间盆地。但随着唐宋以后人口的大量增长，许多原是深山密林、人迹罕至的地方，亦被开发了出来。如北宋李纲所云："今闽中深山穷谷，人迹所不到，往往有民居、田园水竹，鸡犬之音相闻。"③《宋史·地理志》亦云福建路："土地迫狭，生籍繁夥，虽硗确之地，耕耨殆尽。"④赣闽粤边

---

① （清）顾祖禹：《读史方舆纪要》卷83。

② 参见吴松弟《中国移民史》（第三卷），福建人民出版社1997年版，第327—341页；王东《那方山水那方人：客家源流新说》，华东师范大学出版社2007年版，第172—176页。

③ 李纲：《梁溪集》卷12《桃源行并序》，四库全书本。

④ 《宋史》卷89《地理志五》。

区的经济也确实获得了巨大发展，赣南、闽西和粤东北地区成为宋代粮食和茶叶的重要生产基地。例如，赣南和闽西也成为重要的产茶基地。① 制瓷业也是两宋时期政府收入的一项大单。位于赣州市东南郊4公里处的七里镇就是当时一个著名的瓷器产地②；粤东、粤中、粤西、粤北的制瓷业也获得巨大发展，产品远销日本、菲律宾、印尼、马来西亚以至巴基斯坦等地。③ 此外，赣闽粤边区的矿冶业也获得发展。据《宋史·食货志》载，当时在赣南、闽西、粤北境内的虔州、南安军、汀州、漳州、邵武军、韶州、循州、英州、连州等地，就设有银场、铜场、铁冶、铁场、铁务、铅场、锡场等。④ 这些矿冶管理机构的设立，既说明了赣闽粤边区矿冶业的兴盛，也极好地反映了赣闽粤边区在两宋时期的开发状况。

四是明清时期。明清时期是赣闽粤边区社会经济又获得巨大发展的时期。主要表现在以下几个方面：

首先是良田大量开垦出来。明清时期，赣南和粤东北都接收了较多流民，这些流民在进入山区之后，开垦出了许多田地，进行粮食作物的生产。

其次是经济作物大量种植。明清时期，中国资本主义萌芽有了进一步的发展，商品经济的发展，主要集中在东南沿海地区，受地利之便，赣闽粤边区地区的商品经济也获得巨大发展。在这种状况下，经济作物种植普遍增加。烟草的种植就是一个非常典型的例子。如瑞金县的烟草种植："膏腴之田，半为烟土，半为稻场。"⑤ 兴国县的烟叶种植也有一定的规模，"种烟甚广，以县北五里亭为最"⑥。甘蔗也是十分重要的经济作物，在赣闽粤边区种植也很广泛。如雩都县"濒江

----

① 《宋会要辑稿》之"食货二九"。

② 《江西赣州七里镇窑址发掘简报》，《江西文物》1990 年第 4 期。

③ 参见古运泉《广东唐宋陶瓷生产发展原因初探》、曾广亿《广东唐宋陶瓷工艺特点》，均载《广东唐宋窑址出土陶瓷》，广东省博物馆、香港大学冯平山博物馆 1985 年印行。

④ 《宋史》卷 185《食货志下七》。

⑤ 康熙《瑞金县志》"物产"。

⑥ 道光《兴国县志》"物产"。

数处，一望深青，种之者皆闽人，乘载而去者皆西北、江南巨商大贾，计其交易每岁裹锱不下万金"①。宁都州的甘蔗种植也较为普遍，"州治下乡多种以熬糖，农家糖多者可卖数百金"②。蓝靛的种植也十分普遍。蓝靛是一种木本植物，所结靛果，可以萃取到蓝色、青色、黑色等颜料，成为明清时期在赣闽粤边区十分重要的经济作物。"今为澱者多用小蓝，以染布帛。赣属耕山者种，赣邑尤多。"③ 除此之外，明清时期赣闽粤边区还广泛种植兰花、苎麻、花生，等等。

最后是以加工业为主的手工业获得发展。随着经济作物商品生产的发展，赣闽粤边区经济作物产品的加工业也相应地发展起来。这种加工业首先出现于专业化种植程度较高的甘蔗和烟草生产中。如南康县的甘蔗加工："蔗糖悉系闽人赁土耕种，多杂引匪类，蔗林茂密，易于藏奸，及至搭棚绞糖时，聚众至百余人，地方难以稽查。"④ 材料中的"搭棚绞糖"，实际上就是对砍下来的甘蔗进行加工，每个棚"聚众至百余人"，说明当时该县甘蔗加工行业规模确实比较大。明清时期赣闽粤边区的纺织业也得到发展。例如，苎麻的广泛种植，为夏布的生产提供了充足的原料。当时夏布纺织业的生产规模很大。如宁都，"夏布，州俗无不缉麻之家"⑤，石城，"城乡缏织，岁出数十万匹，居奇外贸民，遍吴越毫州间。"⑥，兴国，"妇女无蚕桑之职，惟事绩苎，而织布须另雇工匠"⑦。烟草的广泛种植也使这里的烟叶加工业得到发展。"锉烟厂"是最重要的烟叶加工作坊。所谓"锉烟"，就是把烟叶切锉成烟丝。当时，赣闽粤边区的锉烟厂很多，如瑞金县，"锉烟厂不下百处，每厂五六十人"⑧，体现了当时烟草加工业的发展。

---

① 乾隆《赣州府志》"物产"。
② 道光《宁都直隶州志》"土产"。
③ 同治《赣县志·土产志》。
④ 康熙《南康县志》"土产"。
⑤ 道光《宁都直隶州志》卷12《土产志·货物类》。
⑥ 乾隆《石城县志》卷1《舆地志·物产》。
⑦ 同治《兴国县志》卷11《风俗》。
⑧ 康熙《续修瑞金县志》卷8《纪言志》，引谢重拔《禁烟议》。

二　客家族群的形成

所谓"客家人"，简单来说，就是历史上由于战争等原因，大批中原汉人辗转南迁进入赣闽粤边区，与这里的土著居民经过长期的交流和融合，最终形成的具有自己文化特质的族群。客家族群文化最大的特征，就是既保留了南方本土文化，又含有中原古代文化，是一个中原文化和南方文化结合的混合体。客家族群文化的这种特性，在客家语言、民俗、艺术、道德价值观念等方面，都有所体现。例如，"客家话"被认为是客家族群的最重要的外显性特征，散处在世界各地的客家人，无论隔着多大的时空距离，只要聚集在一起，便基本能用客家话进行交流，母语是不是客家话被当作界定客家人身份的极其重要的标准。据语言学家的考证，在客家话里头，既保留了现在普通话中已经消失了的中原古音，又保留了大量南方本土的语言要素。①又如，在客家民俗中，既有与中原大地基本相同的春节、清明、中秋等节令习俗，但又含有本土流传下来的"买水浴尸""二次葬"等古俗②，等等。

赣闽粤边区被认为是客家族群形成和发展的地方，也是目前世界上客家人聚居人口最多的地方，这里90%以上都是客家人，所以被称为客家人的大本营。

（一）关于客家族群形成过程的五次迁徙说

关于客家族群的源流和历史，客家学的奠基者罗香林先生提出了"五次迁徙说"。他认为客家是由历史上从中原地区迁来的北方汉人与赣闽粤边区的土著族群经过长期的交流和融合而形成的一个新的族群。客家在其形成和发展的历史上，有过五次比较大的迁徙。

客家先民的第一次大迁徙发生在东晋五胡乱华至隋唐时期。魏晋

---

① 罗美珍：《客、土互动中的语言接触》，载谢栋元主编《客家方言调查研究——第四届客家方言研讨会论文集》，暨南大学出版社2002年版，第1—7页。

② 房学嘉：《客家民俗》，华南理工大学出版社2006年版。

时期，中国处于大分裂时期。当时，匈奴、鲜卑、氐、羌等少数民族政权侵入中原，引起了黄河中游、下游的汉人大批南迁。这些战争难民迁移的方向大致有三：一是往西南方向，迁到湖北、广西一带；二是往东南方向，迁到江浙、福建北部一带；三是往南迁移，迁到了长江边上，并且部分越过鄱阳湖，溯赣江而上，进入赣南和闽西一带。此为客家先民自北而南迁徙的第一期。

客家先民的第二次大迁徙发生在唐末五代。这一次人口大迁徙的历史背景是：唐朝末年，政治腐败，起义不断。其中公元874年爆发的黄巢起义，战火燃及整个中国，起义军辗转征战十几年，席卷大江南北，唐朝政权在起义军的冲击下彻底瓦解。接之而来的五代十国，又是一个割据争雄的年代。整个中原依然陷入战火之中。在这长时段的动乱中，为避兵燹之灾，中原汉人又一次掀起了大规模迁移。这是中国移民史上的第二次人口大迁移。受这次移民大潮的影响，这一时期的战乱把五胡乱华时期滞留在江淮一带的中原难民继续往南驱赶，把他们驱赶到比较荒僻而未受祸害的赣南、闽西和粤东北地区。这就是罗香林先生所说的客家历史上的第二次大迁徙。这次迁移对客家族群的形成意义重大：一是大批中原汉人真正进入现在所说的赣南、闽西和粤东北这片客家大本营地区。二是这次进入赣闽粤边区的北方汉人数量很多，不会被本地人同化，具备了形成新族群的内核。

客家先民的第三次大迁徙发生在宋高宗南渡至蒙古入主中原时期。南宋高宗迁都临安，南宋国势不振，先是宋金对峙，后是蒙古大军大举南下。所以中原汉人又一次大批南下，造成中国历史上的第三次人口大移民运动。这一时期，北方汉人进入赣闽粤边区的人数更多。这就是罗香林所说的第三次客家先民大迁徙。

客家先民的第四次大迁徙发生在清初康熙中叶至乾嘉之际。对于这次大迁徙的原因，罗香林先生提到了内外两个因素。内因是赣闽粤边区经过宋元至清初的发展，人口迅速膨胀，出现了人多地少的严重矛盾，所以客家人口"乃思向外移动"。外因是明末清初四川和台湾分别在张献忠的"大西"政权和郑成功的郑氏政权统治下，都出现了"人烟寥落""田园荒芜"的情况，所以赣闽粤边区人口纷纷向这两个地方涌去。

客家先民的第五次大迁徙发生在同治六年以后。这次迁徙的直接原因是在咸丰同治年间，广东西路发生了一场持续数十年的客家人与当地土著人之间的大械斗。清政府为了平息土客矛盾，采取了移民的办法，把一部分客家迁到新设立的赤溪厅（即现在广东南部，台山市境内）进行集中安置，其余迁至广东南路之高州、雷州、钦州、廉州等，甚至远至海南岛。①

以上介绍的就是罗香林先生提出的"客家五次迁徙"说。对于这个学说，学术界大体上还是认可的，但也有学者提出了不同的看法。例如，关于客家第一次迁移的时间，有的学者认为其实还可以上溯到秦始皇时期，当时为了攻打南粤，曾派遣了不少军队及其家属在赣闽粤边区进行驻守，这应该是最早的一次客家南迁。但也有一些学者认为罗香林的说法不妥。因为东晋十六国时期虽然发生了中国历史上的第一次人口大迁徙，但真正进入赣闽粤边区的北方汉人非常少，对后来客家族群的形成意义不大。又如，不少学者都已指出，赣闽粤边区地区自古就有土著族群生活着，客家族群的来源，除了汉族之外，至少还有古越族后裔、畲瑶等南方土著民族。然而罗香林的五次迁徙说中，都没有提到。这不能不说是他的一大失误。②

我们认为，尽管罗香林先生的"五次迁移说"确实还存在一些不完善的地方，但他对客家发展的历史脉络进行了系统的梳理，为我们提供了比较清楚的客家发展历史过程，这一点是值得肯定的。

（二）客家族群的族群来源

因为客家人的族群来源不仅涉及客家人族属性质的确定，而且也影响到我们对客家族群文化的理解，尤其是我们对多姿多彩的客家民间信仰的理解，所以有必要对客家人的族群来源进行分析。我们认

---

① 罗香林：《客家研究导论》，南天书局有限公司1992年版，第41—63页。

② 肖文评主编：《罗香林研究》，华南理工大学出版社2008年版。

为，客家人的族群来源，至少包括古越族后裔、南方蛮族和北方汉人三支。①

1. 古越族后裔

在未有大量考古文物发掘之前，学者对赣闽粤境内的古人类知之甚少，甚至有人认为这里所居之人，都是外面迁徙而来的。② 然而，后来大量考古资料证实，赣闽粤边区早在石器时代就一直有人在此居住。在闽西地区，考古学者在长汀、龙岩、清流、漳州、平和、华安等地先后发掘了大量新石器时代古人类及其生活器具的化石，证明自古以来就有人类在此居住。③ 在赣南，考古工作人员也在于都县禾丰乡、定南县下历镇、章贡区沙石镇、寻乌县文峰乡、兴国县永丰乡、安远县龙布乡、崇义县横水镇等地发现一大批古人类活动遗址。④ 在粤东北地区，从1916年直到20世纪末，考古工作者发掘了从石器时代直至明清时期各个历史阶段的文物、遗址，为我们考察广东地区的人类活动和族群文化交流提供了丰富的实物资料。尤其是从粤东、粤北这两片地区所发掘的古人类活动文化遗址更是丰富。其中最为著名的，首推在韶关地区的曲江县马坝乡所发现的旧石器时代中期的古人

---

① 邹春生：《王化与儒化：9—18世纪赣闽粤边区的社会变迁与客家族群的形成》，博士学位论文，福建师范大学，2010年。

② 例如，吕思勉先生就曾这样说过："粤者，今所谓马来人。此族之始，似居中央亚细亚高原。后乃东南下，散居亚洲沿海之地。"参见吕思勉《中国民族史》，世界书局1934年版，第209页。

③ 关于闽西地区古人类考古发掘的资料，请参阅以下相关著文：林惠祥《福建武平县新石器时代遗址》，《厦门大学学报》1956年第4期；《福建龙岩石器时代遗址的发现》，《厦门大学学报》（哲学社会科学版）1960年第2期；《福建长汀县河田区新石器时代遗址》，《厦门大学学报》（哲学社会科学版）1957年第1期；尤玉柱等《福建清流发现的人类牙齿化石》，《人类学学报》1989年第3期；尤玉柱主编《漳州史前文化》，福建人民出版社1991年版。

④ 关于江西地区古人类考古发掘的资料，请参阅以下相关著文：江西省文物考古研究所《江西考古的世纪回顾与思考》，《考古》2000年第12期；夏金瑞《赣南考古工作辑录》，《赣南师范学院学报》1982年第4期；童有庆等《赣南文物考古工作概述》，《南方文物》1984年第2期；赣南地方历史文化研究室《赣南文物考古五十年》，《南方文物》2001年第4期。

类头盖骨化石。此外，在英德青塘墟、始兴城南玲珑岩、乐昌县河南乡大拱坪村、五华县屋背岭、和平县大坝镇等地，还发掘了大批古人类的活动遗址和墓葬群。① 这些文化遗址、文物的时间大都是石器时代和商周时期的，证明了在中原文化大举传播到赣闽粤边区之前，这里就有自己本土的人类文化。

春秋战国以后，由于中原地区与南方地区的交流和联系逐渐增多，在文献史籍中对南方民族的记载也就增多了。而且在后来的发展演变中，这些原来有着共同文化源流的南方族群由于各地环境的不同，又表现出了不同的地域特征，所以史籍中对生活在赣闽粤地区的古人类又有"扬越""荆越""于越""南越"等不同的称谓。这些古老越族的后裔在后来的历史发展过程中，随着中原汉族政权的势力向南方扩张，古越族后裔也不断地被汉族统治者所征服，汉族政权通过增设郡县、强迁越民等措施，大大促进了山越族与汉族的交流与融合，成为客家族群的重要族源之一。

在谈到古越族的时候，我们还必须专门提及"山都"和"木客"的问题。因为我们认为这些独特人群很可能就是古越族的一个分支，直到明清时期依然还存在。关于赣闽粤边区的山都和木客，不少文献都有大量记载，其中介绍最多也最为集中的当属《太平寰宇记》和《太平御览》二书。先来看看《太平寰宇记》一书的记载。该书撰于宋太宗太平兴国年间（976—983），是继《元和郡县志》后又一部现存较早较完整的地理总志。该书作者乐史（930—1007），字子正，是抚州宜黄（今属江西）人，初仕南唐，入宋后历任知州、三馆编修、水部员外郎等。② 因为他是江西抚州人，对赣闽粤边区的事物了

① 关于粤东北地区古人类考古发掘的资料，请参阅以下相关著文：杨式挺《广东考古五十年》，《学术研究》1999 年第 10 期；古运泉等《广东考古世纪回顾》，《考古》2000年第 6 期；苏秉琦《石峡文化初论》，《文物》1978 年第 7 期；邱立诚、古运泉《广东乐昌市对面山东周秦汉墓》，《考古》2000 年第 6 期；邱立诚《广东五华县华城屋背岭遗址与龙颈坑窑址》，《考古》1996 年第 7 期；吴海贵《广东和平县古文化遗存的发掘与调查》，《文物》2000 年第 6 期。

② （宋）乐史撰：《宋本太平寰宇记》，中华书局 2000 年版，引王文楚《宋版〈太平寰宇记〉前言》，第一册第 1—4 页。

解甚多，故在《太平寰宇记》中对"山都"的记载也较多。现择数条列举如下：

> "州初移长汀，长汀大树千余株，皆豫章迫隘，以新造州府，故斩伐林木，凡斩伐诸树，其树皆枫、松，大径二三丈，高者三百尺，山都所居。其高者曰人都，其中者曰猪都，处其下者曰鸟都。人都即如人形而卑小，男子妇人自为配耦（偶）；猪都皆身如猪；鸟都皆人首，尽能人言，闻其声而不见其形，亦鬼之流也。三都皆在树窟宅，人都所居最华。人都有时见形，当伐木时，有术者周元太能伏诸都。禹步，为厉术，则以左合赤索围而伐之。树既卧仆，剖其中，三都皆不化，则执而投之镬中煮焉。"①

> "凤凰山一名翔凤山，有凤凰水，昔有爰居于此集因名之，山多相思树，中有神形如人，被发迅走。""山都，神名，形如人而被发迅走。"②

> "庐陵大山之间有山都，似人，常裸身，见人便走，自有男女，可长四五尺，能啸相呼，常在幽昧之间，亦鬼物也。"③

> "虔州上洛山多木客，乃鬼类也，形似人，语亦如人，遥见分明，近则藏隐。能研杉枋，聚于高峻之上，与人交市，以木易人刀斧。交关者，前置物枋下，却走避之。木客寻来取物，下仿于人，随物多少，甚信直而不欺。有死者，亦哭泣殡葬，尝有山行人遇其葬日，出酒食以设人。"④

再来看看《太平御览》的记载。《太平御览》亦是宋代的一部大型类书，它的成书时间几乎与《太平寰宇记》完全一致，该书也有不少对赣闽粤边区山都木客的阐述。如，

---

① （宋）《太平寰宇记》卷102《江南东道十四》，"汀州"条。
② （宋）乐史：《太平寰宇记》卷158《岭南道二》，"潮州·海阳县"条。
③ （宋）乐史：《太平寰宇记》卷109《江南西道七》，"吉州，庐陵县"条。
④ （宋）乐史：《太平寰宇记》卷108《江南西道七》，"虔州，赣都县"条。

"山都……好在深涧中翻石觅蟹啖之。"①

"木客头面语声亦不全异人，但手脚爪如钩利，高岩绝峰，然后居之，能砍榜牵著树上聚之。昔有人欲就其买榜，先置物树下，随量多少取之，若合其意，便将去，亦不横犯也，但终不与人面对交语作市井。死皆知殡敛之，不令人见其形也，葬棺法，每在高岸树杪或藏石案中。南康三营伐船兵往说，亲睹葬所，舞倡之节虽异于世，听如风林泛响，声类歌吹之和。"②

"南康有神，名曰山都，形如人，长二尺余，黑色赤目，发黄披身。于深山树中作窠，窠形为卵而坚，长三尺许，内甚泽，五色鲜明。二枚沓之，中央相连。土人云，上者雄舍，下者雌室。旁悉开口如规，体质虚轻，颇似木筒，中央以鸟毛为褥。此神能变化隐形，猝睹其状，盖木客山㺌之类也。赣县西北十五里，有古塘，名余公塘。上有大梓树，可二十围，老树空中，有山都窠。宋元嘉元年，县治民有道训道灵兄弟二人，伐倒此树，取窠还家。山都见形，骂二人曰：'我居荒野，何预汝事？山木可用，岂可胜数？树有我窠，故伐倒之。今当焚汝宇，以报汝之无道。'至二更中，内处屋上，一时起火，舍宅荡尽矣。"③

此外，关于赣闽粤边区山都、木客之类的原始人类的记载，在其他文献中也偶尔提到。

例如，先秦文献《山海经》里提到了"枭阳人"和"赣巨人"这两种十分相类似的事物④，西晋郭璞认为"枭阳人"就是"山都"：

---

① 《太平御览》卷884《神鬼部四》。

② 同上。

③ 同上。

④ 如《海内南经》亦载："枭阳国在北朐之西。其为人人面长唇，黑身有毛，反踵，见人笑亦笑；左手操管。"《海内经》所载"赣巨人"与之十分相似："南方有赣巨人，人面长臂，黑身有毛，反踵，见人笑亦笑，唇蔽其面，因即逃也。又有黑人，虎首鸟足，两手持蛇，方啖之。"参见袁珂《山海经校注》，巴蜀书社1992年版，第319、516页。

今交州、南康郡深山皆有此物也。长丈许，脚跟反向，健走被发，好笑。雌者能作计，洒中，人即病，土俗呼为山都。①

刘禹锡被贬为连州刺史时，曾作《莫瑶歌》，诗中就提到"木客"：

莫瑶自生长，名字无符籍。市易杂鲛人，婚姻通木客。星居占泉眼，火种开山脊。夜渡千仞谿，含沙不能射。②

南宋时江西人洪迈在《夷坚丁志》"江南木客"条中曰：

大江以南地多山，而俗檄鬼。其神怪甚佹异，多依岩石树木为丛祠，村村有之。二浙江东曰五通，江西闽中曰木下三郎，又曰木客，一足者曰独脚五通，名虽不同，其实则一。考之传记所谓林石之怪夔罔两及山獭是也。③

明代邝露《赤雅》卷上"木客"条载：

木客形如小儿，予在恭城见之，行坐衣服，不异于人，出市作器，工过于人，好为近体诗，无烟尘俗毛。④

清代杨澜《临汀汇考》云：

今汀中畲客所占之地多在山水严恶之处，天日阴晦，草树溟蒙，其中鬼魅混迹，与人摩肩往来，恬不避忌。内地人力作其间，偶或触犯，焚香楮谢之，亦即平善。想郡治初开时，乡村平衍处亦都如是，故唐书谓汀郡多山鬼也。至《唐韵》载山魈出汀州……《太平广记》所在山萧事，其云坐于檐上，脚垂于地者，

①　自袁珂《山海经校注》，郭璞注云，巴蜀书社 1992 年版，第 320 页。
②　《全唐诗》卷 354，上海古籍出版社 1986 年影印本。
③　《夷坚丁志》卷 19。
④　（明）邝露：《赤雅》卷 1《木客》。恭城位于桂林市东南部，距桂林市 108 公里，于隋末大业十四年（公元 618 年）开始置县，至今已有 1391 年的历史。邝露当时能够"在恭城见之"，说明广西在明代尚有木客活动。

今汀城夜中人时见之。①

　　以上就是古代文献对山都木客的基本描述，尽管这些文献材料多有传闻和神话色彩，但现代学者基本一致肯定了古代赣闽粤边区山都和木客的存在，并且大多认为山都木客都是人类，而不是动物。② 那么这支族群的族属性质是什么，归属于哪个民族呢？值得我们略作探讨。

　　著名人类学家林惠祥先生在长汀做考古调查时谈到赣闽粤边区古越族的历史归宿，认为"这一（古越）族人自汉以后和北方来的汉人混合同化，到了唐代便没有纯粹的越族，已经完全合于汉族里面，为汉族的一个重要成份了"③。在这段话中，林先生所要表达的主要意思是越族被汉族同化十分严重，以至于"到了唐代便没有纯粹的越族"。当然，这里是就越族作为一个民族整体而言，确实已不存在了，但作为个体而言，部分后裔依然还像越族先祖那样，生活在深山老林中，一直保留了下来。事实上，山都、木客的"好在深涧中翻石觅蟹啖之""于深山树中作窠"等习俗，就与古越族十分相似。并且从上引文献中我们可以发现，对山都、木客问题的讨论最为集中的是在东晋至唐宋间，明清以后就很少了，而这一段时间恰恰与在古代经济重心南移的形势下，赣闽粤边区逐渐得到开发的历史进程是基本一致的。综合这些因素，使我们不禁产生这样的联想：山都木客很可能就是古越族中的一个分支，由于各种原因，他们的汉化进程落后于越族其他支系，而一直保留了下来。但到明清以后，由于赣闽粤边区经过长期开发，生态环境发生了巨大变化，山都、木客也逐渐被其他族群所同化，其中有不少就很

---

　　①　（清）杨澜：《临汀汇考》卷4《山鬼淫祠考》。

　　②　关于山都、木客问题研究的主要成果，请参看陈国强《福建的古民族——"木客"试探》，《厦门大学学报》1963年第2期；蒋炳钊《古民族"山都木客"历史初探》，《厦门大学学报》1983年第3期；万幼楠《赣南"赣巨人""木客"识考》，《赣南师范学院学报》1994年第1期；郭志超《闽粤赣交界地区原住民族的再研究》，《厦门大学学报》1996年第3期；彭明瀚《枭阳新考》，《殷都学刊》2003年第2期；罗勇《"客家先民"之先民——赣南远古土著居民析》，《赣南师范学院学报》2004年第5期。

　　③　林惠祥：《福建长汀县河田区新石器时代遗址》，《厦门大学学报》（哲学社会科学版）1957年第1期。

有可能融入了客家族群，成为客家民系的一个来源。

2. 北方汉族

在客家民系中，有很大一部分是来自北方汉族移民的后代。北方汉族南迁进入赣闽粤边区的过程十分漫长。

最早的较大规模的汉人入迁，应该可以上溯到秦汉时期。因为无论是秦始皇还是汉武帝，都十分重视对南方的征略，都曾在赣闽粤边区驻扎了大量的军队。① 这种大规模的军事行动，必然要调集大量的军队。秦始皇为攻打南粤，第一次就发兵 50 万。汉武帝对南粤和东越的两次军事行动，所动用的兵力当不在少数，可见当时涌入赣、闽、粤之境的外来人口之盛。当然，一般来说，这种大规模的军事移民往往会随着军事行动的结束而撤离，但也难免会有一些士兵和军官因各种原因留居当地。例如，当年秦始皇攻打百越时，奉命担任运粮官，凿通了灵渠的史禄，就因此在岭南安家了。"秦始皇伐百越，命史禄转饷，禄留家揭岭，或以为即此山也。"② 更为重要的是，闽、粤两地作为新征服的地区，赣南又是防止闽、粤造反的桥头堡，为了维护征服战争的胜利成果，秦汉时期中央政府都在这里驻扎了大量部队。③ 俗话说"铁打的营盘流水的兵"，虽然这些士兵按照秦汉时期的征兵制度会定期换防，但就整个赣闽粤地区而言，总是有一定数量的军队驻扎在这里。此外，秦汉时期的政治移民和东汉末年至三国时期的战乱人口的迁移，也使不少北方移民进入了赣闽粤边区地区。④

魏晋宋元时期，中原地区屡次经历长期战乱，又引发了大规模的

---

① 如《淮南子·人间训》记载"秦始皇二十八年，使尉屠睢发卒五十万为五军"，其中有一军就驻守在现在赣粤之交的"南野之界"；《史记》卷 113《南越列传》也记载了汉武帝元鼎五年和元封元年的两次针对闽粤地区越族叛乱的大规模军事行动，这些军事行动都与赣闽粤边区有关。

② （清）顾祖禹：《读史方舆纪要》卷 103《广东四·潮州》，"揭阳山"条。

③ 参见葛剑雄《中国移民史》，福建人民出版社 1997 年版，第 73 页；黄留珠《从龙川令到南粤王——岭南早期中土移民变迁史考察》，见黄留珠《秦汉历史文化论稿》三秦出版社 2002 年版等。

④ 邹春生：《王化与儒化：9—18 世纪赣闽粤边区的社会变迁和可家族群文化的形成》，博士学位论文，福建师范大学，2010 年。

北方汉人南迁，其中不少就进入赣闽粤边区，成为客家族群的重要组成部分。这在前文所述罗香林的"五次迁徙说"中已有所提及，在此就不再赘述。

总之，在历史时期，由于诸多原因，确实有大量北方汉人进入了赣闽粤边区，尽管我们目前仍然无法确证迁入这一地区的北方汉人在人数上是否超过了当地土著，但可以肯定的是，其入迁的人口规模绝对是不小的，这对客家族群的产生，以及包括客家民间信仰在内的客家文化的构成，都产生了不言而喻的作用。

3. 南方蛮族

唐宋以来，赣闽粤边区在接收北方汉人的同时，也接纳了来自南方地区的蛮种族群。

蛮族是先秦时期对南方少数民族的泛称。秦汉时，南方蛮族主要有三支：槃瓠、廪君、板楯，其中，槃瓠蛮主要分布在今湖南之大部分及黔东、鄂西南等部分地区。[①] 槃瓠蛮因把高辛帝的神犬槃瓠作为图腾而得名，由于他们主要分布在古代的武陵地区（其地理范围大约包括今天的湘中、湘南和黔东、鄂西南一带），域内又有五条河流，故又被称为"武陵蛮"或"五溪蛮"。[②] 从其地理位置及历史流移来看，武陵蛮与赣闽粤边区的关系最为紧密。

武陵蛮的大规模向外迁移，主要有两次，一次是在东汉时期，一次在宋代。引起东汉时期武陵蛮外迁的最主要原因，是东汉政权对武陵蛮征收重税而激起了武陵蛮的反抗。武陵蛮失败后被强迁，其中就有一支被强制东迁到江夏地区，后来，这支中的一部分向东北进入了庐江郡，这是武陵蛮向东南地区迁徙的开始。[③] 隋代以降，盘瓠蛮继续向南迁徙，逐渐分布于今江西、福建、广东、广西等江、岭广大地区，而真正使武陵蛮大量涌进赣闽粤边区的，还是宋代的"开梅山"

---

① 白寿彝主编：《中国通史》，第四卷《秦汉时期》（上册），第 98 页。

② 王瑞莲：《试论武陵、五溪的区别及五溪蛮的分布》，《中南民族大学学报》1989年第 5 期。

③ 参见江应樑《中国民族史》（上），第 263—265 页；白寿彝主编《中国通史》，第四卷《秦汉时期》（上册），第 96—99 页。

事件。梅山即是现在湖南新化至安化一带的雪峰山，在梅山中生活着武陵蛮的一个分支，两宋时他们被称为"梅山蛮"。由于地势险要，交通闭塞，两宋以前，朝廷对这里的控制一直很弱，梅山蛮势力逐渐壮大。唐末宋初，梅山蛮乘动荡的政治形势，积极向外扩张，与北宋政权屡屡发生严重的军事冲突。经过长期的策划和准备，终于在宋神宗熙宁五年（1072），中央派章惇率军进击梅山，经过军事打击、招抚纳降、增设县治、编辑户口、均定赋役、筑路修桥、建立寺观学校等措施，终于逐渐把这些溪峒蛮民转化为编户之民。这就是史书中所记载的"开梅山"事件。[1] 在"开梅山"的过程中，不少蛮民外逃，从而又一次掀起了迁移的高潮。在上述两次武陵蛮的外迁高潮中，有些溯沅水逾越城岭进入岭南，折而向东，辗转抵达粤北和粤东地区；有些则经江西溯赣水而上，进驻赣南，有的继续从赣南折而向东，抵达闽西，甚至再由闽西南下，进入梅州等地。[2]

　　槃瓠蛮在赣闽粤边区的活动情况及其对当地社会的影响，我们从该地区的地方志书中亦可得知。由于迁入赣闽粤边区的槃瓠蛮在宋代以后大多演化成为畲族和瑶族[3]，所以，关于他们的活动情况，我们可以从对畲、瑶等族群的记载材料中窥知。

　　嘉靖《惠州府志》载："瑶本盘瓠种，地介湖蜀溪峒间，即长沙

① 向祥海：《开梅山考议》，《湘潭大学社会科学学报》1990 年第 2 期。

② 谢重光：《畲族与客家福佬关系史略》，福建人民出版社 2002 年版，第 31—40 页。

③ 尽管关于畲、瑶两族的族群来源，学界仍然存在较大分歧，但畲、瑶两族与槃瓠蛮之间存在共同的图腾信仰，且亦有很多相似的习俗，则是目前学者较为公认的一看法。这种看法，也使较多学者作出畲、瑶两族同宗共源，均来源于槃瓠蛮的判断。参见徐规《畲族的名称、来源和迁徙》（《杭州大学学报》1962 年第 1 期）、李维信《试论瑶族族源问题》（《广西大学学报》1980 年第 1 期）、韩肇明《试论瑶族族源的几个问题》（《学术论坛》1980 年第 2 期）、石光树《从盘瓠神话看苗、瑶、畲三族的渊源关系》（《中央民族学院学报》1982 年第 3 期）、施联朱《关于畲族的来源与迁徙》（《中央民族学院学报》1983 年第 2 期）、吴永章《槃瓠考述》（《思想战线》1986 年第 2 期）、蒋炳钊《畲族史稿》（厦门大学出版社 1988 年版，第 21—44 页）、胡阳全《近年国内畲族族源研究综述》（《历史教学》1992 年第 5 期）、谢重光《畲族与客家、福佬关系史略》（福建人民出版社 2002 年版，第 19—45 页）、郭志超《闽台民族史辨》（厦门大学出版社 2006 年版，第 132 页）等专著和论文。

黔中五溪蛮是也。其后滋蔓，绵亘数千里，南粤在在有之，至宋始称蛮。瑶在惠者，俱来自别境。"①

乾隆《龙岩州志》"畲客"条曰："畲客即瑶人，岩属俱呼为畲客。"②《福安县志》："深山中有异种者曰畲民。……相传为五溪槃弧之后。"③

武陵蛮在赣闽粤边区的迁播和流布，在一些族谱中也能找到一些线索。例如，惠东县陈湖村《黎氏族谱》记载了该族人的迁徙情况：六祖于宋淳熙二年从河南潭州永康县鹅塘都迁到广东连州，另有一支也从鹅塘东乡迁到广东高要、罗浮一带，嘉熙元年以后又迁到博罗、归善（海丰）一带。④

从上述方志和族谱所记述的内容来看，赣闽粤边区境内的畲、瑶等族群应该与古代武陵蛮之间存在十分密切的血脉关系。

总之，上述种种史迹表明，从汉晋直至唐宋以来，确实有一部分蛮族种群从荆湘地区辗转迁徙而来，他们和北方迁来的汉人族群、赣闽粤边区原有的土著族群一起，共同开发了赣闽粤边区这块蛮荒之地，成为后来客家族群的共同来源。

客家族群的多元属性对赣闽粤边区的民间信仰也产生了较大影响。客家人的宗教信仰，大多数与古代中原汉人相似，如对太阳、月亮、风、雨、雷、土地、山、石、火、水诸自然物和自然现象的崇拜，都可从我国古代典籍中找到根据。至于祖先崇拜的盛行，其宗祠、祭祀制度，更是秉承了中原的传统。与此同时，也应看到其宗教信仰受到南方诸族强烈影响的一面。如：客俗"专事师巫"，种种神灵崇拜泛滥；客俗流行鸡卜、祭"盘古"；等等，正是南方诸族宗教

---

① 嘉靖《惠州府志》卷14《外志·瑶畲》。
② 乾隆《龙岩州志》卷12《杂记志》。
③ 光绪《福安县志》。
④ 广东省民族研究所编：《广东省畲族社会历史调查资料汇编》，1983年编印，第63—66页。族谱中的"河南"应当是"湖南"的误笔，这从"潭州"的行政沿革可以明显看出来，潭州的地理范围曾包括湖南的大部分地区以及湖北的一部分地区。参见《中国历史大词典》第3204页。

信仰的一大特点。客家人在神灵信仰上的多元性，其实是与客家族群在族群结构的多元性相吻合的。

第三节　"抬头三尺有神明"：赣闽粤边区客家族群的神灵信仰

信仰是具有社会性的人类普遍存在的心理现象，它以相信为基础，是对某一崇拜的思想、事物、偶像产生的价值信念。民间信仰是由物质生产决定的属于精神范畴的一种十分复杂的民俗现象。本节简要介绍赣闽粤边区客家族群的神灵信仰系统和神灵信仰的特点。

一　赣闽粤边区客家族群的神灵信仰系统

中国是一个多神信仰的国家，中国人的神灵信仰十分庞杂。不少学者都试图对中国人信仰的神灵进行分类。如渡边欣雄认为在汉民族的神灵观念中，把宗教性的宇宙分为三界，即天上、地上、地下，把宗教性的存在分为神明、祖先、鬼魂三种类型。[①] 姜相顺先生把清朝宫廷萨满教的祭祀神灵分为天神、祖先神和自然神三大类。[②] 王健把明清时期苏州河上海地区的民间神灵系统分为地方守护神、佛道俗神、山川之神、商业类神灵、单纯的功能性神灵（如医疗类神灵、财神）、先贤与人鬼崇拜、地方土神七大类。[③] 由此可见，由于地域和族群的千差万别，不同地区的神灵系统并不是完全统一的。为了比较清晰地介绍赣闽粤边区的神灵信仰，笔者根据神灵的来源和性质，将客家族群的神灵信仰大体归纳为自然神信仰、佛道教神灵信仰、鬼神信仰三大块。现逐一介绍如下。

---

① ［日］渡边欣雄：《汉族的民俗宗教》，周星译，天津人民出版社1998年版，第234—239页。

② 姜相顺：《神秘的清宫萨满祭祀》，辽宁人民出版社1995年版，第58—60页。

③ 王健：《利害相关　明清以来江南苏松地区民间信仰研究》，上海人民出版社2010年版，第43—50页。

（一）自然神信仰

自然崇拜是人类最原始的宗教形式之一。在古代社会里，由于人类的科学知识极其低下，对自然界中所发生的许多现象无法解释，因此就产生了"万物有灵"的观念。在这种观念的支配下，他们对天、地、日、月、星辰和动植物等自然物都产生了信仰和崇拜。生活在赣闽粤边区的客家族群也保留了较多的自然崇拜的习俗，如对天、地、五谷、高山、巨石等的自然崇拜。

在中国的自然崇拜里，"天"被认为是自然物和自然力量生长运行的空间，所谓"天何言哉？四时行焉，百物生焉"，是得到普遍认同的观念。客家人视天为至高无上的神灵，是众神之神。客家人称天为"天公""天神""天神爷""玉皇大帝"等，尽管赣闽粤边区很少有专门祭祀"天帝"的庙宇，但在客家人的生活习俗中，还保留着很多拜天的习俗。如，广东梅州客家人把正月二十日称为"天穿日"，相传当日是女娲补天的日子，家家户户做"油堆子"并在上面插上针线，称作"补天穿"。苏轼诗句"一枚煎板补天穿"说的正是客家人过天穿节的情形。① 客家人的"天公"崇拜，从龙岩地区的求雨仪式中，也有清楚体现。"每遇干旱，田园龟裂，农民习惯向'天庭'祈雨。各地祈雨的方式、规模不一。有的请僧道念经打醮。有的乡村规定封斋期，市集禁屠，家家不吃荤腥。有的抬出龙王庙里的菩萨，乡民头戴斗笠，敲锣打鼓，迎'神'游行。并在水口处向天空放铳，声响如雷，借以震撼'天庭'降下甘霖。"② 此外，客家人无论任何祭祀活动中，都有对天祭拜的仪式，一般都要先祭拜天公。如到庙堂拜神，要先向门外拜天神；拜见伯公要先向门外拜见天神；扫墓时要向坟堂外拜天神，然后祭墓。在婚嫁时，也是先拜天地，后拜祖宗，再拜父母。如最狠毒的骂人话语里有"天收""天灭""天绝"等词语，最庄严的赌咒方式就是

---

① 温宪元、邓开颂、丘杉：《广东客家》，广西师范大学出版社2011年版，第304页。
② 龙岩地区地方志编纂委员会编：《龙岩地区志》卷37《风俗　宗教》，上海人民出版社1992年版。

焚香，杀鸡，跪着对天发誓。①

土地是农业社会里最重要的生产资料，谷蔬桑麻则是人们最基本的生活资料。正因为土地五谷在人类生产生活中具有如此重要的作用，所以人们由此产生了土地、五谷崇拜。诚如古书所云："人非土不立，非谷不食。土地广博，不可遍敬也，五谷众多，不可一一祭也。故封土立社，示有土也；五谷之长，故立稷而祭之也。"② 人们对土地、五谷的信仰，原来属于对这些事物的自然属性的原始崇拜，但在原始宗教向氏族和国家宗教发展的过程中，大多原始崇拜逐渐与英雄崇拜结合起来，从而被赋予了人格神的意义，而且神灵的功能也逐渐被扩大。如把土地之祀——祭"社"与对共工氏之子"后土"的祭祀等同起来，又把百谷之祀——祭"稷"与对烈山氏之子"柱"的祭祀等同起来。"昔者烈山氏之有天下也，其子曰柱，能殖百谷。夏之兴也，周弃继之，故祀以为稷；共工氏之伯九有也，其子曰后土，能平九土，故祀以为社。"③ 并且"土"神也逐渐脱离土地自然属性的原始崇拜性质，而成为民族和国家的保护神。

客家族群对土地神十分敬重，把它称为"社公""社官"或"田伯公"。在赣闽粤边区，最常见和最普遍的庙宇就是"社公"庙。几乎每个村落、聚居地，哪怕只有三五户人家，都可见到用砖砌成或用大石垒成的约一米见方的社公小庙。人们无论在平时还是遭受灾害时，都会向社公虔诚祷告，祈求它的护佑。

在客家族群中，谷神之称谓，有"谷神""五谷神""五谷大帝""神农大帝"等，也设立专门的神像和日期予以祭祀。如龙岩地区把农历十月十三日作为五谷神诞辰，"客家是日要蒸糯米糕、舂糍粑以

---

① 汪毅夫先生还对客家族群与邻近闽南人在拜祭天公的方式上进行了详细调查，认为闽南地区多有属于道教性质的奉祀"天帝"的庙宇；并且他们常在居房上梁挂有天公灯。而客家地区则很罕见"天帝"宫观，并且居房中一般也不悬挂天公灯，而是在庙宇中设一香炉或干脆临时撮一小土堆，插上焚香，进行简单祭拜。参见氏著《客家民间信仰》，福建教育出版社 1995 年版，第 33—36 页。

② 《白虎通·社稷》。

③ 《国语·鲁语上》。

祀五谷神，并馈赠亲友"①。在粤东地区的客家乡村建有很多"五谷帝庙"供奉着"五谷大帝"，除了举行尝新仪式外，乡民在农作物收获后，还要以自然村落为单位，备办牲醴，做"禾黄福"酬谢五谷大帝。②

在客家族群的自然崇拜中，还保留着对山川的信仰，在天旱求雨时，往往就到境内高山深渊处进行祈祷。如赣南于都县，"吾邑北四十里，有山峤起而干霄者，以祷雨有验，名之曰雩"③。安远县"云腾阁，在新龙堡丫髻嵊，祀龙神，祈雨有验"④。瑞金"铜钵山，县西北五十里，高入云表，云气常幕其顶。下有龙井，井中有石如龙爪，遇旱祷雨，汲泉见龙爪，多应"⑤。这种崇拜，还集中体现在明朝时期宁都县的一次求雨事件中。当时身为工部尚书的董越因丧亲丁忧在老家宁都，恰逢当时干旱成灾，地方官斋沐为民雩祷不应，他致书建议当行山川之祀，环祭四山："夫境内山川，法所当祀者，以其能出云雨而御灾患也。阳都⑥之山，北有凌云，东有武头，西有莲花、精金，皆在不远。精金岁尝祀之……而凌云、莲花、武头，世皆莫之祀。三山皆神物之所依凭，蛟龙之所藏蛰，时出云雨，现怪物……今旱魃为虐若此，窃意三山亦可祀也。倘沐阁下亲制祝文，命有司支官钱，买牲币，分遣官属礼生往祀之，其精金则亲自临察。……"⑦

此外，赣闽粤边区所保留的对动物、植物精灵的信仰，也是客家族群自然崇拜的体现。例如，正像其他汉族族群一样，客家人也崇拜虚拟的动物"龙"，所以每当天旱之时，"龙"神往往成为最重要的祈祷对象。前引山川之祭，其中有的就包含了龙神之祀。在谈及动物

① 龙岩地区地方志编纂委员会编：《龙岩地区志》卷37《风俗　宗教》，上海人民出版社1992年版。

② 肖文评：《粤东客家传统农耕习俗略论》，《农业考古》2008年第3期。

③ 同治《雩都县志》卷14《艺文志》引《雩山神行田引》。

④ 同治《赣州府志》卷15《舆地志》。

⑤ 乾隆《瑞金县志》卷1《山水》。

⑥ 即宁都县，其于三国孙吴嘉禾五年置县，始称阳都，故有是称。

⑦ 道光《宁都直隶州志》卷31《艺文二》，引董越《与李金宪论祈雨书》。

信仰时，我们还必须介绍与此相关的龟、蛇崇拜。赣闽粤边区有崇拜龟、蛇之俗，常常举行与它们相关的禳灾仪式。如大余县"西云山，在县东南十五里。旧有普照寺，旁有龙井。明天启间，知县龙文光旱祷，至井得小蛇，内入瓮中，载以入城，未至而雨随注"①。宁化"龙潭石祭，在县北泉下里，旧传有龟浮水面溪水即涨。岁旱，乡人取其水祷雨，多应"②。如果说"龙神"信仰还带有虚拟化的成分，那么，在赣闽粤边区所盛行的龟、蛇之祀，则是属于比较典型的原生态的自然动物崇拜了。

此外，有学者还论述过赣闽粤边区当地居民的三山国王信仰以界石为象征，猎神崇拜以河流旁的石壁或小石坛为象征，以及以巨石、大树象征伯公（土地神），让小孩拜石头、大树为契父，等等。③ 这些都是客家人石崇拜和树崇拜的原始自然崇拜的遗存。

（二）佛、道宗教神灵信仰

客家地区的佛教颇为流行，如闽西永安"俗尤敬佛。家设观音座，朔望斋。喜行布施，寺观田租皆以百计，少亦数十计，街上无盆米盏饭僧，且点灯许经，累累不绝……一有惑于佛事者，亲丧饭僧度化，或三日或七日，名曰报本。置酒作乐，以待宾朋，名曰修斋。道僧水滨粥禽鱼纵之，名曰放生。为死者修福灭罪苦云。又有未死作生斋者"。④

佛教在赣闽粤边区的广泛传播，除了建立大小不一、数量众多的寺院禅林之外，也使观音、弥勒佛、定光佛、伏虎禅师、惭愧祖师、僧伽大师等佛教神灵成为客家人重要的崇拜对象，尤其是定光古佛，更是在赣闽粤边区获得了普遍的崇拜。⑤ 同时也使佛教思想道德对客家人的思想观念产生重大影响，其中一个重要的体现是，佛教中因果报应的思想深入人心。例如，连城县城关的城隍庙是一座道教庙宇，

---

① 同治《南安府志》卷 3《山川》。
② 乾隆《汀州府志》卷 3《山川》。
③ 参见谢重光《客家文化述论》第七章，中国社会科学出版社 2008 年版。
④ 道光《永安县志》卷 1《地理·风俗》。
⑤ 谢重光：《客家文化述论》，中国社会科学出版社 2008 年版，第 325—343 页。

但庙中数副对联，却反映了佛教的因果报应思想。

> "三炷香，几张纸，保你身，保你家，保你子孙昌盛，任你虔诚祷告；一寸心，两条路，也有善，也有恶，也有是非功过，凭吾簿籍施行。"
>
> "善报恶报迟报速报终须有报；天知地知你知我知何谓无知。"
>
> "人恶人怕天不怕；人善人欺天不欺。"
>
> "作恶不灭祖有余德德尽乃灭；为善不昌祖有余殃殃灭乃昌。"①

笔者在瑞金武阳乡坪埠岗圩镇调查时听到的一个故事，也很具有代表性。该村有一男子，现在已有六十来岁，脚有残疾，终身未娶，父母早已过世，现在靠政府和族邻救济度日。村民谈及他的身世，都认为这全是他母亲造的孽。他母亲年轻时漂亮、活泼，未婚前已是"土改"干部，工作积极，但心术不正，导致与她家族曾有过节的村民冤枉致死；且自己生活作风不好，与上级派来的已婚干部有染，并怀上现在这个小孩。堕胎未成，只好匆匆嫁给了一个耳聋男人。小孩出生后，竟又想把他溺死在澡盆中，但被细心的婆婆及时发现，救了起来，但也从此落下了残疾。

道教是我国现有宗教体系中唯一产自本土的正统宗教，并且赣南地处赣江上游，距离江西境内的道教名山龙虎山、三清山不远，所以道教在这里的传播也非常广泛。早在唐宋时期，赣闽粤边区境内的许多名山大川就被列为道教修行的洞天福地，也建立了影响巨大、信众广泛的道观。如清远县飞霞山名列道教七十二福地的第十九福地；连州县的福山则为第四十九福地。韶州的元妙观、锦石岩梅岭洞真古观、招隐岩南雄玄妙观，连州的清虚观、真祺观，潮州的超真观，都

---

① 林水梅、谢济中：《连城县城关的城隍庙会》，见杨彦杰主编《闽西的城乡庙会与村落文化》，国际客家学会、海外华人研究社、法国远东学院 1997 年版，第 22—23 页。

是当时著名的道教宫观。①

　　道教在赣闽粤边区的广泛传播对客家族群的影响很大。在客民供奉的众多神灵中，很多就是属于道教神灵。例如，福建武平县北的"真武庙"②，广东嘉应州柴黄堡、畲坑堡、大竹堡等的"真武祠""真武宫"③，所奉祀的神灵都是真武帝君，神灵塑像皆为披发、黑衣、仗剑、踏龟蛇，从者执黑旗。其实真武大帝就是道教中的著名道教神灵，也叫玄武、真武。④ 又如，"三山国王"是广东潮州地区的地方保护神，原指潮州独山、巾山、明山的三个山神，后来信仰圈逐渐扩大，到元朝时，"潮及梅、惠二州，在在有庙，远近士人，岁时走集"⑤。实际上也成了粤北客家人的重要神灵。但这一神灵其实早在宋代就得到了朝廷的封敕，为道教所吸收，成为道教神灵系统中的一员。⑥ 此外，客家地区十分常见的其他神灵，如玉皇大帝、东岳大帝、关圣帝君、神农大帝、三官、城隍、灶神、土地公等，都是属于道教系统中的神灵。

　　斋醮是道教设坛祭祷，供斋醮神，以祈福消灾的重要仪式，也是道教与其他宗教相区别的重要特征。⑦ 道教对客家人的深刻影响，体现在他们除了日常祭拜道教神灵之外，就是经常举行打醮活动。打醮分定期和不定期两种，定期打醮多是在正常情况下，为了预防灾害的发生或向神灵祈福而举行的，如"平安醮"、"太平醮"、庆成醮、神明诞醮等；不定期的打醮则是在遇到天灾、人祸、疾病、死丧等意外情况时才举行。如"求雨醮""度亡醮"等。无论打什么醮，大体都有斋戒、设坛、请神、祭神、送神等程序，每个程序又有十分复杂的仪式。打醮期间，道士击鼓诵经，村民执礼观拜，整个过程庄严肃

---

①　参见《广东省志·宗教志》，广东人民出版社 2002 年版。

②　康熙《武平县志》卷 3《祠庙》。

③　光绪《嘉应州志》卷 17《祠祀》。

④　卿希泰主编：《中国道教》第三卷，知识出版社 1994 年版，第 38—43 页。

⑤　同治《广东通志》卷 148《坛庙志》。

⑥　卿希泰主编：《中国道教》第三卷，知识出版社 1994 年版，第 193—194 页。

⑦　于民雄：《道教文化概说》，贵州人民出版社 1991 年版，第 179 页。

穆，充满神秘色彩。赣闽粤边区醮事很多。如蕉岭县"俗以秋冬之间，各乡皆建太平醮"①。福建武平县的"保苗醮"，"秧长将熟，敛钱迎神斋醮，或用男巫婆娑吹箫舞，谓之保禾苗。盖本邑以农为本，城乡五月后，皆有此举"②。长汀县如逢久旱无雨，就要打醮求雨。"唐宋以来，汀俗求雨，主要请僧道念经打醮，抬着龙王菩萨等在田间游，人们戴笠擎伞、敲锣打鼓。全村封斋，市面墟场上禁卖买猪肉。有时还向天上放铳，一时百铳齐发，响声如雷。"③ 最有意思的还要数长汀县张地村的"野猪醮"，每当野猪危害猖獗的年份，该村都会打"野猪醮"，认为这样就能驱除野猪危害，保护稻谷、地瓜、竹子等能有好收成。④

（三）鬼神信仰

由于原始时代科技水平极其低下，人们无法解释做梦的现象，因而认为一个活着的人存在着"灵魂"和"躯体"这两种既连接在一起，有时又可能相互分离的东西，因而就产生了"灵魂"的观念。正如恩格斯在《路德维希·费尔巴哈与德国古典哲学的终结》中所说："在远古时代，人们还完全不知道自己身体的构造，并且受梦中景象的影响，于是就产生一种观念：他们的思维和感觉不是他们身体的活动，而是一种独特的寓于这个身体之中而在人死亡时就离开身体的灵魂的活动。从这个时候起，人们不得不思考这种灵魂对外部世界的关系。既然灵魂在人死时离开肉体而继续活着，那么就没有任何理由去设想它本身还会死亡；这样就产生了灵魂不死的观念。"⑤ 在灵魂观念的驱使下，人们认为人的死亡，就是"灵魂"从"躯体"中脱离而出，永远不再复返。

---

① （清）黄钊：《石窟一征》卷4《礼俗》。

② 民国《武平县志》卷19《礼俗志》。

③ 长汀县地方志编纂委员会编：《长汀县志》卷35《风俗》，生活·读书·新知三联书店1993年版。

④ 杨彦杰：《长汀县的宗族、经济与民俗》（上册），香港国际客家学会、海外华人资料研究中心、法国远东学院联合出版，2002年，第134—135页。

⑤ 《马克思恩格斯选集》第四卷，人民出版社1995年版，第219—220页。

我国古代先哲"灵魂"称为"精神""精魂""魂魄"，把人的血肉之躯称为"形体"，同是天地所生，"夫精神者，所受于天也，而形体者，所禀于地也"。① 人的死亡，就是魂魄离开形体而归于天地。"人死曰鬼"。② "鬼之言，归也"③，"鬼者，精魄所归"④。人死后，魂魄虽离开了人的躯体，但以神灵的方式继续存在。"身既死兮神以灵，子魂魄兮为鬼雄。"⑤

正是在"身死为鬼"观念的主导下，我国产生了历史悠久的祭拜死者之传统。在人们的心目中，正如人有好坏之分一样，鬼亦分为"善鬼"和"恶鬼"。所以他们所祭拜的对象，大体可以分为"先贤""祖先"和"孤魂野鬼"三大类。"先贤"和"祖先"是善鬼，因为人死即变成鬼，但由于他们在生前所做的事情不同，所以死后的结果也不尽相同。那些生前大贤大德，有功于人，死后将继续与人为善，称为善良的仁鬼。仁慈的祖先当然会继续像生前那样呵护子孙，所以在子孙们看来，自己的祖先自然而然毫无疑义地成为自己的善神。而那种生前作恶多端，死后也将"江山易改，本性难移"，继续为恶于人，成为"恶鬼"，但这种"恶鬼"得罪不得，所以也要进行祭祀，以免开罪于它而招致祸端。客家族群保留了古老的鬼神信仰，在他们的现实生活中，也大体分为先贤崇拜、祖先崇拜和厉鬼崇拜三类。

在客家族群的生活实践中，他们的先贤崇拜主要是体现为人格神的崇拜。这些神明生前有功于民，身死成神，同样继续造福于人。例如，宁都县"博济庙，俗名太公庙，祀土神胡雄。宋崇宁中赐额。庙建河东潭富村。明洪武中，知县庄济翁复改建县治东。中神像，左右部将丁权、吴卜。两庑，神曾孙，曰昊、曰渐。楼为魁星阁，邑人张非潜建。乾隆元年庙毁，二年合邑重建"⑥。该神灵生前就有与众不

①《淮南子·精神训》。

②《礼记·祭法》。

③《尔雅·释训》。

④《通典》卷41《礼典》。

⑤ 屈原《楚辞·九歌·国殇》。

⑥ 道光《宁都直隶州志》卷28《祠庙志》。

同之处，死后也屡有灵异显现，所以得到乡人祭祀。"神生后梁龙德辛巳四月八日，体貌魁异，隆准广额，顾目见耳，言行淳笃，邑人敬畏，寿终八十。每著灵异，元至正壬辰，伪汉熊天瑞帅众攻城，至螺石，见城外兵多，遂退。使人觇实无敌，乃进，及交锋，熊军见白发老人巡城，飞炮射矢，不敢逼。或言胡太公阴兵也。熊怒，毁潭富村庙。熊去时，兵死相望，忽一部将狂言曰：'我营盖殿宇。'事亦未竟。明初，乃建庙今所。夫人刘氏，赠'慈佑顺妃'。"①

安远县龙泉堡的欧阳将军庙，祭祀的是一位名叫欧阳晃的将军。该将军生前亦为民所死，有功于民。"五季时，尝率义兵，保障乡井，寇不敢犯。郡上其功，大和元年授检校工部尚书。诰有欧阳九姑，即晃妹也，亦善武艺，誓不适人，将军呼为'太保'。尝屯兵岭上，与兄为犄角之势。因名其岭曰'太保岭'。将军没后，乡人追念其功，塑像立庙祀之。"②

古人相信"鬼有所归，乃不为厉"③，为了使鬼魂有所归，所以死时要厚葬，并且定期祭拜以供给饮食，尤其对于那些"凶死"（即非正常死亡）的人，更要实行祭祀。在客家地区，也常见祭祀厉鬼的习俗。

福建宁化的普惠庙起先就是祭祀一个名叫时阅的意外死亡之人而逐渐演变而成的庙宇，"庙在邑南伍家山，宋宝佑年间重建。神姓时，讳阅，妻英，唐时人。以艺来游宁，旋卒，葬于伍家山。魂时出没，土人因祠祀之。适有寇警，祷神而寇退。随生瑞芝五本于墓上，有司以闻，遂以伍家山为伍灵山，封神普惠孚宁王，立庙焉"。④

赣南上犹县的五指峰乡，境内建有邓三通郎庙，所祭祀的神明生前就是本地的一个巫师，法力很高，但却经常使用法术让田主出丑，有时也会作弄本村村民。"只可惜他后来寿命不长，又没有继嗣，所以死了以后得不到香火供养，灵魂经常在外游逛，行凶作恶。为此，

---

①　道光《宁都直隶州志》卷 28《祠庙志》。

②　同治《安远县志》卷 2《建置志·坛庙》。

③　《左传·昭公七年》。

④　康熙《宁化县志》卷 7《坛壝庙祠志》。

邓姓人只好在村子外面给他建了小庙，取名为'邓法一郎庙'，以求他改邪归正，保佑村子太太平平。"[1]

此外，在赣南会昌羊角堡周氏祠堂里设有"附食祠"，主要是祭祀"那些无后的宗姓或帮助过自己的人"[2]。

二　赣闽粤边区客家族群神灵信仰的特点

如上所述，结合地方文献的记载，赣闽粤边区客家族群神灵信仰，具有以下十分明显的特点：

(一) 客家族群的神灵信仰体系十分庞杂

客家人的神灵崇拜，是多神崇拜，所崇拜的对象五花八门，林林总总，有社官、妈祖、定光古佛、三山国王、真君、仙娘、城隍、汉帝，等等。罗勇先生根据神灵来源和信仰圈的大小，把它们分为自然神、宗教神、祖宗神等七大类以及地域性神灵和宗族神灵等四个范畴。[3] 但如果按照神格来划分，大体可分为两大类：自然神和人格神。

自然神的崇拜：天地信仰是最古老、最根本的信仰。它实际上是一些自然神的综合，包括日月星辰、山川湖海、风雨雷电，这都是人类最初的神。在客家地区，最为常见的是对土地神的崇拜。对有着农耕历史十分悠久的中华民族来说，对土地的敬仰，早在殷商时期，就已成为国家祭祀的重要内容。[4] 客家传统社会也是典型的农耕社会，对土地神灵的崇拜自然也十分敬重，客家人沿用古老的称谓，把土地神称为社官。在客家农村中，社官庙宇无处不在、无处不有。庙宇大多十分简陋，有的甚至就在村外田坎边的大树下，

---

① 参见刘劲锋《赣南宗族社会与道教文化研究》，香港国际客家学会、法国远东学院、海外华人资料研究中心联合出版，2000年，第168—169页。

② 这是笔者2009年7月7—15日参加"两岸大学生客家文化寻踪夏令营"时，在会昌羊角堡进行调查采访所获得的信息。感谢该村村民周文敏（时年63岁）所提供的帮助。

③ 罗勇：《论民间信仰对客家传统社会的调控功能》，《西南民族大学学报》2004年第7期；

④ 俞伟超：《铜山丘湾商代社祀遗址的推定》，《考古》1973年第5期。

用三块砖头垒成。正因为简陋却又无处不在，恰恰说明了社官在客家族群社会生活中的重要性。此外，人们还对古树、巨石等也同样崇敬。我们在做田野调查的时候，经常看到村边大树上贴着"天灵灵，地灵灵……"的祈禳术语，在风煞较大的屋顶或正对巷口墙上立着一块刻有"泰山石敢当"字样的巨石，甚至有些小孩因生庚与家人冲突而把名字取为"石生""树生"，甚至流行把"八字"寄存在大树、巨石上的风俗。

人格神源于原始先民的灵魂不灭观念。在我国古代社会，生前有功于人、死后转升为神一直是创造神灵的重要规则，太上老君、姜太公、关公都是为人们所熟悉的人格神。客家地区也盛行人格神，其中最为普遍的信仰是对祖先的崇拜，此外还有临水夫人、三山国王、许真君、水府老爷等。[①] 这些信仰的存在基础，就是人们认为死者的灵魂不灭，将继续对人间社会施加影响，生者只有采取一定措施才能接受或消除鬼魂的有利或不利的影响。

（二）神灵功能齐全，神力范围大

所谓神力范围，是指神灵效能的作用范围，它既包括神灵本身的神力功能大小，同时也指神力效应的影响范围（也即体现在它的受众范围）。客家地区的神灵信仰与中国社会传统的民间信仰一样，给自己所崇拜的神灵赋予各种自己所需要的法力，使这些神灵的功能十分齐全。例如，赣州七里镇的仙女娘娘原本只是一个专治天花的神灵[②]，但我们对前来朝拜的信众进行采访时，他们对该神灵这一最核心的功能几乎完全淡忘，而把它的功能泛化为祈福、求财、保平安等。同样的事例也发生在其他神灵身上。例如，许真君信仰原来是专镇水妖的神灵，后来也成为江西人的具有综合神能的保护神。神灵功能的增加，也使它的受众范围不断扩大。根据熊佐、李晓文等人的调查，过去赣南地区较大的集市场所都有祭祀许真君的万寿宫。现在参加于都

---

① 汪毅夫：《客家民间信仰》，福建教育出版社1995年版。

② 张嗣介：《赣州仙娘古庙宇太太生日》，见罗勇、林晓平主编《赣南庙会与民俗》，国际客家学会、海外华人研究社、法国远东学院联合出版，1998年。

县黄屋乾真君庙会的信众已经远远超出了原来村镇的范围，而远涉瑞金、兴国、宁都、石城等县。[①]

（三）神灵庙宇多、祭祀仪式繁剧

庙宇和仪式是神灵信仰必不可少的组成要素。庙宇是民众为神灵所安排的栖身之处，也是信众对其进行定期或不定期朝拜的神圣场所。在客家地区，神灵庙宇往往是客家村落中最为壮观的人文景观。祖先祠堂往往位于村庄的中心，一般是村中最大、最引人注目的建筑，村落保护神则视其主要功能，散布在村落的不同位置。由于客家族群奉行多神信仰，而且有些宗族丁盛支繁，所以往往还同时供奉着不同的神灵庙宇和大小不同的总祠和分祠。例如，座落在赣南宁都县城东南部的东龙村，面积仅2.5平方公里，就分布着永东古寺、太公庙、将军庙、玉皇宫、道堂、宝塔寺等6座寺庙以及48座大小宗祠。[②] 不仅如此，客家族群民间神灵信仰的有些仪式也十分隆重、烦琐、持续时间长。如据《长汀县志》记载，

"长汀民间把迎神赛会看作喜庆，比逢年过节更为隆重热闹，过去城乡如此……迎神活动一般有下列项目：打醮 请僧道念经、做法事、放焰口，群众纷纷到醮坛烧香祈祷，献物献钱。鼓乐 请鼓手乐师吹吹打打，唱曲子。比较大型的迎神均要请戏班子于神前演戏，短则三五天，长则一月半月，观众人山人海，比戏院更热闹。规模较小的则演木偶戏。游神是迎神活动最主要节目，一般前有鸣锣开道，中有鼓乐、执事、彩旗、花灯、船灯、龙灯，更隆重者有台阁、顶马、放铳，最后是神像。队伍沿街或

---

① 熊佐：《黄屋乾真君庙庙会》，见罗勇、劳格文主编《赣南地区的庙会与宗族》，香港国际客家学会、海外华人研究社、法国远东学院1997年版；李晓文《赣南客家地区许真君信仰研究》，《客家》2007年第3期。

② 值此再次感谢李良锦（1946年出生，东龙小学教师）、李品珍（1935年出生，农民）、李罗春（1938年出生，农民）等为笔者于2003年8月、2004年11月在该村做田野调查时所提供的帮助。

沿乡村田间游行，围观群众甚多。家家户户在迎神期间，亲朋满座……"①

　　客家民间信仰仪式的隆重，莫过于对祭祖的重视。由于客家族群注重"慎终追远"，对故去祖宗的祭祀成为客家人最为虔诚的仪式，整个过程丝毫看不到如祭祀其他神灵那种娱乐的情形。②

　　此外，民间信仰在客家社会中的普遍盛行并产生深刻影响，还体现在客家族群中形成了许多生活禁忌上。如扫帚不能指着天，以免触怒"天老爷"；正月初五是"五谷神"生日，这天家家不能煮生米；婴儿出生三天之内要保密，以防"阴生鬼"；身死异地的人尸体运回家乡时忌放屋内，要在屋外搭棚治丧，谓之"野死鬼不能进屋"，等等。这些禁忌范围很广，涉及岁时、婚姻、生养、饮食、社交、行业、丧葬等，几乎囊括了他们生活的所有方面。

　　总之，客家族群的神灵信仰是十分广泛而又虔诚的，民间信仰已经成为他们日常生活中不可缺少的一部分。

---

　　① 长汀县地方志编纂委员会编：《长汀县志》卷35《风俗·迎神赛会》，生活·读书·新知三联书店1993年版。

　　② 林晓平：《客家祠堂与文化》，黑龙江人民出版社2006年版。

第二章　儒家文化在赣闽粤边区的传播及其对客家民间信仰的影响

宋明时期是中国儒家文化重新复兴的时期，在这个复兴过程中，出现了从"重治"向"重教"的重大学术转变。儒家学说的这种学术转变，有其历史的必然性，并且也对宋明以后地方社会的秩序构建产生了重大影响。同时，随着唐宋以来中国经济重心的南移，中原文化也加快了对南方地区传播的步伐。在这一时期，儒学也逐渐在赣闽粤边区广泛传播，并对该地区的民间信仰产生了巨大的影响。

第一节　儒家文化在赣闽粤边区的传播

一　宋明儒学的兴起与学术转型

宋明儒学又称"道学""理学"或"新儒学"，它的产生有着深刻的历史背景。它与唐宋以来社会经济、政治和文化所发生的巨大变化密切相关。

从社会经济史的角度看，由于租佃制度逐渐代替部曲制、佃客制，生产关系的改善大大促进了社会经济的发展。

一方面，生产技术的进步，经济基础的巩固，尤其是自然科学的发展，对宋明理学的出现具有十分有重要的影响。"哲学的建构本来就以自然科学的发展为基础，作为宋代哲学核心的理学，对自然及社会规律的思考乃至理学中象数学派的形成，正是宋代科学文化发展的必然结果。"[①]

---

① 许总：《论宋明理学的形成及其历史必然性》，《齐鲁学刊》2000 年第 5 期。

另一方面，生产关系的大变动，也产生了许多新的社会问题，要解决这些社会问题，就需要有一套新的理论指导，从而催发了宋明儒学的产生。租佃制的实行，导致土地自由买卖逐渐盛行，从而加速了地主的土地兼并；日益严重的土地兼并使大批农民丧失土地、流离失所，农民和地主之间的矛盾日益加剧。而且由于生产的发展，特别是手工业和商业的繁荣，使唐宋时期出现了新的生活方式、文化观念，这些新事物也必然对原有的道德伦理和社会秩序产生严重的冲击。这些日益尖锐的社会矛盾，也促使素有"经世致用"传统的儒家知识分子进行深刻思考，努力寻求解决社会问题的良方。

从政治史的角度看，儒家的复兴还与当时宋代统治者积极强化专制主义中央集权的时代背景有关。宋朝统治者针对唐朝后期地方势力过大，出现藩镇割据的局面，在建立宋代政权后，推行了一系列加强中央集权的措施，但这些措施也激发了新的民族矛盾和阶级矛盾。为了维护和巩固中央集权，统治者极其需要一种理论指导，帮助他们化解社会矛盾，使百姓服从他们的统治。同时，宋代"重用文人"的政策，又使他们恢复了对世俗政权的信心，在"治国平天下"，实现"天下一统"儒家道统的驱使下，他们也自觉担负起安抚百姓、统一江山的历史责任。

从文化史的背景来看，自汉代以来儒学本身存在的缺陷同时又深受佛道两教的冲击，也促使唐宋儒家学者改革儒家经义。汉代儒学存在严重的弊端，当时今文经学注重以经学服务于现实政治，常常出现十分牵强附会的"谶纬"现象，严重损害了儒家学说的权威性；而古文经学则又过分重视对经书进行十分烦琐的训诂和注疏，严重远离儒学"经世致用"的本义。所有这些都使汉代儒学距离现实越来越远。与此同时，佛教和道教的兴起又对汉代儒学产生强烈冲击。道教崇尚生命，主张"道法自然"，佛教宣称"世事无常，因果循环"，与过分强调"天"的神性和人间道德伦理秩序的儒家相比较，它们都更加关注个体生命，这在动荡不安的魏晋时期，佛、道两教自然更加具有吸引力，吸引了很多儒家知识分子转到佛、道之途。[①] 这种文化史背景，激发了以韩愈、柳宗元和"宋初三先生"（胡瑗、孙复、石介）为代表的一大批唐宋时期的儒家知识分子积极行动起来，为重振儒学，恢复汉代儒学那种"包举宇内，囊括天下"恢宏气势的而奔走呼吁。

宋明儒学在复兴过程中，不仅产生了以周敦颐、"二程"（程颢、程颐）、张载、朱熹、陆九渊和王阳明等为代表的廉学、洛学、关学、闽学和"陆王心学"等各种儒家学派，也出现了儒家学说从"重治"向"重教"的学术转变。[②]

关于中国儒学在宋明时期所发生的这个转变，国学大师钱穆先生曾有过这样一段描述：

> 伊洛兴起，那时的学术风气又变了。他们看重"教"更过于看重"治"。因此他们特别提出《小戴礼》中《大学》这一篇，也正为《大学》明白地主张把"治国""平天下"包括到"正心""诚意"的一条线上来。于是孟子和孔子更接近，周公和孔子则更疏远。……他们之更可看重者，也全在其内圣之德上，而不在其外王之道上。……朱子《四书》悬为元、明、清三代政府功令取士之标准，但我们却不能说朱子《四书》即是元明清三代之王官学。这里有一个极大的分辨。因为古代之王官学，重在当代之礼乐制度、政府规模上，而《四书》义则重在"格、致、诚、正"私人修养上。直从程伊川、朱晦翁到明末的刘蕺山，他们对当代皇帝进言，都把当朝的礼乐制度且搁在一边，而先谈格、致与诚、正。他们且先教皇帝做圣人，暂不想教皇帝当明

---

① 余英时：《士与中国文化》，上海人民出版社 2003 年版，第 251—357 页。

② 关于宋明儒学复兴的历史背景和发展脉络，请参见以下专著：侯外庐、邱汉生、张岂之主编《宋明理学史》，人民出版社 1997 年版；陈来《宋明理学》（第二版），华东师范大学出版社 2004 年版；张立文《宋明理学研究》，人民出版社 2002 年版；朱汉民《宋明理学通论：一种文化学的诠释》，湖南教育出版社 2000 年版；蔡方鹿《宋明理学心性论》，巴蜀书社 1997 年版。

王。他们认为只有当了圣人才能做明王。这正由本以达末。这是宋学与汉学精神上的一大差异。①

钱穆先生在这里所说的"治"，当指如何治国平天下的操作技艺，具体来说就是如何制定和构建"礼乐制度""政府规模"等具体的治国方略。而所谓的"教"，则是指治心修身的方法和实践，也即是如何加强个人的身心修养。钱先生这个判断并非臆造。尽管历代儒家学者都不排除"治"和"教"，但就总体而言，宋明理学与以前的先秦和汉代儒学还是存在十分明显的区别。

具体来说，虽然汉魏儒学和宋明理学都秉承了先秦儒学所提倡的"经世致用"之宗旨，但在如何"经世致用"上，汉魏儒学强调"治国之术"，甚至为统治者设计了具体的治国方略，而宋明儒学则是把关注的重点放在了"正心之术"即如何加强个人修养方面。在宋明理学家们看来，要达到治国平天下，首先就必须治心，尤其是作为一国之君的人主，更应该要"正其心"："朝廷者，天下之本；人君者，朝廷之本；而心者，又人君之本也。人君能正其心，湛然清明，物莫能御，则发号施令罔有不臧，而朝廷正矣。"② "故人主之心正，则天下之事无一不出于正。"③ 由此可见，宋明儒学把"治心"作为解决所有社会问题的关键："理学家普遍相信，所有的社会问题、政治问题及经济问题的解决，均可以归结为'人心'问题，尤其是统治者的'心术'问题。"④

总而言之，从整体上看，在汉魏时期我国儒学在经世致用方面，重在对当代治国方略和政府制度的设计上，而宋元以后的儒学家们则更加重视对提高个人修养、加强道德秩序的构建，清晰呈现出由"重治"向"重教"的巨大转变。

---

① 钱穆：《孔子与春秋》，见《两汉经学今古文平议》，商务印书馆 2001 年版，第296—298 页。

② （宋）真德秀《大学衍义》卷 1。

③ （宋）朱熹：《朱文公文集》卷 11，《戊申封事》。

④ 朱汉民：《宋明理学通论：一种文化学的诠释》，湖南教育出版社 2000 年版，第 93—94 页。

宋明时期儒学发生的从"重治"向"重教"的转折，对社会秩序的重新构建产生了巨大影响。

宋明儒家知识分子所追求的是"齐家""治国""平天下"，都把自己的学术研究与实现这个理想联系起来："为天地立心，为生民立道，为往圣继绝学，为万世开太平。"① 他们把自然现象与社会现象背后的本体和规律称为"道体"②，并用"无极""太极""太虚""理""心"等概念进行阐述，他们努力把自然界的运行规律、社会行为规范与个人的生命体验紧密联系起来的目的，无非就是想将封建纲常伦理转化为人的主观自觉意识与自觉行为。为构建新的社会秩序，他们除了哲学思考之外，还提出重建宗族、履行家礼、推行乡约、设立学校、建设义仓等实施方案。我国自宋元以来，乡村宗族社会得以逐渐构建，儒家伦理得以重新成为人们的道德信仰，是与这种教化手段和方式的采用分不开的。因此，我们可以说，宋明时期儒学发生的由"重治"到"重教"的转变，对我国儒家社会的最终形成功不可没。

二　儒家文化在赣闽粤边区的传播

宋元以来，随着儒学的复兴，它也不断向外传播。在唐宋以前，中原地区一直都是古代中国的政治、经济和文化中心。宋元以后，随着古代经济重心的南移，中原文化也加大了向南传播的趋势。赣闽粤边区地处江南腹地，经济重心的南移不仅使这里得到了大规模的开发，而且中原文化也随之在这里逐渐传播开来。正是在这种背景之下，宋明儒学也在赣闽粤边区得以广泛传播。宋明儒学在赣闽粤边区的传播体现在三个方面：不同类型的学校大量兴办，宋明大儒在赣闽粤边区积极讲学，赣闽粤边区崇文重教的风气日益浓厚。

唐宋以来，随着科举制度的推行，无论官方还是民间，都兴起了办学热潮，各种不同类型的学校普遍出现，具体到赣闽粤边区，州县

---

① （宋）张载：《张载集》，中华书局 1978 年版。

② 张立文：《宋明理学研究》，中国人民大学出版社 1985 年版，第 3—8 页。

官学、书院、社学和义学都大量涌现。

1. 府州县学

府学、州学、县学都是官方独资创办的学校，因其所在行政区划的不同而出现府学、州学和县学的等级差别。从地方文献的记载来看，赣闽粤边区的各级官办学校始兴于宋。"赣州文教始盛于宋"①，"汀之学创于宋天圣"②，"（嘉应州）宋始有州学"。③ 宋代赣闽粤边区官办学校的始兴，与赵宋朝廷对学校教育的重视密切相关。宋代无论在办学的指导思想、教学内容、教师的考选、大学教育的升级等方面，都有了前所未有的创新，这也对后来的办学产生了极其重要的影响，成为我国教育史上的一个重要转折点。④ 实际上，随着科举取士制度在唐宋以后的持续执行，历代政府都十分重视学校培养人才的作用，地方官员也往往把办学兴教作为自己顺应民心、创造政绩的重要途径，这种情况在赣闽粤边区屡见不鲜。如：方恬，北宋景德中任信丰知县，"明敏练达，初政不遑他务，首广学基，补弟子员，故士林日盛"。⑤ 另外，同治《安远县志》在《名宦》中列录了六位明代知县，其中有四位就与办学重教有关。如宋濂"敷宣文教，士习维新，民风丕变"，甘文绍"新庙学以振士风"，张宪"增学廨"，朱之桢"捐俸买地，以开学宫泮池；重士、爱民"。⑥

2. 书院

书院之名始于唐代，分官私两类。官立书院初为官方修书、校书或偶尔为皇帝讲经的场所。私人书院最初为私人读书的书房。两宋时期，随着理学的发展，书院逐渐成为学派活动或培养学生参加科举考试的场所。明代书院教育的兴废数度起伏，书院大致分为两类：一为

---

① 同治《赣州府志》卷23《经政志·学校》。

② 乾隆《汀州府志》卷12《学校》。

③ 光绪《嘉应州志》卷16《学校》。

④ 袁征：《宋代教育：中国古代教育的历史性转折》，广东高等教育出版社1991年版，第310—314页。

⑤ 康熙《信丰县志》卷8《名宦志》。

⑥ 同治《安远县志》卷6《职官志·名宦》。

考课式书院，重授课、考试，同于官学；一为讲会式书院，教学与学术相结合，各学派在此互相讲会、问难、论辩。清初统治者抑制书院发展，使之官学化。顺治九年（1652）明令禁止私创书院；雍正十一年（1733）各省城设置书院，以后各府、州、县相继创建书院，这些书院大多数成为以考课为中心的科举预备学校；光绪二十七年（1901）则令书院改为学堂，书院就此结束。总的来说，从唐中叶到清末，书院在1000多年的发展过程中，在办学形式、教授方法、管理制度等方面都形成了独具特色的教育模式，对于推动我国古代教育的发展和学术的传播起了十分重要的作用。①

　　书院也是赣闽粤边区重要的学校类型之一。据王东先生的考证，该地区书院的最早兴建是在宋代。如南宋淳熙年间赣县建立义泉书院，南宋咸淳八年兴国县建立安湖书院，南宋淳祐年间惠州归善县建立丰湖书院，此外，梅州的元城书院、兴宁的探花书院、龙川的鳌峰书院、博罗的钓鳌书院等，也是在两宋时期建立的。② 赣闽粤边区在宋代所设立的书院并不普遍，并且这些书院多为纪念或祭祀之用，而聚徒讲学的功能并不突出。到了明清时期，这种情况就大大不同了。明清时期书院普遍在赣闽粤边区各州县设立，数量很多，而且其功能也已经是以讲学、读书为主。如闽西地区在宋元时期的书院设置情况几乎不见录于地方文献，而到明清时期，不仅每个县都设立了书院，而且有些县还设立了好几个。如在汀州府所在地（即长汀县城）设立龙山书院、龙江书院、文明书院、正音书院、龙山学舍。长汀县又设立了正音书院、新罗书院、东山书院、鄞江书院、紫阳书院。宁化县设立了宁化书院、云龙书院、正音书院。甚至连在明朝成化年间才立县的归化和永定两县，都设立了书院。③ 不仅如此，这一时期书院作为聚徒讲学的场所，它的教学功能也远比以前突出了。这在当时的士人所撰写的书院记文中可以清楚地看出来。如："书院者，宅名胜，

---

①　李国钧主编：《中国书院史》，湖南教育出版社1994年版。

②　王东：《社会结构与客家人教育》，湖北教育出版社2003年版，第116页。

③　乾隆《汀州府志》卷12《学校志》。

居来学，以广国家兴道育才之意。"① "书院之设，与学校相表里，所以佐圣天子崇文之治。上自邦国，下自方隅，皆以此为先务也。"②

3. 社学

设立社学也是明清时期十分重要的教育模式，其教育对象主要是12—20岁的青少年。社学最早出现在元代，当时50家为一社，规定"每社设立学校一所，择通晓经书者为学师，于农隙时分，各令子弟入学"。③ 朱元璋代元而起，亦继续推行兴办社学的政策，并且鼓励民间的力量兴办社学。"洪武八年，诏有司立社学，延师儒以教民间子弟；十六年诏民间立社学。"④ 清承明制，亦十分重视兴办社学。早在顺治九年（1652），清政府就下谕："每乡置社学一所，择其文义通晓，行谊谨厚者，补充社师，免其差役，量给养赡，提学按临时，造姓名册申报查考。"⑤ 雍正元年（1723），又令各县设立社学。"定各州县设立义学、社学之例。旧例，各州县于大乡区镇各置社学，凡近乡子弟，年十二以上，二十以下，有志学文者，令入学肄业。至是复经申定，将学生姓名造册申报。"⑥

由于明清中央政府的高度重视，社学得以在地方社会普遍兴办，赣闽粤边区也不例外。

如闽西地区，到《汀州府志》撰修的乾隆十七年（1752）为止，该府各县共设有社学62所，其中长汀14所、宁化8所、清流11所、归化8所、连城6所、上杭6所、武平5所、永定3所。⑦ 粤东北的梅州也建立了不少的社学。据光绪《嘉应州志》记载，该州共建有社学13所，其中在州治所在地建有4所。⑧ 赣南地区也设了不少社

---

① 乾隆《汀州府志》卷39《艺文一》，引（明）杨昱《〈崇正书院志〉序》。

② 乾隆《汀州府志》卷41《艺文三》，引（清）秦士望《豸山五贤书院碑记》。

③ 《元典章》卷23，《户部九·农桑·劝农立社事理》。

④ 《明会典》卷76，四库全书本。

⑤ 《清会典事例》卷396，《学校·各省义学》，四库全书本。

⑥ 《清朝文献通考》卷70，转引自熊承涤《中国古代教育史料系年》，人民教育出版社1985年版，第791页。

⑦ 乾隆《汀州府志》卷12《学校》。

⑧ 光绪《嘉应州志》卷16《学校·社学》。

学。如定南县，建县于明朝隆庆三年（1569），"建县之初，设社学二处，一在城西，一在下历城内。隆庆六年，都御史李公棠檄知县陈时范增置四处，一附横江元规寺，一附下历祖教寺，一附伯洪天花寺，一附小石惠云寺"。① 南康县也设立了 7 所社学，其中 5 所在县城。②

4. 义学

所谓义学，亦称"义塾"，是由私人集资或用地方公益金创办的免收学费的私塾。③ 义学的组织者多为民间乡绅、耆老或宗族，办学经费主要来源于私人或民众的捐赠，所招收的教育对象主要为本族或本村子弟，所以义学属于一种真正意义上的民办教育，对于基础教育的广泛推广和普及，起了十分重要的作用，成为明清时期地方乡村最为重要的基础教育模式。④

赣闽粤边区兴办义学的现象十分普遍。各地对于"义学"的称呼并不一致，"或称家塾，或名书屋，或题山房别业，或署精舍草堂"。⑤ 这些学塾一般分蒙馆、经馆两种，也有蒙馆兼经馆的。蒙馆为七八岁蒙童"启蒙"之所，教材以《三字经》《百家姓》《千字文》等为主。经馆为 15 岁以上文化程度较高的学童继续学习以及准备应试科举的生员而设，主要读《四书》《五经》与古诗。明清时期赣闽粤边区兴办义学的状况，方志亦有所载：

赣南地区，如瑞金县"清末，全县计有私塾 48 所，其中经馆 8 所，蒙馆兼经馆 4 所。当时较有名气的私塾有：城内的西关杨氏私塾，彭坊老坡蒙馆，下罗梧岗经馆，上缎和溪塾馆，富桥夫嘴坑蒙馆，九堡九龙山经馆，密溪经馆（清代县籍著名理学家罗台山幼年曾

---

① 《定南厅志》卷 2《学校·书院》。

② 同治年《南康县志》卷 4《学校·社学附》。

③ 《现代汉语词典》，商务印书馆 2005 年版，第 1613 页。

④ 毛礼锐、瞿菊农、邵鹤亭编：《中国古代教育史》，人民教育出版社 1984 年版，第 359—373 页。

⑤ 民国《上杭县志》卷 15《学校志》。

就读于此），王田秋水园经馆等"。① 石城县，"据清光绪二十六年
（1900）统计，全县达 60 余所，至民国三十五年（1946）发展至 165
所"。②

闽西地区，如长汀县："私塾由来已久，清代较为普及，有村办、
族办、家办或教师设馆招生等几种类型。私塾分'蒙馆'和'经馆'
或两者兼备三种……没有正规学制，学生不固定，三五名至几十名不
等。私塾分布很广，源远流长，直至 20 世纪 50 年代初期，全县尚存
200 所左右。"③ 连城县，"建县前连城已有私塾，建县以后私塾有发
展。明、清两代，私塾几乎遍及各乡、村，人口较集中的大乡村有十
多所，偏僻村落也有一至两的（注：应为"所"字）……民国时期，
国民党政府多次提出废止私塾，兴办现代学校。但由于私塾规模小，
不需要宽敞教室，不讲求教学设备，适合山区、农村儿童就读，因
此，至民国二十四年（1935），全县仍有私塾 56 所，就读儿童 1071
人。新中国建立后一些山村仍有少数私塾，直至 1953 年，后私塾全
部停办"。④

粤东北地区，如兴宁县，"清光绪三十三年（1907）县劝学所调
查，全县私塾约 500 所，有学生 7500 人。废科举、兴学校后，本县
私塾虽已大量减少，但直至民国之后，私塾仍不下百所。民国十九年
（1930）县政府明令取缔私塾，但令不行、禁不止。民国二十五年全
县仍有私塾 99 所，学生 2019 人。另据《广东年鉴》载，民国二十九
年（1940）全县尚有私塾 56 所，学生 1685 人，塾师 60 人。……
1949 至 1951 年，本县山区尚有少数私塾，1952 年后已不复存在"。⑤
镇平县："据《石窟一征》载：'镇邑风气醇雅，男读女耕，每村俱

① 瑞金县志编纂委员会：《瑞金县志》，中央文献出版社 1993 年版，第 646—647 页。

② 江西省石城县县志编纂委员会：《石城县志》，书目文献出版社 1990 年版，第
403 页。

③ 长汀县地方志编纂委员会：《长汀县志》，生活·读书·新知三联书店 1993 年版，
第 684 页。

④ 连城县地方志编纂委员会：《连城县志》，群众出版社 1993 年版，第 679 页。

⑤ 兴宁县志编修委员会：《兴宁县志》，广东人民出版社 1992 年版，第 635—636 页。

有家塾，有一二百户者，即有塾六七处。应童子试者，曾 1700 余人。'为鼓励本族子弟读书出身，巨姓大族或小姓、小房，多设有祭田，又称尝田，有的设学田，'以赡贫生'。《石窟一征》记：'以课文试童子者，助以卷金。赴礼闱者，助以路费。'清末兴办学堂后，私塾逐步改为学堂。"①

第二节　儒家文化对客家民间信仰的影响

儒家文化对客家民间信仰的影响，主要体现在两个方面：一是儒家崇尚的"天地君亲师"成为客家民众普遍信仰的对象；二是儒家所提倡的"以神道设教"成为国家对待民间信仰的基本原则。

一　"天地君亲师"成为客家民众的信仰对象

民间信仰具有原生性，是当地地理环境和社会环境综合作用的产物。赣闽粤边区的民间信仰也具有明显的原生性，自然神崇拜，尚巫信鬼，以及各种原生态的土神信仰，都是当地民间信仰原生性的表现。民间信仰又具有地域性，不同地方的神灵信仰一般都有自己约定俗成的神灵系统，尽管这个系统十分庞杂，儒、释、道、土相互影响，有明显的融合趋同的现象，但如果仔细考察，其各自的神灵属性还是可以辨认出来的。由于儒家文化在赣闽粤边区的广泛传播，又对当地民间信仰产生了极大的影响，我们从民间祭祀对象上就可以看出来。在赣闽粤边区地区，儒家文化所推崇的"天地君亲师"，也成为当地人们信仰的偶像系统。

根据学者的研究，"天地君亲师"的思想发端于《国语》，形成于《荀子》，在西汉思想界和学术界颇为流行。明朝后期以来，崇奉"天地君亲师"在民间广为流行，把它作为祭祀对象也已经普遍。清

---

① 蕉岭县志编修委员会：《蕉岭县志》，广东人民出版社 1992 年版，第 516 页。蕉岭县的前身为镇平县，始设于崇祯六年（1633），民国三年（1914）为别于河南省先已设置镇平县，乃改名蕉岭县。

雍正初年，第一次以帝王和国家的名义，确定"天地君亲师"的次序，并对其意义进行诠释，特别突出了"师"的地位和作用。民国时期，"天地君亲师"又衍变出"天地国亲师"和"天地圣亲师"两种形式。① 在《荀子》一书中，首次对"天地君亲师"作了比较清晰且又系统的介绍，其文云："礼有三本：天地者，生之本也；先祖者，类之本也；君师者，治之本也。无天地恶生？无先祖恶出？无君师恶治？三者偏亡焉，无安人。故礼上事天，下事地，尊先祖而隆君师，是礼之三本也。"② 有学者提出，荀子在这里借《周礼》之言，提出了影响中国两千多年的礼仪制度的"三本"，即"天地""先祖""君师"，要求人们上事奉天，下事奉地，尊重祖先而推崇君长。③ 儒家文化对客家信仰的影响深远，在赣闽粤边区，"天""地""君""亲""师"也成为客家人的崇拜对象。

（一）对"天"的崇拜

在赣闽粤边区客家人的神灵系统中，儒家"三本"神灵体系也占据了一席之地。首先来看看赣闽粤边区的天地之祭。"天"作为至高无上的神，只有天子才可祭祀。但在赣闽粤边区地区，人们还是以各种方式，表达自己对上天的敬畏。客家人称呼"上天"为"老天爷""天老爷""天公"，认为它决定了人间的祸福安全。如果人们做事成功或化险为夷，人们会感谢上天的赐福；如果遇有险境或诸事不顺，人们也往往首先向上苍默祷，祈求它的帮助；在婚姻礼俗上，拜堂成亲时，首先也是拜天地。在客家人心目中，上天还能明察秋毫，主持公道。遇有双方争执不休、难以判明的事情，也往往要求上天来裁决。为了证明自己的无辜，双方会捉来一只大公鸡，露天焚香，对"天"发誓，以"遭天打五雷轰"的天谴方式，来表明自己清白或有理。发下如此毒誓后，双方纠纷立刻解除，各自回家，静观上天的裁决了。

---

① 徐梓：《"天地君亲师"源流考》，《北京师范大学学报》2006 年第 2 期。
② 王先谦：《荀子集解》，中华书局 1996 年版，第 347 页。
③ 王维庭：《天地君亲师考释》，《文史哲》1984 年第 4 期。

不仅如此，客家人还冲破封建礼仪，以各种形式祭天。在赣闽粤边区，建有不少玉皇庙、玉皇阁。如：宁都县："玉皇仙，天平乡十五都双源，众建。"① 笔者在进行田野调查时也发现，在宁都东龙村至今还保存了"玉皇阁"。从清代施鸿保《闽杂记》记载的一则材料中，我们可以十分明确知道玉皇庙、玉皇阁祭祀的主神"玉皇"就是天帝，反映了当地天神崇拜的情形："宁化童日新为寿宁训导，县有玉皇庙。童曰：'俗以玉皇为天帝，祀天帝者唯天子，士庶祀之，是淫祀也，淫祀宜毁。'乃拆其材以建文庙。"此外，根据学者的调查，在福建上杭紫金山的"麒麟殿"、归化县的"三清殿"，以及台湾客家人聚居的彰化县东势角的"玉清宫"，其祭祀的主神，其实就是天帝。②

除了建庙祭拜外，客家人更多的是露天祭天。如在梅州地区，"民间'拜天神'多在露天举行，比如围龙屋的大门口或家居门口、庭院天井，或摆设供桌，或撮土焚香……俗民认为天神是没有塑像的，人们拜天神用红纸或红木牌写上神牌供奉。乡俗从年头到年终，都有拜天神的活动。从除夕子夜即开始敬天神；正月初九是'天神生日'，正月十五'祈天神'；正月二十是'天穿日'。十月十五还要'还天神'，即还愿，感谢天神一年来庇佑老少平安。"③

（二）对"地"的崇拜

中国是以农立国的文明古国，土地神是人们普遍敬奉的神灵。土地神起源于古代的土示、地示。土地神的前身是社神，社神源于远古时期人们对土地的崇拜。土地为人类提供了活动场所，土地生长的万物为人类提供了丰富的食物，故人类感激它、崇拜它。"社，所以神地之道也，地载万物，天垂象，取财于地，取法于天，是以尊天而亲地也。"④ "社者，五土之总神。土地广博不可遍敬，故封土为社而祀

---

① 道光《宁都直隶州志》卷 30《寺观》。

② 汪毅夫：《客家民间信仰》，福建人民出版社 1995 年版，第 24—26 页。

③ 房学嘉：《客家民俗》，华南理工大学出版社 2006 年版，第 113 页。

④ 《礼经·郊特牲》。

之，以报功也。"① 祭天与祭社（地）是古代两项最重要、最隆重的祭祀活动，可见社神的地位非同小可。据《礼记·祭法》载，同时祭祀土地神已有等级之分，文称："王为群姓立社曰大社，诸侯为百姓立社曰国社，诸侯自立社曰侯社，大夫以下成群立社曰置社。"汉武帝时将"后土皇地祇"奉为总司土地的最高神，各地仍祀本处土地神。土地神崇奉之盛，是由明代开始的。明代社稷坛分五个等级：太社稷坛、帝社稷坛、王国社稷坛、府州县社稷坛、乡社里社。② 乡村里社是最初级的社稷之祭，但其遍及面最广，凡是府、州、县内，各里必须设坛致祭。"里社，每里一百户立坛一所，祀五土五谷之神。"③ 关于里社的形制和祭礼，明朝政府还做了详细规定："颁社稷坛制于天下郡邑，俱设于本城西北，右社左稷，坛各方二丈五尺，高三尺，四出陛。社以石为主，其形如钟，长二尺五寸，方一尺一寸，剡其上，培其下之半，在坛之南。方坛周围筑墙，四面各二十五步。祭用：春秋二仲月上戊日。各坛正配位，各用笾四、豆四、簠簋各二，登铏各一，俎二牲，正配位共用羊豕各一。"④

　　赣闽粤边区敬祀土地神的风气也十分浓厚。在明清时期的地方志中，官方也在赣闽粤边区各地推行社稷之祭。如：

　　龙南县："社稷坛，在县治南门外，制度与风云雷雨坛同。"⑤

　　宁化县："社稷坛，此祀五土五谷之神也。山川、林泽、丘陵、坟衍、原隰为五土，黍、稷、稻、菽、麦为五谷。坛建自洪武六年，在邑治西隅三里。"⑥

　　安远县："里社坛，分布各乡，以祀五土五谷之神。"⑦

---

① 《孝经援神契》。

② 包志禹：《明代社稷坛等级与定制时间——以北直隶为例》，《建筑学报》2009 年 S2 期。

③ 《明史》卷 49《礼三（吉礼三）》。

④ 《明太祖实录》卷 37，洪武元年十二月己丑条。

⑤ 乾隆《龙南县志》卷 20《祠庙》，故宫珍本丛刊本。

⑥ 康熙《宁化县志》卷 7《政事部下·坛壝庙祠志》。

⑦ 同治《安远县志》卷 2《坛庙》。

地方政府对社稷之神的祭祀十分重视，每年春、秋仲月上戊日，地方主要官员都要亲自前往致祭。为此，政府还专门拨有款项，用以祭祀。如：

石城："社稷坛，在西门外升平坊，即明孝义坊，旧儒学侧射圃废址。雍正十年，知县朱允元奉建。……春秋祭银各八两。"①

赣州府："社稷坛，在府西津门外，北向。明洪武三年，知府邹奕建。景泰五年，知县邵昕修。嘉靖初，知府罗骆重修。……岁以春、秋上戊日致祭。……额编祭银八两。"②

汀州："社稷坛 在府城西，宋庆元间建。每岁春秋仲月上戊日，官备牲醴致祭。"③

不过，在儒学的影响下，官方对社稷之神的祭祀，一方面既是感谢五土五谷之神的赐福；但在另一方面，却是成了宣扬儒家文化，告诫地方民众的重要场合。

> 里社坛，分布各乡，以祀五土五谷之神。每岁以春社始，秋社止。每月初二、十六，乡人会同乡里，具牲礼致祭，欢饮而归。旧规有誓，词曰："凡我里人，各遵礼法，毋恃力凌弱，违者共罚之。或贫者无可赡，周给其家，三年不立，不使与会。其婚姻丧葬有乏，随力相助。如不从众，及犯奸盗诈伪，一切匪为之事，并不许入会。"祭毕，会首读之，众立而听。读毕，长幼叙次坐饮。词中皆和睦周恤，以厚风俗之意。④

赣闽粤边区的普通民众也十分敬奉土地神。大凡一个村落、一个屋场、一个社区，都有自己的土地神。客家人所信仰的土地神与官方倡导的社稷祭祀有一定的差异。官方倡导的社稷之神，乃出于表达对农业社会的根本——土地的敬意，而客家人心目的土地神，已经远远

---

① 道光《石城县志》卷3《经制志·坛壝》。
② 同治《赣州府志》卷11《舆地志·祠庙》。
③ 乾隆《汀州府志》卷13《祠祀》。
④ 同治《安远县志》卷2《坛庙》。

超越了其土地之神乃在于保护土地庄稼丰收的本来含义，扩大为一个村落无所不能的保护神了。在客家人的称谓中，伯公、社公、公王、福主都是保护一方平安的土地神。

在梅州地区，伯公因其具体的职能不同而有不同的称谓。"'土地神'俗民又叫伯公。古时，由于人们对于土地的崇拜，上至天子，下至庶民，都得封土立社。客家人对土地的崇拜，已从自然崇拜转化为对保护神的崇拜，称土地神为'公王''社官''龙神伯公''福德伯公'等。仙人叔婆、河神伯公、塘头伯公、水打伯公等都是水神的别称，只是供奉的位置不同而已。田头伯公多安奉在田头、路旁，俗谓'保禾苗'的'田头伯公'。显应伯公所奉是石头，俗称显应公王。俗民说，该公王要杀狗去祭才灵验。因为狗可避凶制煞。撑腰伯公又称石古大王，多奉在崎岖的山路或石岩缝中，传说患腰病者前往烧香，向石缝中插树枝后可治。"① "社官"神位的设置，则相对比较固定，一般都把它设在水口。所谓"水口"，就是指村落溪水的出水口。这一地方从地理位置上来看，一般都是进入村场的重要当口，同时，在风水学上看，它又是把持全村财富福禄之"气"不往外泄露的关口。在这里安置"社公"之庙宇，具有明显的镇守村落门户的象征意义。

关于闽西地区的土地神信仰，劳格文先生以长汀、上杭、武平、永定四县为例，从土地神、大庙、跨区域神明崇拜和地方性神明崇拜四个方面讨论了闽西地区的神灵崇拜模式，关于其中的土地神，劳格文先生提到了伯公、社公和公王。② 刘大可专门对闽西地区武平县北部的社公和公王信仰进行了十分详尽的田野调查，为我们清晰展现了民间至今所保留的土地神崇拜。③ 巫能昌在一篇文章中还介绍了闽西地区对土地神进行设坛崇奉、公王神榜、公王挂像与道教神谱的结合等具体的崇拜形式，以道教仪式为切入点，厘清伯公、社公及公王的

---

① 房学嘉：《客家民俗》，华南理工大学出版社 2006 年版，第 120—122 页。

② John Lagerwey, "Cult Patterns among the Hakka in Fujian：A Preliminary Report"，载（台湾）《民俗曲艺》1994 年第 91 期。

③ 刘大可：《公王与社公：客家村落的保护神》，《世界宗教研究》2003 年第 4 期。

概念，追溯其起源，并对他们与道教之间的关系进行考察。① 通过这些研究，我们可以知道，在闽西地区，土地神信仰十分兴盛，且比较庞杂。公王与伯公、社公都是土地神的表现形式，有的仍然保留了对土地本身的敬仰，有的则已演化为对地方社会的保护神。民间对伯公、社公、公王的称呼也"混乱"。伯公有被称为社公的，也有社公被称为公王的。公王与伯公、社公虽然都是土地神，但它们之间还是有一定的界分。从职掌范围来看，伯公最小，一般是某个田段或某片山林；社公的职掌范围比伯公大，但也很少超出村界。公王的职掌范围弹性较大，既可以是一个村落或村落的一角，也可以是一个村落群。

土地神的崇拜也是赣南地区最普遍的信仰。赣南的客家人如闽西和粤东地区那样，也有把土地神称为伯公的。例如，现在安远县的旅游风景区"三百山"，原来叫"三伯山"，就是为了纪念陈、杨、胡三位结拜兄弟，他们最先进入这块山林，开疆辟土，开发了这块土地，因而受到后人的敬仰，尊称为"伯公"。不过，在赣南，更多的客家人还是把土地神称为"社官""土地老爷"。土地神是赣南地区最为普遍的神灵，在赣南每一村场和庙宇，都建有土地神的神位或庙宇。土地神的神位一般在主神神像的下方接近地面部分，往往用一张纸，上面写着"土地神之位"；或是一尊很小的神像，前面安置一座小小的香炉。而社官虽建有庙坛，但规模很小，一般只有成人高度的一半，或是在村外田坎边的大树下，用几块大砖头垒成。在赣南客家人心目中，土地神被认为是保护一方风调雨顺、人畜平安的神。每年有两次祭拜社公，尤其以春社为盛，春社定在农历立春第五个戊日，拜社公时，需备鸡、肉、鱼、酒、饭等去敬社神。"春秋社日，各坊堡率一二十家为一社会，焚香、屠牲、携酒以祀土谷之神。"②

（三）对"君"的崇拜

儒家文化重视"尊君"，认为君臣有别，君尊臣卑，尊重君主圣

---

① 巫能昌：《闽西客家地区的伯公、社公和公王崇拜》，《世界宗教研究》2014 年第1 期。

② 同治《安远县志》卷1《风俗》。

王是"天之定理",视君主为神明。"君尊于上,臣恭于下,尊卑大小,截然不可犯。"①"父子君臣,天下之定理。"②"为人主者法天之行,是故内深藏所以为神,外博观所以为明也。"③

受儒家文化的影响,在赣闽粤边区的神灵信仰中也有尊君的表现。例如,笔者在赣县白鹭村的"江西福主"和"真安庵"这两座庙宇中,就亲眼看见了"当今皇帝万岁万万岁"的神木牌。

不过,在笔者看来,像这样真正直接对"君"的崇拜在客家地区还是不多见的。更多的是表现为对"君"的代理人——地方官员的崇拜。

在古代中国,皇帝高高在上,普通民众并无多少概念,而民众真正有直接体验的,则是那些由皇帝和中央政府派遣而来的地方官员。浩荡皇恩还是靠这些官员间接播撒的,因此,民众对"君"的崇拜,就转化为对有功之臣的崇拜。如宋代福建临汀郡,"陈、刘二录参祠　在南台二王庙。陈名希造,乃通判吉老之子,殁于王事。刘名师尹,弃官辨长汀安仁保冤狱,民深德之。并为立祠于庙"。④ 清代福建永安县:"唐田王庙　在县治南门外。祀唐李肃,字行,陈州人。唐世以功封田王,建立庙。天子幸奉天关,叛将牛氏乘中原多事,闭关窃据。及朱泚平,天子赐王弓矢,命曰:'闽粤弗庭,汝往征之。'王率精锐数万,至临汀浮流口,猝与贼遇。后兵不继,王力战而死。尸浮水上,弥月不变。乡民詹纠殓而祀之。凡有祷辄应。贞元间,有司以闻,敕封孚佑广烈王。以妃陈氏配享,从以五神,曰胡、曰陈、曰周、曰张、曰汤,皆神将也。"⑤ 我们对清代康熙年间莲城县(即今连城县)的祠庙祭祀作了粗略的统计,列表如下。

---

① 黎靖德:《朱子语类》第 5 册,中华书局 1986 年版,第 1708 页。

② 程颢、程颐:《程氏遗书》卷 5,见《二程集》第 1 册,中华书局 1981 年版,第77 页。

③ 苏舆:《春秋繁露义证》,中华书局 1992 年版,第 165 页。

④ (宋)胡太初修、赵与沐纂:《临汀志》不分卷,《祠庙》。长汀县地方志编纂委员会整理,福建人民出版社 1990 年版。

⑤ (清)陈廷枢纂:《永安县志》卷 3《建置志·庙坛》,清顺治九年刻本。

表 2-1　　　　　　　　**清代康熙年间莲城县官员祠祀统计**

祠庙	位置	祭祀对象及生前官职
刘公祠	县衙左	祀署县司理刘玉成萝岩公
牛公祠	一学后，一文塔前	祀令牛大纬文埜公
徐公祠	龙山祖庙右	祀令徐大化熙寰公
李公祠	县治西门内	祀令李待问葵孺公
吴公祠	城隍庙左	祀县署司理吴明昌曙东公
程公书院	城隍庙右	祀令程三德心一公
雷公书院	一文昌阁右 一南岳庙前	祀令雷同声鹿门公
李公书院	北门外彰善坊前	祀署县别驾李九芳和斋公
陶公书院	西郭外右	祀陶文彦名篆公
李公书院	东门外	祀署县别驾李胜之兰畹公
王公书院	东门城内	祀王自成备我公
田公祠	城隍庙右	祀令田生玉昆吾公
申公祠	县东闽山	祀漳南道申伟抱又韩公
杜公祠	一儒学右 一南岳庙前 一鹰山白衣堂前	祀县令杜士晋岱麓公
三德祠	冠鹰山即东闽山	祀道宪申公、县令丘公、县令杜公

资料来源：（清）杜士晋修纂：《莲城县志》卷 3《建置志·祠院》，康熙五年刻本。

从表 2-1 中，我们可以看出，当时莲城县祠庙祭祀的对象，生前均是莅县职官，他们因在位时能够克己奉公，执政为民，所以获得当地百姓的爱戴，乃至修祠祭祀。

（四）对"祖先"的崇拜

"孝亲"是儒家宗教的重要内容，也是中国文化之根本。孔子说："弟子入则孝，出则弟，谨而信，泛爱众而亲仁，行有余力，则以学文。"[①] 点明了孝亲在儒家宗教中的重要性。儒家学者认为，孝是宇宙间恒常不变的普遍规则和自然法则，行孝是每个人义不容辞的神圣义务，无论是天子诸侯还是庶民百姓，皆应对父母祖先尽孝。"夫孝，

---

① 《论语·学而篇》，（宋）朱熹《四书集注》，岳麓书社 1985 年版。

天之经也，地之义也，民之行也。"① 儒家学者把"孝"作为诸德之本、百行之首、教化之源，要求其他的道德规范都应该围绕孝道展开。《孝经》云："夫孝，德之本也，教之所由生也。"②"夫孝，天之经也，地之义也，民之行也。天地之经，而民是则之。则天之明，因地之利，以顺天下，是以其教不肃而成，其政不严而治。先王见教之可以化民也。"③《大戴礼记》亦云："夫孝者，天下之大经也。夫孝，置之而塞于天地，衡之而衡于四海，施诸后世，而无朝夕。"④ 指出"孝"是一切德行的起点，是一切德行的大经大本，是放之四海而皆准的根本法则。在儒家思想体系中，儒家学者也把"孝"放在根本地位，其他道德规范如仁、义、忠、信等都是围绕"孝"而展开的。例如："其为人也孝弟，而好犯上者鲜矣。不好犯上而好作乱者，未之有也。"⑤"孝悌也者，其为仁之本与！言为仁之本，非仁之本。"⑥为了实现"孝"，儒家学者强调"尊亲"，即孝敬祖先。"孝子之至，莫大乎尊亲。"⑦"事孰为大？事亲为大。"⑧ 子曰："生，事之以礼；死，葬之以礼，祭之以礼。"⑨ 孔子虽然"不语怪力乱神"（《论语·述而》），但他也还是非常重视祭祀祖先，并且强调祭祀时要极具虔诚之心："祭如在，祭神如神在。"（《论语·八佾》）朱熹更是在《家礼》中，对祭祀祖先的仪式予以严格规定。⑩

官方历来非常重视儒家孝道文化在赣闽粤边区的推广。例如，在赣闽粤边区的地方志中，有大量推行孝道文化的内容。如："刘嘉屏，

① 《孝经·三才章》，《孝经译注》，汪受宽校注，上海古籍出版社 2004 年版。

② 《孝经·开宗明义章》，《孝经译注》，汪受宽校注，上海古籍出版社 2004 年版。

③ 《孝经·三才章》，《孝经译注》汪受宽校注，上海古籍出版社 2004 年版。

④ 《大戴礼记·曾子大孝》，《大戴礼记汇校集解》，方向东校注，中华书局 2008 年版。

⑤ 《论语·学而篇》，（宋）朱熹《四书集注》，岳麓书社 1985 年版。

⑥ （宋）程颢、程颐：《二程集》卷 11《明道先生语一》，中华书局 1981 年版。

⑦ 《孟子·万章篇上》，（宋）朱熹《四书集注》，岳麓书社 1985 年版。

⑧ 《孟子·离娄章句》，（宋）朱熹《四书集注》，岳麓书社 1985 年版。

⑨ 《论语·为政篇》，（宋）朱熹《四书集注》，岳麓书社 1985 年版。

⑩ 《朱子家礼》卷 5《祭礼》。

字位台。庠生。性孝而习于礼。母病逾年，谨慎医药，痛痒附摩，未尝少辍。母殁，擗踊哀恸。殡葬祭奠，悉遵古礼。"[1] 又如，在京师，皇帝有祭祀太庙的礼仪；在赣闽粤边区，官员也祭祀贤良名宦之祠。这些举措，进一步推动了民间祭祖习俗的兴盛。在这样的背景下，赣闽粤边区客家人的祭祖风气十分浓厚。

客家人崇宗重祖，无论在特定的春秋两祭，还是在平时的岁时节庆，他们都十分虔诚地在祖宗牌位甚至亲临祖坟墓前叩首烧香。在江西客家人的饮食礼仪中，每逢家收新谷，必端敬祖宗先尝。这种敬祖情义，最突出地体现在客家人的村落布局和房舍结构上。在客家宗族村落的布局上，一般来说，宗族祠堂都是处在村落的主体甚至是最核心的部位，房屋住舍围绕着祠堂向左右、前后延展。无论房屋扩展到多大规模，始终是以正厅为中轴，以祖堂为核心。在房舍结构上，也是如此，几乎每家都会建祖堂，祖堂位于整座房屋的中轴核心，祖堂安放祖宗牌位，悬挂祖宗画像。房间则以祖堂左右均衡地延展。例如，建于清朝嘉庆年间的龙南关西围，主围占地约达 8000 平方米，三进六开而形成九栋十八厅，整体结构像个巨大的"回"字大型建筑。徐氏祖堂就设立在围屋的核心"口"字部位，其余 124 间主房则以祖堂所在的正厅为中轴线，往左右对称延伸。由于安放祖宗牌位的祖堂是客家人心目中的神圣空间，所以对它也是更加爱护，丝毫不允许侵犯、亵渎。例如，我们在龙南武当山田心围作田野调查时，发现了在其前厅侧墙上嵌有一块乾隆二十七年所镌刻的禁碑："祖堂乃先公英灵栖所，严禁堆放竹木等项……"所有这些，都强烈体现了以宗族祖先为核心的向心力和凝聚力，也反映了客家人敬宗崇祖、慎终追远的心态。

（五）对"师"的崇拜

崇文重教是客家文化的基本特征，也是客家人的重要精神特质。客家人这一品性的形成，与其所处的地理环境和所具有的经济条件有关。客家人地处山区，交通不便，商贾罕至，要生存只能靠耕，要发

---

[1] 同治十一年《会昌县志》卷 22《人物·孝友》。

展只能靠读，这与地处平原与沿海地区的族群很不一样。地处平原与沿海地区的人往往可以通过商业求得发展，读书仕进不是其唯一的发展途径，而客家人经商的条件差，要发展只有走读书做官的科举之路。尽管由于经济条件的限制，客家人的文化事业确实不如经济优越的地区发达，培养出来的科举人物也不如经济优越的地区多，但正是由于客家人受够了没文化之苦，反而养成了尊师重道、重视文教的族群性格，举家举族竭尽全力培养子弟读书，再苦也要让子弟读书上进。客家人崇文重教的品性，从学校设立、崇文重教的社会风气中可以看出。

一个区域学校兴建的情况，大体可以反映出这一地区对文教的重视情况。赣闽粤边区的客家人热衷于兴建学校的情况，从一些文献记载中可以看出来。法国神父赖里查斯在《客法词典》自序中描写过自己在广东梅州客家人办学盛况：我们可以看到随处都是学校。一个不到 3 万人的城市，便有 10 余间中学和数十间小学，学校人数几乎超过城内居民的一半。在乡下每一个村落，尽管那里只有三五百人，至多也不过三五千人，便有一个以上的学校，因为客家人每一个村落都有祠堂，而那个祠堂也就是学校。全境有六七百个村落，都有祠堂，也就是六七百个学校，这真是一个骇人听闻的事实。赣闽粤边区崇文尚学的浓厚风气，在地方志中就有许多"文风日盛""士多向学"等的记载。如雩都县和宁都县"力本右文，士多向学"；"士知务学，无浮靡习"。① 汀州府："汀郡风俗淳庞，英才蔚起。萃龙山之秀气，居然文献名邦；收鄞水之精英，允矣菁莪胜地。成人有德，咸被服于诗书；句履员冠，皆能汲古；小子有造，亦率循于诵读。"② 兴宁县："大抵士夫之家，敦礼让，重廉隅，以干谒为耻。稍足自给，益淳谨俭朴，必谋一书房，延师教子弟，故文风日益盛。"③ 镇平县："镇邑风气醇雅，男读女耕，每村俱有家塾，有一二百户者，即有塾

① 嘉靖《赣州府志》卷 1《地理志》。
② （清）王廷抡：《临汀考言》卷 2《龙山书院学规》，《四库未收书辑刊》第 8 辑。
③ 乾隆《嘉应州志》卷 1《风俗》、卷 9《兴宁县·风俗》、卷 12《镇平县·风俗》、卷 11《长乐县·风俗》、卷 10《长乐县·厢都》。

六七处。"① 程乡县："诗礼之家，延师教子，膳餔虽薄，岁必举焉。以故都人士之秀者，彬彬若邹鲁矣。吉凶宾嘉，礼不逾节。"② 赣闽粤边区崇文尚学风气的浓厚，还体现在当地宗族殷切希望宗族子弟要积极投身科举读书上，认为这是光宗耀祖、巩固宗族发展的根本大业，并采取各种形式对宗族子弟的科举实践进行物质奖励或资助。"家门之隆替，视人材之盛衰；人材之盛衰，视父兄之培植。每见世家大族箕裘克绍，簪缨不替，端自读书始。凡我族中子弟，姿禀英敏者固宜督之肄业，赋性钝者亦须教之识字。"③上犹营前上湾黄氏宗族设有"众"这一经济组织形式。"众"即支脉分家时留作公用的资产，主要是土地。每个公头都有一个"众"。"众"有众谷（收租所得），用以做公益事业、年节祭祖扫墓、资助子弟读书等。如，有子弟考上学校，就从"众"里拨一定数量的田给其家无偿耕种，毕业后收回归"众"。④ 宁化池氏宗族也规定："自后凡入泮者，众公太及本房公太贺银三两；出贡拨贡者，各贺银八两；中举者，各贺银二十两；中进士者，各贺银三十两；中鼎甲者，各贺银五十两。永为定例。"⑤

客家人这种浓厚的崇文重教风气，对他们的神灵信仰产生了一定影响，分布在赣闽粤边区的文庙、文昌阁、文峰塔、惜字亭等，都是客家人重视教育的表现。

在赣闽粤边区的市、县一级行政区划中心所在地，一般都保留了明清时期所建的大量文庙建筑。古代官办教育机构的体制是学校与祭祀机构一体，将学习儒家经典的学校与祭祀孔子的机构结合在一起。祭祀孔子的机构通常称作孔庙、文庙、夫子庙、先师庙和先圣庙等。

①　（清）黄钊：《石窟一征》，转引自蕉岭县志编修委员会《蕉岭县志》，广东人民出版社 1992 年版，第 516 页。

②　康熙《程乡县志》卷 1《舆地志·风俗》。

③　兴国《龙兴祠刘氏联修族谱》卷 1《族规》，民国三十六年刻本。

④　罗勇：《一个客家聚落区的形成和发展——上犹县营前镇的宗族社会调查》，《赣南师范学院学报》2002 年第 1 期。

⑤　《宁化池氏族谱》"族规"条。

在明清时期，每一州、府和县的治所所在都有孔庙，是各级政府教育部门直接管理的教育场所和祭孔场所。客家人崇文重教，至今还保留了明清时期所建的大量文庙建筑。虽然这些文庙建筑原先由官方所建，但现在大多数成为普通百姓祭拜的地方。每逢高考、中考前，不少家长和学生都会来到文庙，面对孔子塑像，焚香跪拜，希望能考出好成绩。

古代儒生，在文庙祭孔的同时，也崇拜主宰文运诸神。有"五文昌"之说，即文昌帝君、魁星、朱衣神、孚佑帝君（吕祖师）、文衡帝君（关帝君）。但各地文昌阁内所祀神祇数目不一，也有同时修建祭祀文昌帝君的文昌阁和祭祀魁星的魁星阁的情况。文昌阁多建在市井中心地带或地势较高处，一般为砖木结构楼阁式建筑。因此文昌阁除祭祀功能外还成了当地文人雅士聚会的场所。

文昌本是星名，是斗魁上六星的总称。《史记·天官书》："斗魁戴匡六星曰文昌宫。"文昌帝君则是对文昌六星的神格化。奎星也是星宿，是西方白虎七宿之第一宿，东汉时期已有"奎主文章"的说法，在士大夫和知识阶层受到普遍的信奉。客家人崇文重教，普遍信仰崇奉文昌帝君和魁星，以求功名顺利、仕途通达。所以建造了很多文昌、魁星崇拜的庙宇，一些官办的府、州、县学宫或书院多设有魁星堂，而传于今者，则是乡村的文昌阁。闽西文昌阁中的魁星，都是一个丑陋的老鬼形象，青身蓝面赤发，一脚独立，一脚弯起踢斗，正像"之"字形，又似北斗之形。一手执朱笔，一手执银锭，民间解释为"书中自有黄金屋"之意，又"笔"谐音"必"，"锭"谐音"定"，而一足上举，寓意"必定中举"。永定西胜状元塔，建在永定县高陂乡西陂村永定溪上游的溪坝上，当地亦称"印星台"。三进院落，前为大门，大门后突出抱厦作为戏台，之后前殿后塔，殿以朝拜，塔以安神。主体建筑高五层（外观七层），底层奉祀天上圣母、财王菩萨、土地尊神及千里眼、顺风耳、金童玉女等陪神，二层供关帝圣君，三层供文昌帝君，四层供魁星尊神，五层置仓颉先师牌位。塔周围护以房舍，乃林氏子弟读书会文之所。上杭中都田背乡云霄阁，在上杭县中都乡田背村南水口处，亦称"水口宫""罗星宫"

"罗星塔"，是一座多神共祀的民间祠庙。始建于嘉靖年间，改建于乾隆二十五年（1760）的云霄阁共五层（外观六层），底层祀文财神范蠡、武财神、神农氏、土地伯公等；二层祀观音、金童、玉女、太子菩萨、招弟哥哥；三层祀奉北帝祖师；四层称天后殿，专祀天后圣母；五层祀魁星。在这些庙宇中，都奉祀着文昌、魁星、仓颉等主管文运的神灵，且把它们放置于庙宇的最高一层。这些做法，无不反映了当地客家人对文化教育的重视。

客家人的崇文重教，还突出表现在"惜字亭"的大量兴建上。在传统时代，能读书识字是件很不容易的事情，因此，人们对记载有文字的纸张充满敬意，认为有文字的纸张都具有灵性，尊字为神。民谣："今生不敬字纸，来世即成瞎子。"凡有字之纸片，若剪、撕、丢、扔，或玷污，或写字残缺，均视为罪孽，于是便有了焚烧字纸的惜字亭。客家人重视文风，讲究耕读持家，聚居村落里常设惜字亭。分布在庙宇中的敬字亭，多数属于功能单纯的字纸炉，门额多题"字炉""字亭""圣亭"等。以台湾美浓镇为例：弥浓里广善堂"圣迹亭"；龙肚里广化堂"圣亭"、天云宫"敬字亭"；龙山里清水宫"圣迹亭"、南山宫"字亭"；狮山里五谷宫"圣文亭"；兴隆里三山国王庙"字炉"；广德里慈圣宫"字炉"；广林里圣化宫"字亭"；中坛里崇云宫"圣迹亭"；吉东里慈灵宫"圣炉亭"、义和庄伯公坛"字亭"；永盛庄福德祠"字纸亭"、和兴庄头伯公福德祠"字塔"。同是敬字亭，名称文字却有差异，之所以会如此，正凸显了民间信仰的自主性。相较于美浓地区敬字亭名称的多样性，屏东地区名称相对单纯。如内埔地区的庙宇：兴南村劝化堂称"敬字亭"；内埔村三山国王庙、振丰村福善堂、内田村中坛元帅庙、丰田村慈济宫、东宁村玄女庙、妙善宫均称"字炉"。① 在赣闽粤边区，也有很多惜字亭。例如，赣南于都县银坑村璜铺组有一座惜字亭，当地人称为"化字

---

① 吴炀和：《台湾六堆敬字亭的功能演化与空间分布》，《第八届海峡两岸传统民居理论暨客家聚落与文化学术研讨会论文集》，赣南师范学院客家研究中心 2009 年编印，第51—59 页。

炉"，建于清朝道光年间。亭设五层，呈六角形，高六米许。基座花岗岩砌造。基座以上，桐油拌石灰胶合雕有奇禽怪兽的青石板立竖。每层均造有荷花瓣状亭檐。瓣之尖，突雉尾状翘角，角上挂铜质风铃，亭顶竖三剑，剑长丈余，直指苍穹。炉门刻有一联："银钩铁画传柳体，坑儒焚书叹秦专。"联首藏有地名"银坑"，别出心裁，韵味无穷。据当地人讲，该亭为璜坑陈氏所建，陈氏宗族长年雇人走村串户，收集字纸，投炉焚化。

二　"以神道设教"成为国家对待客家民间信仰的基本原则

（一）儒家"以神道设教"的神道观和政治实践

"以神道设教"一词，最早出自《易·观卦·彖辞》："观，盥而不荐，有孚颙若，下观而化也。观天之神道，而四时不忒，圣人以神道设教，而天下服矣。"① 意思是说：在祭祀神灵活动中，当你观仰了祭祀开始时候的倾酒灌地的仪式，即使不看后面的奉献祭品的细节，你都会生起诚敬肃穆的情绪。在下面观礼的君子和民众会因此受到教化。天地自然之神，可以使四季运转丝毫不差。圣人就采用"神"的昭示来教化天下，天下万民非常顺服。

孔子十分崇尚"以神道设教"的思想，他自己虽然表现出比较明显的"无神论"倾向（"子不语怪力乱神"），但他还是主张对待鬼神的态度，既要"敬"，又要"远之"（"敬鬼神而远之，可谓知矣"），说明他深知祭祀礼仪对于构建社会秩序的重要作用。② 儒家"以神道设教"的思想在西汉获得了巨大的发展。董仲舒把"以神道设教"思想的阐述发挥得淋漓尽致，他极力鼓吹"君权神授"；同时又把人间的人伦秩序说成是上天的安排，是符合"天道"的。"王者配天谓其道，天有四时，王有四政，四政若四时，通类也。天人所同有也，庆为春，赏为夏，罚为秋，刑为冬，庆赏罚刑之不可不具也，

---

① 高亨：《周易大传今注》，齐鲁出版社 1979 年版，第 214 页。

② 沈海波：《论孔子的神道设教思想》，《同济大学学报》（社会科学版）1996 年第 1 期。

如春夏秋冬之不可不备也。"① 这样，他一方面将"以神道设教"的教化对象扩大到整个社会，另一方面又为西汉政权披上了神圣的外衣。宋元以来，儒学复兴且发生巨大转变，然而强调个性修养的宋明理学依然继承了汉唐以来的"以神道设教"思想。朱熹以鬼神之说载于六经，为圣人所言，所以没有否定鬼神的存在。他的"以神道设教"思想，也反映在"感格"（即人神之间的感应相通）上，认为祭祀者与受祭对象的身份和地位相符时，才能产生"感格"；此外，他多次表达对民间祭祀礼仪的改革意见；在治南康军时，曾奉命设坛祈雨；文集中也因此留有多篇祈雨、谢雨的祷词与祝文②，这些都反映了他对"以神道设教"的态度。王守仁虽然很少直接谈论鬼神之事，也不相信方士之流用"书符咒水"等祷神之术，但他却不反对官员为民祈祷，甚至自己也亲身参与求雨等祈祷仪式，认为祈祷是否有验并不重要，重要的是祈祷活动本身能体现官员"忧勤为民之意"，弘扬幽远的天道。③

　　儒家知识分子所提倡的"以神道设教"思想，不仅成为传统社会的主流思想，而且在实践中也被历代封建统治王朝所奉行。

　　先秦时期是国家祀典原则和标准开始设立的时期。夏商周时，祭祀大权为王室、贵族所垄断，祭祀成为统治者加强统治的重要手段。④秦始皇统一天下之后，就开始了合并、统一礼仪的举措。他统一神灵祭祀的举措，主要有天地之祭（如封禅）、祖先之祭（如建立园寝制

---

① 《春秋繁露·四时之副》。

② 参见张立文《朱熹思想研究》（修订本），中国社会科学出版社 2001 年版；李华瑞、王海鹏《朱熹禳弭救荒思想述论》，《中国农史》2004 年第 3 期。

③ 王阳明的"以神道设教"思想，在《答佟太守求雨》一文中有很好的反映："夫以执事平日之所操存，苟诚无愧于神明，而又临事省惕，躬帅僚属致恳乞诚，虽天道亢旱，亦自有数；使人事良修，旬日之内，自宜有应。仆虽不肖，无以自别于凡民，使可以诚有致雨之术，亦安忍坐视民患而恬不知顾，乃劳执事之仆，仆岂无人之心者耶？一二日内，仆亦将祷于南镇，以助执事之诚。执事其但为民悉心以请，毋惑于邪说，毋急于近名，天道虽远，至诚而不动者，未之有也！"参见《王阳明全集》卷 21，《别集三·书》，吴光等编校，上海古籍出版社 1992 年版，第 800—801 页。

④ 岳红琴：《商王朝对方国的祭祀影响》，《殷都学刊》1998 年第 3 期。

度）、山川之祭，以及八神之祭等。通过这些措施，结束以往祭祀混乱的局面，实现国家对祭祀天地和名山大川的控制，也开辟了国家祭祀天地、山川五岳的传统，第一次实行了真正意义上的国家祭祀。①儒学在汉武帝之后获得独尊地位，儒家学说成为汉代统治者最为重要的指导思想，"以神道设教"的宗教原则也因此在汉代贯彻得更加彻底。祭祀活动在国家事务中的地位空前提高；建立了包括郊祀、封禅和明堂、六宗之祀、日月星辰之祭、社稷之祀、山川祭祀等为主要内容的国家祭祀体系；并且在祭祀活动的仪仗、舆服、舞乐、仪式等方面也按照儒家原则作了详细规定。②宋明儒学的复兴，对这一时期的国家祀典产生了深远影响。如果说唐代承六朝儒家消沉、释道勃兴之余烈，国家对宗教的态度采取兼容为怀的政策，以儒家思想为指导的国家祀典还没有完全建立，那么，到了宋代，儒家思想对国家宗教政策的影响明显要比唐朝深刻得多。主要体现在：一是大规模推行神灵祀典化运动，大肆封赐民间神灵；二是严厉打击那些不符合国家祀典的"淫祀"，这两项措施都严格依照儒家"以神道设教"的祭祀原则，并为后来的明清统治者所继承。③

（二）宋元以来赣闽粤边区的祀典建设和国家神灵进入地方社会

1. 赣闽粤边区的祀典建设

唐宋时期赣闽粤边区地方祀典的建设情况，因资料极少，使我们至今难以知悉其详情。《临汀志》是难得的一部宋代地方志，它于宋开庆元年（1259）由胡太初修、赵与沐编纂，该书虽只是描述宋代汀州的情况，但为我们考察宋代赣闽粤边区地方祀典的建设情况提供了极为珍贵的资料，使我们得以窥其一斑。明清时期，政府

①　黄留珠：《试论秦始皇对祭祀制度的统一》，《人文杂志》1985 年第 2 期。

②　王柏中：《神灵世界：秩序的构建与仪式的象征：两汉国家祭祀制度研究》，民族出版社 2005 年版。

③　参见贾二强《唐宋民间信仰》，福建人民出版社 2002 年版；雷闻《郊庙之外：隋唐国家祭祀与宗教》，生活·读书·新知三联书店 2009 年版；赵克生《试论明代孔庙祀典的升降》，《江西社会科学》2004 年第 6 期；李媛《弘治初年祀典厘正论初探》，《东北师大学报》（哲学社会科学版）2008 年第 2 期；刘中平《论清代祭典制度》，《辽宁大学学报》（哲学社会科学版）2008 年第 6 期等。

十分重视地方志的修纂，所以有更多的地方文献保留了下来，使我们可以更清楚地了解明清时期的地方祀典的建设情况。为了便于说明问题，我们以闽西地区为例，根据《临汀志》和乾隆《汀州府志》的相关内容，对当时官府建立坛墠（wéi）祠庙的情况进行简单的介绍。

　　宋代汀州府十分重视地方祀典的建设。地方官员或是亲自倡建庙宇，或是为民间神灵申请封赐、题写庙额。例如，设立于绍兴三年（1133）的莲城县〔元至元十五年（1278）改莲城为连城县〕，是当时汀州府内最新设立的县治。当时莲城就按照国家规制，建有社稷坛1座，宫庙5座，祠6座，总共12座祠庙坛墠。其中，城隍庙、东岳行宫、龙王庙、仰山二圣祠、福善王行祠、东五显行祠、感应李将军庙等七座庙宇，志书中已明确记载是由当时的执政县令创建的。① 此外，社稷坛其实也是由官府主持修建。除了亲自倡建庙宇外，地方官员还积极为地方神灵申请封赐，或为民间庙宇题写庙额，使神灵获得合法身份。如："濠口五通庙，在长汀县东崇善坊……郡守周公晋书额。""敕封显应通济昭惠公庙　在宁化县东黄连岗……宝祐间，宰林公玉请于朝，增封昭惠，模刻诰祠于碑，仍跋之。"②

　　根据《临汀志》的记载，宋代汀州的地方祀典制度已经基本建立。当时汀州府的官方祭祀场所和空间都已基本确定，无论是州府还是府属各县，都已基本建有社稷坛、城隍庙和其他神灵庙宇。同时，也确定了官方祭祀的对象。除了城隍庙、社稷坛等这些既定的祭祀对象外，官方还封赐了一些信众甚广、颇有灵验的神灵，使官方神灵系统得以基本确立。此外，官府祭祀礼仪也已确定，地方官员每年会定期到这些祠坛庙宇里进行祭拜。③ 不过，尽管宋代官府十分重视，基本祭祀制度也已建立，但这时的地方祀典制度仍然还很不完善。例

　　① （宋）胡太初修、赵与沐纂：《临汀志》，不分卷，《祠庙》，长汀县地方志编纂委员会整理，福建人民出版社1990年版，第67—68页。

　　② 同上书，第63—64页。

　　③ （宋）胡太初修、赵与沐纂：《临汀志》，不分卷，《坛墠》，长汀县地方志编纂委员会整理，福建人民出版社1990年版，第83页。

如，当时社稷风雨雷师坛是中央政府要求天下各州县都必须予以定期祭祀的对象，朝廷还专门向天下郡县颁行了坛壝制式。"政和元年，诏立州县社稷风雨雷师坛之式。颁图于天下。"① 但即使这么重要的对象，地方官在其坛壝建设上却未尽全力。如武平县的社稷坛，"在县西一百二十步。今废，春秋寓祭于西庵净信堂"。② 此外，宋代汀州祀典的不完善，还体现在祭祀对象比较杂乱上。官府祭祀的庙宇中，很多神灵都"不知神灵姓氏"，"莫详创始之由"。③

到了明清时期，承前所述，统治者更加重视国家祀典的建设。明太祖即位之前，就开始了国家祀典的建设；清承明制，亦十分重视对祀典的大力建设。而且值得一提的是，随着封建专制主义中央集权的进一步加强，中央政府的政策和措施在地方得到更加彻底的贯彻，所以中央关于祀典建设的诏令和决议，也得以在地方上推行。正是由于统治者对国家祀典的高度重视和行政体制的高度一致，所以与宋代相比，汀州在清代的祀典建设远远要比宋代时期更加完善。这种完善主要体现在以下几个方面：

首先，地方祀典所设立的坛壝祠庙更多。宋代整个汀州总共设立 79 座坛庙，而乾隆年间则设立了 325 座，增长了 411%。其中，坛庙数量涨幅最大的是上杭县，它从原来的 8 座增长到 48 座，涨幅高达 600%。清代汀州官方坛壝祠庙数量的迅速增长，既说明了政府对"以神道设教"的认识更加深刻，对祀典体系建设的重视程度和建设力度更大；又反映了官方文化在地方社会的影响更加明显。

其次，与宋代相比，清代汀州祀典的神灵体系更加整齐规范，更符合儒家经典的要求。宋代汀州官方祭祀的神灵很杂乱，许多神

① （宋）梁克家：《三山志》卷 8《公廨类二》，福州市地方志编纂委员会编，海风出版社 2000 年版，第 90 页。

② （宋）胡太初修、赵与沐纂：《临汀志》，不分卷，《坛壝》，长汀县地方志编纂委员会整理，福建人民出版社 1990 年版，第 83 页。

③ （宋）胡太初修、赵与沐纂：《临汀志》，不分卷，《祠庙》，长汀县地方志编纂委员会整理，福建人民出版社 1990 年版，第 60 页。

灵都是"莫详姓氏、封爵、创始之由"。到了清代，这里的官方神灵体系则显得十分整齐规范。关于这一点，我们对清流、莲城、归化和永定四县在创县之时，其祀典体系建设的规范性进行对比，可略知一二。清流和莲城两县均在宋代创设，但它们在官方祀典体系的建设方面显得比较混乱、随意。而归化和永定则是明代设立的两个县，但此二县在祀典体系建设上则要规范得多。① 在《临汀志》的记载中，进入清流县官方祀典的祠庙 11 座，这些祠庙所祭祀的神灵中，除了社稷坛、城隍庙和渔仓庙（祀唐末史君樊侯令）外，其他庙宇的神灵都是当地土神。如感应惠利夫人庙祭祀的是"七娘"，惠应庙祭祀的是邵武光泽县大乾明应威信广佑福善王，至于其他庙宇的神灵，甚至连当时的修志者也"莫详创始之由"。莲城县的情况也与清流县差不多。这说明宋代地方官方祀典的祭祀对象方面，还是比较随意的。但是在明朝设立的归化和永定两县就不一样了，两县共建有 56 座祠庙，其中除了永定县的五显庙、七姑庙、麻公庙和归化县的显应庙、灵应庙的神灵带有明显的土神色彩外，其他庙宇的神灵要么是全国通祀的神灵，要么是当地先贤，要么是曾在当地任职的政府名宦，都是符合儒家道统，"分所得祀"："凡此者或报德，或祈年，或有功家国，或惠爱在人，义所当祀者也。或奉敕特建，或沿前代降敕护持，秩在有司，分所得祀者也。"② 这么多的官员和乡贤进入祀典，这一方面固然是因为唐宋以来直到明清，曾在汀州担任地方官员的人数增多，符合入典标准的官员基数更大，所以进入祀典的官员自然更多；另一方面也反映了随着儒家文化在赣闽粤边区的推广，越来越多的地方精英自愿接受儒家文化并自觉以儒家礼仪作为自己的行为规范。

最后，地方祀典在坛庙神主建置和祭祀礼仪等方面都有严格的统一规定。宋代时朝廷要求地方州县建立的通祀坛庙仅社稷、风师、雨

---

① 清流设于北宋元符元年（1098），莲城设立于南宋绍兴三年（1133），归化设立于明朝成化六年（1470），永定设于成化十四年（1478）。

② （清）伍炜、王见川：《永定县志》卷 2《营建志·坛庙》，清乾隆二十二年刻本。

师、雷师四坛，但汀州地方政府却并未完全依制执行。相比而言，明清时期汀州的祀典建设远比宋代完善。清代汀州的州府各县都建立了完整的通祀体系，无论是州府还是各个县府，都按照中央政府的要求，建立了社稷坛、风云雷雨山川坛、先农坛、郡厉坛、里社坛、乡厉坛、文庙、关帝庙、城隍庙、崇圣祠、忠义孝弟祠、名宦祠、节孝祠、乡贤祠。此外，这些坛壝祠庙以及所祀神像木主的设置规格和祭祀礼仪都严格按照朝廷颁布的统一规定。如：

社稷坛　祀五土五谷之神，在铁坑。按颁定坛制，东西二丈五尺，南北二丈五尺，高三尺四寸，出陛各三级，坛下前十二丈，或九丈五尺，东西南各五丈，缭以周墙。四门红油，北门入其神主，用石，长二尺五寸，方一尺，埋于坛南正中，去坛二尺五寸，止露圆尖，余埋土中。又用木神牌二，朱漆青字。一曰县社之神，一曰县稷之神。身高二尺二寸，阔四寸五分，厚九分。座高四寸五分，阔八寸五分，厚四寸五分。临祭设于坛上，祭毕藏之坛外。神厨三间，库房三间，宰牲房三间。春秋仲月上戊日致祭，每位，帛一，用黑铡一，簠二，簋二，笾四，豆四，羊一，豕一。其祝文曰：惟神奠安九土，粒食万邦。分五色以表封圻，育三农而蕃稼穑。恭承守土，肃展明禋。时届仲春［或秋］，敬修祀典。庶丸丸松柏，巩磐石于无疆；翼翼黍苗，佐神仓于不匮。尚享。①

从这段文字中我们可以看出，当时对社稷坛的坛位设置、附属房所的建设、祭祀日期、祭品、祭文等都作了详细的规定。这充分说明国家的礼仪制度在地方社会得到了广泛和深入的推行。

2. 国家神灵进入赣闽粤边区

在地方政府大力推行官方祭祀体系的同时，大量神灵也纷纷进入了赣闽粤边区地区，为赣闽粤边区的民间信仰充填了大量的信仰元素。我们以乾隆《汀州府志》记载的官方神灵系统列表如下，对此稍作阐述。

---

① （清）伍炜、王见川：《永定县志》卷2《营建志·坛庙》，清乾隆二十二年刻本。

表 2-2　　清朝乾隆时期汀州府官方坛庙和祭祀神灵系统

州县	官方坛庙和祭祀神灵系统
州府/长汀县	社稷坛、风云雷雨山川坛、先农坛、郡厉坛、里社坛、乡厉坛、军牙大纛、文庙、关帝庙、城隍庙、崇圣祠、忠义孝弟祠、名宦祠、节孝祠、乡贤祠；长汀县城隍庙、灵龟庙、曾公庙、药王庙、东平王庙、白马庙（祀闽越王）、顺则王庙、五通庙、灵显庙、许真君庙、仁威庙、助威磐瑞二王庙、三将庙、马王庙、惠泽龙王庙、湘洪广济大王庙、洪统军庙、邹公庙、萧公庙、晏公庙、三闾庙、汉王庙、石湖庙（祀宋范成大）、涂赖二公庙、天后宫、七圣宫、元帝宫、望春宫；文丞相祠、道南祠、紫阳祠、崇德祠、王文成祠、陈尚书祠（祀宋县令）、笪公祠（祀郡丞）、忠爱祠、愍忠祠、仁爱祠、报德祠、徐公祠、青史万年祠、谢公祠、邱公祠（祀县令）、吴公祠（祀郡守吴文度）、董公祠（祀总兵董大用）、祠山行祠（祀宋郡守李华）、邵公去思祠（祀知府邵有道）、利涉祠（祀知府胥文相）、别驾祠（祀别驾王吉人、吴应午）、义士祠（祀庠生马乾）、潘公祠（祀巡道潘阳春）、郡伯祠（祀二郡守）、温公祠（祀县令）、沈公祠（祀郡守）、郡丞祠、郭公祠（祀县令）、两台祠（祀两巡抚）、郑知郡祠（祀宋郑疆）、张知郡祠（祀宋张昌）、召杜祠（祀二县令）、寇公祠（祀推官寇从化）、王朝奉祠（祀邑人王格）、陈公祠（祀郡丞）、朱公祠（祀总兵）、唐郡伯祠（祀郡守）、顾公祠（祀兵备道）、黄郡丞祠、唐司理祠、杨公祠（祀知府）、郑公祠（祀郑从吉）
宁化县	社稷坛、风云雷雨山川坛、先农坛、郡厉坛、里社坛、乡厉坛、文庙、关帝庙、城隍庙、崇圣祠、忠义孝弟祠、名宦祠、节孝祠、乡贤祠；连山庙（祀廖名忠）、普惠庙、惠应庙、东岳庙、东西宫庙、武德王庙、五通庙、李公庙（祀唐光禄大夫李文昌）、南山庙、天妃庙、白马庙、伊公庙、白水庙、大忠祠、招捕祠（祀宋招讨使）、唐知郡祠、张公祠（祀张姓祭酒）、仁爱祠（祀知县）、三教祠（祀林兆恩）、褚公祠（县令）、万公祠（邑通判）
清流县	社稷坛、风云雷雨山川坛、先农坛、郡厉坛、里社坛、乡厉坛、文庙、关帝庙、城隍庙、崇圣祠、忠义孝弟祠、名宦祠、节孝祠、乡贤祠；鱼沧庙（祀唐光禄大夫）、江公庙、安济庙、东岳庙、武侯庙、晏公庙、元坛庙、五通庙、白沙庙、闽王庙（祀王审知）、三皇庙、唐公祠（郡丞。正德七年，御流寇，战死）、惠烈祠（祀知县）、烈士祠、裴恭靖祠（祀尚书）、伍忠烈祠、报德祠（祀提学父子）、郡丞祠、黄公祠（祀同知）、郑公祠（祀通判）、桑公祠（祀知县）
连城县	社稷坛、风云雷雨山川坛、先农坛、郡厉坛、里社坛、乡厉坛、文庙、关帝庙、城隍庙、崇圣祠、忠义孝弟祠、名宦祠、节孝祠、乡贤祠；东五显庙、西五显庙、灵显庙、感应李将军庙、祠山庙、灵晶侯庙、朱子祠、朱杨二先生祠、仰山二圣祠、彭侯祠（宋时建，祀邑人）、刘公祠（司理）、牛公祠（祀县令）、徐公祠（祀县令，有记）、李公祠（祀县令）、吴公祠（祀司理）、雷公祠（祀县令）、忠惠祠
上杭县	社稷坛、风云雷雨山川坛、先农坛、郡厉坛、里社坛、乡厉坛、文庙、城隍庙、关帝庙、崇圣祠、忠义孝弟祠、名宦祠、节孝祠、乡贤祠；灵显庙、真君庙；大忠祠（祀张巡）、褒忠祠（祀明御史、都指挥二人）、五显祠、漳南道功德祠、武略将军祠、忠勇祠（祀百户）、义勇祠、怀德祠（祀王阳明）、王公祠（祀巡道）、惠德祠（祀推官）、三宪祠（祀巡道三人）、朱公祠（祀巡道）、吴公祠（祀知县）、熊公祠（祀巡抚）、义烈祠（祀把总）、赖百户祠（祀百户）、顾公祠（祀巡道）、陈公祠（祀知县）、冯公祠（祀巡道）、卢公祠（祀知县）、周方伯祠（祀布政使）、王公祠（祀总兵）、刘公祠（祀巡道）、封公祠（祀知县）、孟公祠（祀知府）、申公祠（祀巡道）、董公祠（祀总兵）、李公祠（祀知县）、熊公祠（祀知县）、寇公祠（祀知县）、倪公祠（祀知县）、报忠祠

续表

州县	官方坛庙和祭祀神灵系统
武平县	社稷坛、风云雷雨山川坛、先农坛、郡厉坛、里社坛、乡厉坛、文庙、关帝庙、城隍庙、崇圣祠、忠义孝弟祠、名宦祠、节孝祠、乡贤祠；圣宫庙、仁圣庙、五贤庙、五显庙、龙源庙、三官祠、真武庙、赤沙王庙、天妃庙、洪山庙、赖公庙、东岳庙（祀张巡，有灵验）、紫阳祠、张公祠、世忠祠、忠烈祠、徐侯祠（祀邑令）、郑侯祠（祀邑令）、何侯祠（祀县令）、舒烈妇祠、三省金汤祠（祀巡道）
永定县	社稷坛、风云雷雨山川坛、先农坛、郡厉坛、里社坛、乡厉坛、文庙、关帝庙、城隍庙、崇圣祠、忠义孝弟祠、名宦祠、节孝祠、乡贤祠；邹公庙（祀太尉）、五显庙、七姑庙、麻公庙、文昌祠、王侯祠（祀县令）、何公祠（祀县令）、许侯祠、何侯祠（祀县令）、武惠祠（祀知县）、闵公祠（祀知县）、吴公祠（祀知县）、林公祠（祀知县）、伍公祠（祀知县）、赵公祠（祀知县）、二师祠（祀教谕、训导）、赵公祠（祀知县）
归化县	社稷坛、风云雷雨山川坛、先农坛、郡厉坛、里社坛、乡厉坛、文庙、关帝庙、城隍庙、崇圣祠、忠义孝弟祠、名宦祠、节孝祠、乡贤祠；显应庙、灵应庙、忠臣庙、西山祠（天顺间建，祀罗从彦）、龟山祠、三茅祠、杨公祠（祀正德县令）、章公祠（祀县令）、文兴祠（祀县令）、文昌祠、义勇祠（祀嘉靖巡检）

资料来源：乾隆《汀州府志》卷 13《祠祀》。

　　从表 2-2 中我们可以看出，清代乾隆时期汀州府境内出现了很多官方庙宇和神灵。这些庙宇的修建，或由官方主持，或由官方倡导，都体现了浓厚的官方意识。例如，清流县惠烈祠：

　　予读《闽志》，得清流吕侯镛死贼事，甚壮，感叹起立曰："毅哉！侯捐其躯以卫其民，斯实良牧也已。"爰奉部檄简祀名宦，乃白诸巡按御史杨君瑞，奉以专祠，用广德意。按学册：侯死圩埠。亟遣丞博驰往，进厥寿耇问故，曰："正统戊辰，沙尤寇炽。冬十一月，贼将陈正景拥众掠吾梦溪，进逼铁石矶。巡检邹姓者属有官守，群执以来攻我圩埠。侯提乡兵远赴吾急，戮厥二总，罗姓、姜姓尤溪人，势几振矣。寡莫胜众，终且被执，耆民魏得礼挺往说贼，曰：'侯善抚我，实我父母，奈何见执？我子民也，敢不代死？'贼故逞暴，杀魏暨邹，胁侯哀金以赎。不听，翌日死之。寇退，魏茂卿躬为敛葬，复即吾土倡厥遗黎，像祀惟谨。水旱疾疫，辄往乞灵。"较诸志语，益详以核，兼奉邹、

魏故主以呈。盖命之侑者，礼失久矣，顾得诸野，独非幸耶？邑
既有祠，复进诸生，图茸所谓故祠者，用慰民望，佥以义助，弗
烦于官。且念得礼嗣孙贫甚，治舍授田，俾职世守，揆事正言，
祠命"惠烈"，有赫大书，永示昭揭。呜呼，闽环山海以邑，自
昔患寇，使职民牧者，咸善其民，俾罔失所，宜不应寇。寇且窘
矣，焉用蔓？不幸或蔓，百尔郡邑，画地以守，效死弗去，寇将
奚往？顾弗尽然，此予所隐忧者。侯德宜民，民与偕死，报祀有
请，志述固在。景泰初元，馀寇复作，民用骇窜。邑掾邓瑶者，
往扼诸隘，手歼其冲，贼乃引却。业被重伤，倚石僵死。贼顾疑
其生也，不敢复逼，一时脱祸者甚众。汇裿侯祠，实应祭法，故
裿之。①

清流县惠烈祠所祀神灵为明朝正统年间县令吕镛，他之所以能够
得到官方的祭祀，是因为他在"沙尤寇乱"中捐躯卫民，所以获得
官民爱戴，在官方倡导下，建庙立祀，并上报朝廷，得到朝廷封赐。

官方为勤政爱民的官员立祠祭祀，本意原是贯彻"以神道设教"
的儒家原则，教化当地风俗，但事实上，这种倡导行为往往很有可能
促使祭祀对象因有官方和民众的祭拜，而逐渐转为当地的神灵。

例如，赣南宁都县东龙村有一座"将军庙"，供奉的是一位名叫
赵彦覃的神灵。该神灵生前是邻县石城县宋代的一位通判，他因平寇
有功，死后被乡人所祀，从而成为石城县最重要的保护神，其庙遍布
于石城县城、长乐、桃花礤、高田、福村各地。"宋理宗绍定二年己
丑（1229）六月，城被土寇张遇龙所破，通判赵彦覃督兵讨平之。
奉命开桃花礤矿，既而矿砂熔，银不出，无以复命，忧卒。矿所乡人
感其平土寇功，立庙祀之。"② 据笔者田野调查得知，1949 年以前，
每年从正月初一、八月十五开始，村里人都要在将军庙前搭台，请村
里的陈姓艺人各表演一次木偶戏，每次以 5—8 天为期。为了使祭祀

---

① 民国《清流县志》卷 17《庙祀志》。
② 道光《石城县志》卷 3《祠庙》。

有常，该村还设置了庙产，庙会的经费均来自庙产的租入。1949 年以后，因庙产充公，庙宇倒塌，庙会也不再举行。

官方神灵为民众所接受，成为赣闽粤边区客家民间信仰的一部分，最为经典的，当数城隍信仰。城隍，起源于古代的水（隍）庸（城）的祭祀，为《周官》八神之一。"城"原指挖土筑的高墙，"隍"原指没有水的护城壕。他们认为与人们的生活、生产安全密切相关的事物，都有神在，于是城和隍被神化为城市的保护神。后来道教也把它纳入自己的神系，称它是剪除凶恶、保国护邦之神，并管领阴间的亡魂。"国家"很早就把城隍信仰纳入官方祀典，明太祖朱元璋对城隍神也十分敬重，他在洪武二年（1369）下诏"封京都及天下城隍神"，更使城隍信仰成为官方祀典神灵而威仪天下。①

明清时期，赣闽粤边区所在的州府各县，也都设有城隍庙，每年各级官员也须定期到自己辖境内的城隍庙去祭拜。城隍庙虽是官方主导的外来神灵，但在后来的发展中，逐渐成为赣闽粤边区民间信仰的一部分。根据张鸿祥先生调查，在长汀县，至今在每年的正月十六这一天，都要举行盛大的城隍庙会。庙会中"还愿"的仪式非常稀奇古怪，众人抬着城隍神像，押着还愿的人游街，还愿的人有装扮成犯人的，有装扮成叫花子的，有背凳子的，有背饭箪的。此外，还有许多上香参拜的香客。他们祭拜的目的也各式各样，有祈祷风调雨顺、城池安宁的，有祈求保佑生意发财、家中添丁的，有祈求出入平安、求学中举、疾病康复、男婚女嫁，等等，几乎涉及了生产生活的所有方面。② 城隍爷的功能，主要是护城卫民、祛灾消患、惩治恶鬼、安抚厉鬼、督官慑民，等等。城隍的职能其实犹如州县长官，只是一个管人间事务，一个管阴间鬼神。③ 但无论从仪式上来看，还是从神灵职能上来看，长汀县的城隍信仰也已经完全民间化了，这表明原属官

① 郑土有等：《中国城隍信仰》，生活·读书·新知三联书店 1994 年版，第 108 页。

② 张鸿祥：《汀州城区的庙会大观》，见杨彦杰主编《闽西的城乡庙会与村落文化》，香港国际客家学会、海外华人研究社、法国远东学院 1997 年版，第 99—104 页。

③ 郑土有等：《中国城隍信仰》，生活·读书·新知三联书店 1994 年版，第 28—49 页。

方系统的城隍爷已经完全蜕变为民间神灵了。

3. 按照"以神道设教"的原则吸纳民间神灵

"国家"在赣闽粤边区推行官方祀典体系时，使大量外来神灵进入客家地区，并使部分神灵融入地方社会，成为客家地区的民间信仰。同时，"国家"也有意识地把一些地方神灵纳入官方祭祀体系。

民间神灵要进入官方祭祀体系，必须符合两个条件：一是有功于民，二是合乎法统。这两个条件，在儒家经典著作和国家的祭祀实践都有明确的规定：

> 夫圣王之制祭祀也，法施于民则祀之，以死勤事则祀之，以劳定国则祀之，能御大灾则祀之，能捍大患则祀之。……及夫日月星辰，民所瞻仰也，山林川谷丘陵，民所取材用也。非此族也，不在祀典。[①]
>
> 命中书省下郡县访求应祀神氏。名山大川、圣帝明王、忠臣烈士，凡有功于国家及惠爱在民者，具实以闻，著于祀典，令有司岁时致祭。[②]

有功于民是民间信仰进入官方祭祀体系的前提条件，是否合乎国家祭祀礼仪制度则是该信仰能否进入国家祀典的关键。在申述这些神灵进入祀典的理由时，往往需要对是否符合这些条件作出充分的阐述。如清代崇义县令董榕在陈述将该县"章源神"纳入官方祭祀体系的理由时写道：

> 江西十川皆汇彭蠡，而章水为大，源于（崇义）聂都山。……山灵斯水灵，人见其流之长，讵可忘其源之远哉？况天子怀柔百神，名山大川所在肃祀，其在江西，自龙神而外，湖滨

---

① （清）孙希旦：《十三经清人注疏．礼记集解》卷45《祭法第二十三》，中华书局1989年版，第1204页。

② 《明实录　明太祖实录》卷35，中华书局1977年版。

江崖水神庙食几遍。而章源之祀，郡邑向未之请；民间祭祷，仅于岩洞泉池间瞻礼，不可谓非缺典也。榕谨按江淮以南，咸转漕天府。江西号产米乡，岁漕数百万石，巨航鳞次北发，惟章水是赖。又十三府、七十余州县咸宜粳稻，资水为命，水泉一不继，岁即不登。章水，为省南众派宗，夫四渎视诸侯即不敢拟。而河南卫源之神以济漕，则有祀；山西沁源之神以利民，则有祀。今章水有功于国与民显然如此，庙而祀焉，俾耕凿之俦，春祈秋报有所依，以仰赞天子肃祀之意，礼固宜之。爰奏记大府，以乾隆二十四年，卜地南山之麓……不匝岁而庙成。①

　　在上述记述中，董榕为章源神提出申请的理由有四：一是祭祀名山大川是合符祀典的（"天子怀柔百神，名山大川所在肃祀"），而章水作为江西最大的河流（"江西十川皆汇彭蠡，而章水为大"），理应进入祀典；二是江西其他水神都得到官祀，唯独章源之神没有（"其在江西，自龙神而外，湖滨江崖水神庙食几遍。而章源之祀，郡邑向未之请"）；三是章源之神在维护漕运方面立了大功（"江西号产米乡，岁漕数百万石，巨航鳞次北发，惟章水是赖"）；四是同样在漕运方面立了大功的河南卫源之神、山西沁源之神都进入了祀典（"河南卫源之神以济漕，则有祀；山西沁源之神以利民，则有祀"）。总之，在这段记文中，董榕一再强调章水对粮食漕运、农业灌溉的巨大贡献，合乎祀典中的山川之祭，且已有祭祀卫源、沁源之神的先例，足见其所依据主要就是有功于民和合乎法统这两个条件。

　　非常有意思的是，由于官方在对待民间信仰上基本是秉持儒家"以神道设教"的祭祀原则，所以民众为了维护那些并没有得到官方认可的神灵继续存在，往往也会利用"有功于民"和"合乎法统"这两条理由来进行辩护。

　　例如，清代同治年间雩都县将举行十年一次的雩山神行田仪式，

---

① （清）董榕：《章源神庙记》，见（清）黄鸣珂修、石景芬等纂《南安府志》卷23《艺文志》，清同治七年刊本。

因而需向乡民筹集大量经费，并且在游神过程中必将出现乡民狂欢的现象，而这些都极有可能遭到官府的禁止。为了帮助筹集经费和避免被官府禁止，该县乡绅李睿专门写了一篇文章，希望得到官府的理解和支持：

> 古者田事之祭，春祈秋赛，迓田祖而祀蜡神，民得以吹齿击鼓其间。而出云为云，以长我禾黍者，其权操之山川。山川之祭，乃主于诸侯，自大夫旅之已为僭，而民可知。然自先王之礼废，后世民间以其意为祀，其神至不可稽。而山川之神，则实有功德于民者，分非得祀，而情有可致。盖山川之祭，以诸侯主则尊，可以诸侯，拟诸侯非民所得享。而古诸侯之有益于民者，跻堂称觥，民亦得以伸一日之情，则合一方之民。而有事于山川，亦跻堂称觥之意，与主其祭者自异，与礼非僭，而于义可起也。
>
> 吾邑北四十里，有山峤起而干霄者，以祷雨有验，名之曰雩，不知始于何时。而山以县名，则山之神异，所以从来远矣。庙于山之麓，地名金溪，自宋淳熙守周公必正始，自是岁为祈报，下逮民间，沿以成俗。而每逢十年必新其舆盖、旗帜，歌舞燕乐奉以行田。南方之俗崇尚巫祝，子贡所谓一国若狂者，往往不免，而是神之奉，不可一例论。夫孕奇毓秀，使人民之有俊杰，神之德隐于无形；出云降雨，使禾黍之有丰穰，神之功显于象，皆不可以不报，为其义之可起行，其情之难已。自其有象者言之，积十年之久而举事焉，所以崇神者知其不可俭。明岁壬申为神行田之期，直其事者为上罗村，里人忧其俭不伸情也，将诣有田之家题金襄事，欲予一言为劝，因为引于简端。①

李睿作为一个儒家知识分子，当然知道当地雩山神之祭不在祀典之内，大张旗鼓地为之筹集资金，很有可能遭到官府的禁止，因此他

---

① （清）李睿《雩山神行田引》，载（清）王颖修、何戴仁纂《雩都县志》卷13《艺文》，清同治十三年刻本。

在这篇文章的第一部分，就极力从事理上为雩山神的祭祀进行辩解。他认为山川之祭是儒家经典和先王之制。虽然在先王礼制中，主持祭祀山川之神时的人在身份等级上有严格的规定，但因为都是为民所请，有益于民，其目的和意义都是一致的，因此即使现在主持祭祀的人不一定就是诸侯身份的人，这种祭祀在礼制上并没有僭越，而且从道义上来讲也完全可以这样做的（"与礼非僭，而于义可起也"）。在第二部分中，他强调尽管雩山神虽未列入国家祀典，"分非得祀"，但是因为它"以祷雨有验"，却也符合儒家思想中"有功德于民"的原则，所以民众集资祭祀并进行狂欢，完全是合情合理的（"其义之可起行，其情之难已"）。

再如，安远县教谕丁佩在清朝同治年间主修县志时，也把原来属于民间私祀的真君、郭公、七姑等，列入专载国家祀典的《坛庙志》中：

> 先王建国，必立坛壝。诚以治人事神，皆守土者所有事也。我朝创制显庸，天下州县皆颁祀典。社稷神祇，与山川风云雷雨之神并尊，典至巨也。文昌、关帝、文武之制昭然，忠义、节孝、名宦、乡贤，为纲常名教之所系。降而至于邑厉，亦皇仁所不遗。外此，则祠曰昭忠，所谓以死勤事也。非此族也，不在祀典，似亦可以不载。然真君、为豫章之神灵；郭公，为濂江之保障，且为列代所加封。七姑、三仙、康公、赖公，虽说无稽，而屡有显应，邑人祀之，习以为常，究非旧志而录之，亦有"其举之莫敢废也"之云尔。①

在这篇按语中，丁佩清楚知道真君、郭公、七姑、三仙、康公、赖公等神灵，乃是当地土神，其神灵来源和致祭缘由根本无从稽考，原本不在祀典之列。但在修撰县志时，他还是把这些神灵列入专载国家祀典的《坛庙志》。其理由是这些神灵"屡有显应，邑人祀之，习

---

① （清）黄瑞图修、丁佩纂：《安远县志》卷2《坛庙》，清同治十二年刻本。

以为常"，其次是出于"其举之莫敢废也"的原因。"其举之莫敢废也"一语出自《礼记·曲礼下》，原文是"凡祭，有其废之莫敢举也，有其举之莫敢废也"①，意思是在祭祀的时候，那些已经废除禁止的神灵，则坚决不祭祀；而那些已经有过祭祀的，则不能废弃不祀。丁佩在这里引用儒家经典中的这句话，是要表明真君、郭公等神灵虽属"无稽"，在以前修志时并没有把它们录入志书中，但因为它们"屡有显应，邑人祀之，习以为常"，符合《礼记》中"其举之莫敢废也"的祭祀原则，因而这次修志就把它列入了县志的《坛庙志》。

上述两则事例，都可以清楚地看到，无论是李睿还是丁佩，都非常巧妙地利用"有功于民"和"合乎法统"这两条理由，来为当地的民间信仰巧妙地作出合乎儒家逻辑的解释。这也充分反映出儒家思想对民间神灵的深刻影响。

第三节　个案举例：儒学文化影响下的"贤女娘娘"信仰

贤女信仰原先只是流传在赣江上游南安府一带的土神，后来经过地方官员和儒家士大夫的推动，它被纳入地方祀典。通过官员、士大夫对该贤女娘娘故事的表述，我们可清楚看到宋明理学对民间神灵存在和发展的巨大影响。正是因为官员和士大夫对贤女故事进行了合乎儒家思想的意义阐述，才使一个含愤而死的柔弱女子，死后获得殊荣，登入官方的祭祀殿堂。

一　贤女娘娘信仰的由来

"贤女娘娘"信仰的发生地，在江西南康县县城南偏西11公里处的浮石乡贤女埠。贤女埠位于赣江支流——章江河畔，这里自古是中

---

① （清）孙希旦：《十三经清人注疏.礼记集解》卷6《曲礼下第二之二》，中华书局1989年版，第152页。

原南下、溯赣江而上进入南粤的必经之地。

关于贤女祠的故事，方志中有明确记载：

> 刘氏，吴村居胜里田家女也。及笄，父母许以适高洲蔡氏，已而悔之，更许吴氏。吴氏卒，又欲复归于蔡。女曰："先使我弃蔡从吴，是负蔡矣；今又从蔡，是负吴也。"因悲愤沉潭水而死。①

在民间，这个故事描述得更为精彩，更具有叙事性：

> 古代乌竹排（今浮石乡贤女埠墟附近的迳坝）刘姓将其女许配给某家，还没等到婚嫁归门，该家家道中落，刘父后悔，转而将女儿许配给另一家，没想到不久后这一人家家道也破落了，而原先那家的家道回转，所以刘父又将女儿许配给原先那家，并接受了聘金，但后来这家不肯退婚。没有办法，只好约定某日两家同时行船来娶，看女儿自己愿意上谁家的船就许配给那家。是日，两家的船都来了，刘女见如此吵吵嚷嚷，觉得父亲这样做丢尽了面子，便趁人不备，跳河自尽（又有人说是因为刘女看到父亲接受了两家的彩礼而进退维艰，为了帮助父亲，甘愿一死了之来替父亲解围，所以上船时故意脚踏两船。两船都以为是上了自己的船，故同时奋力撑开，刘女因此落水而死）。由于该渡口下有深潭，水流湍急，所以抢救不及，溺死了。刘女死后，过了两三天，尸体漂到落水处的上游，被打渔的船夫捕到，船夫很恐惧，赶忙把尸体扔回水里，往上游划去，但落网时又捕到尸体，如此三次，船夫十分惊讶说："如果你是神灵，想落葬在这里，那么你先香七天然后臭七天。"然后把尸体拖放到岸上，果然女尸在沙滩上香了七天又臭了七天。这个故事很快就传开了，大家认为这是天意，所以才埋葬了尸体。并且建了一座庙在潭边，取

---

① 康熙《南康县志》卷12《乡贤志·节烈》。

名叫贤女娘娘庙。[①]

由于浮石乡地处赣江——大庾岭通道上，贤女娘娘的故事很早就流传开来。北宋乾道年间（1165—1174）的进士，曾任鄂州知州的罗愿是歙县人，耳闻此事后写下了咏贤女祠的诗句。北宋时期的汪革，临川人，虽未到过南康，但也听到过此事并留下了相关的诗句；南宋时期有名的文学家吴曾，江西抚州人，也在其读书笔记中留下了相关记载，以后历经元、明、清，文人骚客均有诗文存留下来（详见下文）。

当然，在流传过程中，由于道听途说，难免会产生一些讹说，在一些细节问题上也出现分歧。如《大明一统志》把刘氏女误作石城人，并认为故事发生时间无从考证[②]；清朝褚人获在《坚瓠集》中把刘氏女及其先后所许配的男家姓氏分别错写成蔡氏、萧氏和陈氏；吴曾在《能改斋漫录》中只字不提刘父毁约反复的细节，只说"夫死，誓不再嫁，父兄强之，因自沉于江浦"。[③]

刘氏女在对婚姻感到极度失望之后，采取了跳河自杀的极端方式来解决问题。她虽抑郁而死，但没想到死后竟获得巨大同情和赞叹，以致跻身于地方祀典之列。她所经历的由人变鬼、再由鬼变神的过程，在地方文献中有明确记载：

> 贤女祠，在县西二十五里，宋端拱间建，祀刘氏女。崇观间，陈廷杰摄邑，始书其事于石。嘉靖三十三年，知县曾迪重建祠。天启间，知县陈瑾立石碑，大书"贤女自沉处"。今祠毁，碑亦沉水，居民立土庙祀之。[④]

---

① 这是笔者在 2004 年与《赣南日报》副主编龚文瑞一起到南康作田野调查时，由赖雅淮先生（1949 年出生，时任贤女墟下街村村民小组组长）向我们讲述的，于此再次表示感谢。

② 同治《南安府志》卷 17《列女》。

③ 光绪《南安府志补正》卷 10《杂志》。

④ 同治《南安府志》卷 6《典祀》。

此外，笔者在田野调查中还得知，直至"文革"前，该贤女祠还存在，祠庙临江而建，有前后两栋，从旧址上所残存的巨大石础，仍然可以窥见到当时庙宇的辉煌。现在庙宇已毁，村民就在原址用一些砖块，垒砌了一座高不过三尺的矮庙。每月的初一和十五，都有一些虔诚的信众前来祭祀。

二　由鬼而神：贤女娘娘信仰的发展与演变

贤女娘娘信仰的产生和发展，经历了一个比较漫长的过程。作为一个普通的女子，刘氏女冤死之后并没有淹没在历史的尘埃中，却获得人们的祭祀，甚至还荣列国家祀典，我们认为儒家文化的因素在其中起了非常重要的作用。

刘氏女死后得祀，应该与我国古代存在的"鬼有所归，乃不为厉"观念密切相关。在古人看来，人死为鬼，"众生必死，死必归土，此之谓鬼"。[①] 然而鬼分好坏，其中有一种魂魄无所归依者，乃谓之"厉鬼"，这种鬼如不加以善待，则将贻害于人。"鬼乏祭享而无所归，则必为害。"[②] 要使厉鬼不作恶为害，得使其魂魄有所依，"鬼有所归，乃不为厉"[③]。因此，早在先秦时期，儒家礼法便规定，要对厉鬼进行祭祀，《礼记·祭法》就明确规定，王立"泰厉"，以祭祀古帝王之无后者；诸侯立"公厉"，以祭古诸侯之无后者；大夫立"族厉"，以祭古大夫之无后者。[④] 对于"鬼有所归，乃不为厉"思想，无论在理论还是在实践上都进行了更加明确诠释的，乃是明朝开国皇帝朱元璋。明太祖朱元璋在明初就下令有司对"无祀神鬼"依时致祭，在他的敕令里，哪些是"无祀神鬼"，为什么要祭祀并且如何祭祀这些"无祀神鬼"，都作了十分详细的说明：

　　天子祭天地神祇及天下山川，王国各府州县祭境内山川及祀

---

① 《礼记·祭义篇》。
② 《明太祖实录》卷59，洪武三年十二月月戊辰。
③ 《左传·昭公七年》。
④ 马端临：《文献通考》卷86《郊社考十九》。

典神祇。庶民祭其祖先及里社土谷之神。上下之礼、各有等第。此事神之道如此。尚念冥冥之中无祀鬼神，昔为生民，未知何故而殁。其间有遭兵刃而横伤者，有死于水火盗贼者，有被人取财而逼死者，有被人强夺妻妾而死者，有遭刑祸而负屈死者，有天灾流行而疫死者，有为猛兽毒虫所害者，有为饥饿冻死者，有因战斗而殒身者，有因危急而自缢者，有因墙屋倾颓而压死者，有死后无子孙者，此等鬼魂，或终于前代，或没于近世，或兵戈扰攘，流移于他乡；或人烟断绝，久缺其祭祀，姓名泯没于一时，祀典无闻而不载。此等孤魂，死无所依，精魄未散，结为阴灵。或倚草附木，或作为妖怪，悲号于星月之下，呻吟于风雨之时。凡遇人间节令，心思阳世，魂杳杳以无归，身堕沉沦，意悬悬而望祭，兴言及此，怜其惨凄。故敕天下有司，依时享祭。在京都有泰厉之祭，在王国有国厉之祭，在各府州有郡厉之祭，在各县有邑厉之祭，在一里又各有乡厉之祭，期于神依人而血食，人敬神而知礼。①

"凶死为厉"的说法，在民间早就流行。对于那些意外死亡的，民众一直非常忌讳，须对这些亡魂进行祭祀，以防它们作恶为害。在赣闽粤边区，也是如此。例如，赣南地区在丧葬仪式中，在抬棺前往墓地的过程中，要沿路撒纸钱，据说是给拦在各路口的野鬼撒买路钱；在农历七月十五"鬼节"这天，在给祖先的烧送冥礼时，还得特别烧一些冥币给孤魂野鬼，免得它们哄抢烧给祖先的冥礼。

　　正因为在赣闽粤边区存在祭祀厉鬼的习俗，在笔者看来，刘氏女死后能获得乡人的祭祀，也当与此习俗密切相关。民众自发建祠祭祀死去的刘氏女，虽然可能是因为乡民出于怜悯和同情，但也更有可能是出于对"凶死为厉"说法的恐惧。刘氏女的自杀，属于意外死亡，死后将成为"无祀鬼神"，必将为害一方。乡民对刘氏女之死的恐惧，在流传至今

---

① 《大明会典》卷94《群祀四·有司祀典下》。

的刘氏女尸体逆流而上，并能先香后臭各七天的传说中体现出来。基于"鬼有所归，乃不为厉"的说法，乡民因此对其立祠祭祀。

乡人立祠祭祀只是使刘氏女完成了由人变神的第一步，此时她的身份，在乡民的思想观念中，其实只是一个"厉鬼"。而真正让刘氏女进入国家祀典体系，变成一个受人尊敬、享受官方庙食的神灵，还在于官员和儒家士人的推动。

刘氏女投河自尽的时间，根据宋代吴曾的描述，当在祥符年间。"南康有贤女浦，盖祥符间女子，姓刘氏，夫死誓不再嫁，父兄强之，因自沉于江。"①"祥符"当是"大中祥符"的简称，它是宋真宗的第三个年号，北宋在1008—1016年使用这个年号，共9年时间。明朝嘉靖三十四年（1555）修纂的《南康县志》是我们目前所能找到有关贤女祠记载的地方志中最早的一部。然而，根据这部地方志的记载，贤女祠的建祠时间则是在北宋端拱年间："贤女祠，在县西二十五里，宋端拱间建，即祀刘氏女也。"②"端拱"是宋太宗的第三个年号，北宋在988—989年使用这个年号，共两年。这说明，刘氏女投河自尽，以及乡人为她建祠的时间，当在988—1016年之间，即北宋初年。在这一时间段内，刘氏女虽然被建祠立祀，但也仅是乡人出于"凶死为厉"的恐惧心理而对她进行祭祀的，而且刘氏女的故事应该流传并不广远。一个比较突出的证据是，苏东坡流放岭南时曾路过浮石，他在《叠辱书教帖》一文中虽然提到了"贤女浦"这一地名，但对刘氏女的故事却只字不提。③并且在经过刘氏女自沉处的浮石乡时，虽然写下了《舟次浮石》的七言诗句，诗中却也同样没有提到刘氏女的故事④，这与后来文人高歌颂扬刘氏女故事的情况大不相同。一个比较合理的解释应该是当时这个故事并没有广为流传，作为过路文人，苏东坡虽在浮石泛舟而

① （宋）吴曾：《能改斋漫录》卷11《记诗·贤女浦》。

② （明）嘉靖三十四年《南康县志》卷4《礼制·祠》，"贤女祠"条。南康市地方志办公室2005年重刊，第21页。

③ 孔凡礼：《三苏年谱》卷49，北京古籍出版社2004年版，第2601页。

④ 《舟次浮石》一诗的全文为：渺渺疏林集晚鸦，孤村烟火梵王家。幽人自种千头橘，远客来寻百结花。浮石已干霜后水，焦坑闲试雨前茶。只疑归梦西南去，翠竹江村绕白沙。

过，但却没有听到这个故事。

　　然而，北宋以后，刘氏女死后由一个默默无闻的冤死野鬼，转变为进入国家祀典的女神，其故事也广泛流传。个中原因，当与文人与官员对刘氏女故事的传颂和褒扬有关。最早吟唱刘氏女故事的文人，是北宋后期的汪革（1071—1117），他留下了两首评价刘氏女的七言绝句。后来，南宋时期的罗愿、戴翼，以及元代的鲁一原、明代的刘节、清代的申毓来等，都分别写下了关于贤女祠的诗句（详见下文）。此外，北宋崇观间，县令陈廷杰将刘氏女的故事刻写在石碑上；大观三年（1109），县令谢举廉撰写记文；政和六年（1116），县令亦为之撰写记文；明朝嘉靖三十三年（1554），知县曾迪重建贤女祠；明朝天启间（1621—1627），知县陈瑾亦在贤女祠树立一块书有"贤女自沉处"亲笔题词的石碑；康熙四十九年（1710），知县申毓来纪诗勒石于祠。[①]可以说，刘氏女在死后的将近 100 年左右时间里，虽有乡人建祠祭祀，但基本还是默默无闻。后来由于这些官员和文人的推动，其感人故事才逐渐流传开来，并使其从享受乡间野祭的厉鬼，转变为进入官方祀典的正神。

三　文化内核：儒家文化在贤女娘娘信仰变迁过程中的作用和影响

　　贤女娘娘信仰作为一个普通的民间信仰，竟然会引起历代文人的反复吟唱和地方政府官员的高度重视，或刻石记事，或作诗纪念，或重建庙宇，或列入方志，使之走上地方性的国家正统典祀，享受正神待遇，接受民间和官方的祭祀香火。那么，在刘氏女走上国家祀典的过程中，这些士子文人和地方官员如何站在儒家文化的立场去演绎刘氏女故事中的儒家精神内核，这个精神内核与国家祭祀思想具有哪些一致性呢？对此，我们可以从历代遗留下来的文人诗词中进行考察。从这些诗词中，我们可以发现，历代诗文对这个婚姻悲剧都予以高度称赞，而受称赞的焦点，就在于刘氏女的故事与儒家道德十分相合。

　　最早对贤女故事进行吟唱的，是北宋的汪革，他路过贤女埠有感

---

① 乾隆《南康县志》卷六《礼典制》，南康市地方志办公室 2006 年重刊，第 71 页。

而写诗二首。其一，"贤女标名几度秋，行人抚事至今愁。湘弦楚雨知何处，月冷风悲江自流。"其二，"女子能留身后名，包羞忍耻漫公卿。可怜呜咽滩头水，浑似曹娥江上声。"① 汪革在第二首诗中，引用东汉孝女曹娥的故事来看，其意主要在于表赞刘女对父亲的孝道。曹娥是东汉时会稽上虞人。父亲曹盱是个巫祝，有一次他在江中举行迎神仪式时不幸失足溺死，连尸骸都打捞不到。当时曹娥年仅14 岁，日夜在江边恸哭。后来听说凡淹死而找不到尸体的，可以把衣服（或说瓜）投到河中，如果衣服会沉下去，那么尸体就在下面，曹娥照着做了。衣服漂流水中她沿着江边追逐了 17 天，衣服忽然沉下去，她便纵身跳入江中捞取父亲尸体，结果也淹死了。人们为她的孝道所感动，便立碑纪念她。范晔在《后汉书》中直接称呼她为"孝女"。② 汪革把刘氏女与曹娥相提并论，说明他也欣赏刘氏女的孝道。

南宋时期的罗愿（1136—1184）和戴翼 ［他于南宋绍定年间（1228—1231）任南康县令］分别为贤女祠题诗一首。罗愿的诗是这样写的："许嫁女始字，昔人良所钦。此身有所属，安得强委禽？嗟哉乃翁愚，弃盟欲重寻。死生还复合，无谓遂初心。谁知彼寒女，义烈动芳襟。顷来已一惭，厚愧方在今。正性不负物，临流殒千金。我来吊丛祠，目眩寒潭深。凄凉一川上，行客闻知音。"③ 戴翼的诗则是："士有败风节，惭愧埋九京。幽闺持大谊，千载著嘉名。父不重然诺，女能轻死生。寒潭隳秋月，心迹两分明。"④ 很明显，罗愿、戴翼主要赞赏刘氏女的忠信。罗愿用"嗟哉乃翁愚，弃盟欲重寻"来反衬刘女的"义烈"；戴翼也用"父不重然诺，女能轻死生"来进行对比，反衬其女的讲求忠信。

此外，元代鲁一原、明代刘节、清代申毓来也都题有诗文。鲁一

---

① 政协南康县委员会：《南康文史资料》第三辑，文史资料工作委员会 1990 年编印，第 7 页。

② （南朝）范晔《后汉书》卷 84《列女传·孝女曹娥》。

③ 同治《南安府志》卷 26《艺文》。

④ 同上。

原在其诗《贤女祠》中写道："翻手作云覆手雨，刘翁乃尔女如许。飘飘上下随东风，妾身肯似章台絮？前门一水洁更深，沉沉此水明妾心。后来志士为感慨，过此往往成悲吟。嗟嗟许蔡复许吴，女吴绝蔡成二夫。此时哀泪若几谏，翁意或可还其初。吴家箱币罗堂前，女兮默默胡不言？后来吴郎倘不死，清庙未必隆江边。女今贤明照天宇，翁也反复闻千古。许吴之日回此天，女贤翁否俱无传。"① 明代弘治进士刘节写道："投江合在许吴时，此义分明女不迷。直待吴亡方觅死，令人认作蔡郎妻。吴郎不死女何归，女志难将父命违。挨到接缡终是死，死魂还向蔡郎飞。"② 清代申毓来也题有《贤女祠》诗一首："蓉江之水清且洌，湍激涛奔流不竭。中有列女万古魂，沧桑虽改难磨灭。父先许蔡复许吴，翻云覆雨心恨切。人谓此时女不谏，谏而不从恩义绝。自揣此生命不长，慷慨一死志清洁。羞杀人前说二夫，终身不事有完节。至今立祠在江边，千载庙食义犹热。寒潭弄影碧沉沉，杜鹃啼彻三更血。丹衷一片想谁明，江心夜夜对孤月。"③ 从上述三人的诗文来看，虽然他们也赞扬了刘女的忠信，但几乎都为刘女没有在最初背叛蔡家时进行反抗而感到惋惜，甚至认为刘氏女早在其父把她改许给吴家时就应该自尽。在这里，这些士大夫并不从人性的角度对一个弱女子的悲惨结局给予任何怜悯，反而要求该女子应该毫无瑕疵地做到绝对的从一而终。

对于同一则故事，不同时代的知识分子却产生了不同的看法。我们认为，士大夫们认知态度的这些转变，应该与中国传统儒家思想的转变密切相关。前文我们曾经提及，儒家自创立以来，在西汉时期曾达到独尊的地位。但由于儒生谨守师法又热衷于细枝末节的烦琐笺注，使儒家经学呈现出颓废之势，在魏晋以来佛道之学的冲击下，宋初儒学出现严重的理论危机。在王安石等人的推动下，儒学逐渐得到初步复兴。宋至元明，在周敦颐、程颐、程颢、朱熹以及王阳明等人

---

① 康熙《南康县志》卷 16《艺文三》。
② 同治《南安府志》卷 26《艺文》。
③ 康熙《南康县志》卷 16《艺文三》。

的努力下，儒家思想得到进一步的发展，它以儒家思想为内核，吸收了佛道思想，最终建立和完善了庞大而又周密的理学体系。① 在这一过程中，儒家思想对伦理道德的要求也发生了很大的改变，从先秦时期的"己所不欲，勿施于人"② "老吾老以及人之老，幼吾幼以及人之幼"③ 的讲求宽容、重视人性阶段，逐渐过渡到宋明时期的"学者须革尽人欲，复尽天理"④ 的注重培养气节操守、讲求以理统性和自我节制的阶段。⑤

在不同时代儒家士人对刘氏女故事的阐释中，其情感态度和认知要旨都有一定变化，应该与当时儒家文化的学术变迁有关。在汪革生活的时代，宋明理学还未确立，当时士大夫受秦汉儒学的影响，且赣南当时教化尚未尽开，所以对贤女故事中的刘氏父亲比较宽容，诗词中丝毫看不到对刘氏父亲的责备，主要凸显的是刘氏女讲求家庭孝道的传统的人伦纲常；而在罗愿、戴翼生活的时代，通过周敦颐等人在赣南的宣儒活动，赣南教化大开，所以对贤女故事的认识，已经突破了家庭人伦纲常的格局，把它提高到宋初理学所要求的忠义、忠信的社会层面。而到明代，随着理学的逐渐完善和在赣南的深入传播，对忠信的要求也大大提高了，所以对刘氏女没有做到绝对的从一而终表示了深深的遗憾。虽然如此，我们也必须清楚地看到，尽管不同时代士人在解读刘氏女故事时，其情感态度和认知要旨有一定差异，但他们都从儒家道德的角度对该故事进行诠释，力求证明刘氏女的自杀行为符合儒家道德规范，都反映了这些士人坚定的儒家立场。

总之，贤女信仰原先只是民间的自发性信仰，后来政府官员和士

---

① 张岂之主编：《中国历史》（隋唐宋卷），高等教育出版社 2001 年版，第 307—326 页。

② 《论语·颜渊》。

③ 《孟子·梁惠王上》。

④ 《朱子语类》卷 13。

⑤ 参见张岱年、方克立《中国文化概论》，北京师范大学出版社 2004 年版，第 245—261 页；张应杭、蔡海蓉《中国传统文化概论》，上海人民出版社 2000 年版，第 117—149 页；陈延庆《从先秦儒学到宋明理学——中国古代人性论的发展历程》，《山东科技大学学报》（社会科学版）2001 年第 1 期等著述。

大夫不仅承认了贤女信仰的合法性，而且还赋予它一种符合儒家道德规范的内容而进入了官方祀典，从而大大提高了贤女娘娘的神圣地位。在这一过程中，政府官员和士大夫利用儒家思想对贤女故事进行了大力改造，使之与国家正统思想相一致。这样，通过历代士人的不懈努力，终于使赋予在贤女娘娘身上的儒家正统思想逐渐被普通百姓所接受。

第三章　佛教文化在赣闽粤边区的传播及其对客家民间信仰的影响

第一节　佛教文化在赣闽粤边区的传播

佛教从西汉末年传入中国，逐渐成为中国最重要的宗教信仰之一。在中国境内传播的过程，其实也是佛教日益本土化的过程。它对中国人的思维方式、道德观念、神灵信仰等方面都产生了深刻影响。

一　佛教在福建客家地区的传播

佛教在赣闽粤边区的传播，历史十分悠久。佛教最早传入福建的时间当在三国两晋之际，至梁代呈迅速发展之势。五代，在王潮、王审知兄弟统治期间，佛教获得了很大发展，其中重要表现之一是兴建了大量寺塔。据载："王氏雅熏佛法，增闽僧寺凡二百六十七。"[①] 宋时承前朝余绪，尤其是南宋偏安东南，大批有佛教信仰的皇族、官僚、知识分子流入闽境，福建佛教继续发展，甚至达到顶峰。据《三山志》记载，庆历年间，仅福州地区佛寺就达 1625 座。《宋史·地理志》也说，"福建其俗，尚浮屠之教"。《八闽通志》则感叹云："佛寺至于宋极矣。"宋代福建僧侣尼人众多、寺院经济繁荣的状况，从宋初文人所写的一首描绘福州的律诗中，也可反映出来："湖田种稻重收谷，道路逢人半是僧，城里三山千簇寺，夜中七塔万枝灯。"及明代，福建佛教归于平淡。至清代，又有复兴之势，本省许多寺院均被修缮过。士大夫与佛教界交往亦甚密。民国时期，一批名僧尊宿，

---

① 《十国春秋》卷 90。

如虚云、圆瑛、弘一、太虚等，都在福建弘法，影响深远。[1]

佛教在福建客家人聚居的闽西和闽北部分地区的传播也十分广泛。佛教开始传入龙岩地区的时间是在唐朝。唐武德三年（620），高僧灵澈到长汀传教数载。唐开元年间（713—741）在汀城建立"开元寺"，为龙岩地区第一座寺院。从唐大顺（890—891）至南宋乾道年间（890—1173）的283年中，龙岩佛教进入繁荣时期。先后在长汀、连城、上杭、武平等地新建寺、院32座，住寺院僧尼多达千人。唐乾符年间（874—879），在上杭北梅溪建上宝林院；光化年间（898—901），在上杭中都，由僧绍基建立义合寺；南唐保大年间（943—957），在上杭钟寮场建天王院1座，在长汀三洲建东林寺，长汀童坊葛坪平原山建广福禅院1座。龙岩的天宫山圆通寺和雁石益新留经堂的修建时间尚待查考。宋代，上杭县继续建有东竺寺、南塔寺、蓝溪乡安仁寺、中都乡禅林寺、稔田乡丰稔寺等10座寺庙。明清两朝，本区佛教继续发展。明代，汀城有"佛门八大寺"之称。除原有的定光寺、报恩寺、同庆寺、南禅寺、普惠寺、罗汉寺外，新建南廨寺、戒愿寺，合为八寺。其中罗汉寺雕塑五百尊罗汉，栩栩如生，佛教徒每年举行八寺会。明末清初兴建大悲山佛寺，规模宏大，连城仙高崇僧人在长汀开设华严堂，精制小儿惊风丸，行销全国。连城建有9寺13庵，中华山下建有九龙庵。仙高崇寺的和尚受朝廷陈太后封赐。明代，上杭城乡佛教寺院增至34座，信徒大量增多。仅紫金山就建有五龙寺、麟麟殿等，铜铸大佛像，聚集僧侣200多人。同时，藏经随之大量增加。明末，进士九一随开禅师（安徽省人）不仕清，住上杭圆通庵，辟建丛林，建造泗洲亭、洗月池，垦植农田茶山，给养僧人。清代，各地寺庙继续增建，大寺院还拥有香火寺田。仅上杭县经官绅倡修寺庵达26座，大寺庙饭僧百人左右。佛教传入三明境内客家聚居区域主要从岭南经广东到汀州，而后传入宁化、清流、明溪各地，或从中原南下，从武夷山脉经邵武传入将乐、建宁、泰宁等地。在三明地区，将乐县在唐武德三年（620）就建有

---

① 释本性：《福建佛教概况》，《法音》2000年第1期。

"证觉寺"。唐武德年间（618—626），有一云游僧人来到清流县曹溪（现称"灞涌岩"）结草为庵，潜心修行。定光古佛也到此主持佛事，并重新扩建寺庙，定名为"金莲寺"，同时在民间广收弟子，发展信徒，使金莲寺的佛事日益繁荣，其影响也逐渐扩大。唐开元前后，明溪县的佛教也得到迅速发展。僧人道均、道行于开元九年（721）在"瓦翠坪"（即今枫溪瓦子坪）建造"聚龙禅寺"。他们的弟子先后到宁化、建宁、将乐、长汀、连城，江西的石城、广昌及广东等地传教，大大促进了这些地方佛教活动的发展。此外，永安、尤溪、沙县等地也有较多的佛教活动，并兴建了"招化寺""保安寺""龙泉寺"等一批寺庙。明清时期，将乐佛教信徒派生出一种新教，把罗清称为自己的始祖，实际上是佛教的变异，含有其他教义的内容。

二　佛教在江西客家地区的传播

江西与佛教殊有因缘。据梁代释慧皎所著《高僧传》记载，东汉灵帝主政之末（大约在 188 年前后），有西域沙门安世高入赣弘法，并在豫章（今南昌）城东肇建东林寺，是为迄今佛教在江西出现的最早记述。此后，入赣的西域僧人和华僧增多，佛寺、佛塔也沿赣江两岸而扩展至全省各县。到东晋，慧远驻锡庐山，倡导弥陀净土，成立莲社，使庐山成为当时南方的佛教交流中心。同时，他所主持肇建并住持的东林寺，被后人推为中国净土宗祖庭，慧远也被尊为中国净土宗始祖。隋唐时期，江西是全国佛教传播弘扬之要地。智颛数度驻锡庐山，弘扬天台教义。禅宗三祖僧璨、四祖道信、五祖弘忍、六祖惠能等先后入赣弘法。赣僧行思在惠能座下承法后，回住庐陵安隐寺，光大南宗宗风，史称"七祖"。早在开元年间之前，已有新罗僧入赣求法。天宝年间，马祖道一入赣，弘扬南宗禅法形成"洪州宗"。其徒怀海，驻锡新吴（今属奉新县）百丈山，实践农禅，制定"百丈清规"。唐代末年，慧寂创沩仰宗于袁州仰山（今属宜春）；良价和本寂，开法于新昌（今宜丰）洞山与抚州曹山，创立曹洞宗风。入宋以后，禅宗在江西的弘传尤为兴盛。临济门下有释方会在杨岐山

（在今萍乡）创立杨岐派，释慧南在黄龙山（在今修水）创立黄龙派。净土、律宗、贤首诸宗在江西仍有传承。元代时间虽然不长，但藏传佛教在江西弘传。到了明代，禅宗临济久传不衰，曹洞宗在江西得以中兴。释常忠法承嵩山少林寺释小山座下，返赣后嗣法释慧经，形成曹洞门下寿昌法系。释洪断承法于少林释常润座下，弘传于赣北、赣西一带，形成曹洞宗下云居法系。明亡后，一大批官宦名士，遁入空门，聚集于赣中。庐陵青原山与安福武功山便成为佛法兴盛之地。在清代，江西佛教弘传其势较衰，但庐山一带香火仍盛。①

受江西佛教传播这种大环境的影响，赣南也颇领佛风的沐化。赣州光孝寺、空山寺和赣县田村契真寺是赣南历史上最早设立的寺庙。赣南也出土了一些魏晋时期的佛教遗物。如信丰县出土了三国时期的四佛铜镜，赣州市章贡区、赣县等地出土了南朝莲花纹碗等。

契真寺位于江西省赣县田村镇，是赣南佛家名寺。该寺始建于汉朝，寺名原为"弃假寺"，后更名为"契假寺"，唐朝复更名为"契真寺"。如今，有寺内罗汉殿佛像座中所题五言诗"汉代弃假寺，唐代易契真"和古联"汉朝契假寺，秦代天丛山"为证。自东晋末年，因寺内得到并藏有十八卷《罗汉经》真经，契真寺的香火就越来越旺盛。据清朝同治年修的赣州《同治府志》记载："有名经十八卷，在田村契真寺中。"到了清代末期、民国初年，契真寺规模达到鼎盛，寺内已有殿宇楼阁18座，形成了宏伟的佛教建筑群。罗汉殿、大雄宝殿、观音殿、千手观音殿、地藏殿、老佛殿、三宝殿、金刚殿、藏经阁、文昌宫、如来殿、古戏台等尽有。后来因遭受战乱，尤其是20世纪60年代和遭受"文革"的冲击，寺庙受到严重的创伤和破坏。改革开放后，国家的宗教政策得以落实，老百姓强烈要求，千年古寺契真寺才得以恢复重建。现在每年农历六月六，都要举行契真寺最大的佛事——晒经会，翻晒镇寺之宝——东晋年代的《罗汉经》。方圆几百里的寺庙和尚、住持以及信佛的信男善女、香客都会赶来焚香拜佛，场面十分壮观。

---

① 童辰：《江西古代佛教文化概说》，《江西社会科学》1996年第4期。

隋唐时期，赣南的寺庙就更多了。其中，赣县宝华寺就是唐代所建的佛教寺庙。宝华寺创建于唐玄宗（李隆基）天宝年间，原名西堂宝华禅院，明朝始称宝华寺，位于赣县田村镇东山村龚公山，距田村圩镇约8公里（15华里）。创建寺庙的僧人为马祖，他在赣县龚公山开山布道，创建了宝华寺，并迅速发展而被人们称为"江右第一祖庭"。昔为隐士龚亮栖所，为当时的江南名寺，寺内有十大宝：玉石塔、百年果树、千年古柏、出木井、千人锅、万人床、古鼎钟、龙泉井、四方竹、倒栽葱（松）。其中，玉石塔为宝华寺的镇寺之宝。玉石塔是寺中僧人为马祖徒弟智藏修的墓塔。马祖离开宝华寺后，将寺庙交给了他十大弟子之一的智藏管理。智藏圆寂后，穆宗诏谥智藏为"大觉"，徒弟们为他修建了"大宝光塔"。21年后，唐武宗"会昌灭佛"，智藏禅士塔也遭拆毁。不久，宣宗恢复佛教地位，19年后大觉禅士徒孙法通终于在咸通五年（864）又重建了"大宝光塔"，而得以保存至今。玉石塔位于大觉殿内，又名为大宝光塔，为唐穆宗御题塔名，礼部尚书权德舆书丹，是一座典型的唐代方形亭阁式石塔，通体用白色大理石砌成，高约4.5米。底部为须弥座，底宽2.99米，共有三层束腰：底层束腰每面设四壶门，内雕刻狮子和驯狮人，四面共16只狮子；中层束腰每面雕刻三只凤凰或瑞兽，共12只；上层束腰每面设五壶门，内雕刻乐伎，共15尊。塔身下部布满花卉线刻，正面辟拱券门，门两侧各有一金刚，手持宝剑，金刚上方各有一妙音鸟，造型丰满飘逸，唐风浓郁。塔身之上为四坡屋顶，屋面平缓、四角稍有起翘，四脊头有脊兽，用方椽、莲花瓦当。塔刹由方座、束腰、伞盖、宝珠等组成。由于一直保存在室内，塔身表面风化较轻微，雕刻大多完好如初。据称，玉石塔的塔形及建筑方法在我国现存的名塔中是独一无二的，1998年被列入《中国名胜大辞典》。宝华寺影响深远，尤其在日本、韩国、东南亚一带影响甚大。这些国家的佛教与之都有渊源，朝鲜拜佛教中迦知山派、实相山派和岗里山派，更是直接嗣法于龚公山智藏禅师。鉴真和尚与智藏法师也属同门。宝华寺在国内也影响深远，佛教界地位甚高，四方慕名者甚众。2006

年，大宝光塔作为唐代古建筑，被国务院列为第六批全国重点文物保护单位。大宝光塔的存世，使今人能够切实领略到唐代古塔建筑的基本风格。

北宋，赣南佛道流行。特别是寺庵如林，佛教出现了一个飞跃的发展。据统计，赣州府辖境内兴建佛寺39座，除于都、长宁之外，其余各县在宋代皆有佛寺兴建，其中尤以赣州府的安远和南康府的大庾最多，分别为11座和10座，其他县域大多为两三座。① 当时赣州城内比较著名的寺庙有寿量寺、慈云寺、开元寺、景德寺、崇庆禅院、报恩寺、笔峰山寺、丰乐寺等。城郊也有一批寺庙，如天竺寺、宝云寺等。离城20里的通天岩林幽谷邃，奇石凌空，也有一所小佛寺。宋代佛寺的发展，从现今保留下来的佛塔可略知一二。

慈云塔原来位于慈云寺内，故名"慈云塔"，位于赣州市城区，是慈云寺之附属建筑物。据考证，该塔建于宋仁宗天圣年间（1023—1032），塔身仍可见到铭文砖三种："天圣元年"（1023）、"舍利塔砖"、"天圣二年（1024）女弟子陶氏一娘舍钱二十吊"，为造塔年代的确切记载。慈云塔是一座舍利塔。舍利塔亦作浮图，本是佛家存放佛骨舍利子的墓塔。随着佛教传入我国，经过我国劳动人民的智慧创造，结合我国的民族建筑样式，混合发展成高层楼阁式砖塔。慈云塔为楼阁式塔，其结构为穿腹绕平座而上。该塔由地宫、塔基、塔身、塔刹等部分组成，塔原高42米，现高49.9米，塔身为青砖结构，平面呈六角形，共9级，塔中心空。各层之间用砖叠涩出檐，并用砖雕饰成梁柱和斗拱。塔顶部安放有莲苞、铁形塔刹。塔身外缘原有木构的飞檐回廊，清光绪三十二年（1906）遭雷击而焚毁，现仅存回廊部分。

大圣寺塔位于信丰县城内。该塔具体建筑年代，根据《赣州府志》记载，大圣寺塔相传始建于三国赤乌年间（238—251），唐贞观年间（627—649）重修，并在宝塔南面建延福寺，宝塔故名延福寺

---

① 杨新：《佛教、教化与郊游胜地：10—18世纪通天岩与赣南地域社会》，硕士学位论文，南昌大学，2013年。

塔，后毁。北宋元祐二年（1087），杨贯寻原址重修宝塔和大雄宝殿，即现存古塔。大圣寺塔为平面六角形九级楼阁式砖塔，原残高51.78米，80年代重修后高66.45米，为江南现存最高北宋古塔。塔底部设基座，副阶，外部每级设有平座、檐、廊、栏杆、砖叠涩出檐，檐下为砖砌额坊，各层辟有真假门各三。塔身内部为穿壁绕平座结构，塔内明暗层共17级；塔内有藻井并有彩绘。原有铁铸塔刹已毁，现代重铸塔刹由覆盆、相轮、宝珠等组成。

宝福院塔，位于石城县城东南琴江河畔的宝福院后，始建于宋徽宗崇宁元年（1102），落成于大观四年（1110）。该塔是一座楼阁式佛塔，塔身七级六面，竹节钢鞭形；塔高59.48米，建筑面积1982.12平方米，底层对边直径为10米，对角直径为12米，内空直径为2.6米，墙厚3.7米，墙外边长5.6米，自下而上逐级微收，高而不危。每级有六扇门，三开三闭。檐角悬挂铜铃，风吹铃动，声播江城。塔墙北较直而南较斜，重心自然向北移成15度夹角，结构严谨，技艺精巧，虽经800多年风雨雷震，仍挺立江边。塔砖多有"崇宁壬午""僧道符立"字样，底层亦有"应可"砖记。宝塔在历史上曾遭三次兵燹，进行过两次维修。

无为塔是建于江西安远县城西侧无为寺旁的一座宋代佛塔。无为寺建于唐朝长庆四年（824），在当时十分有名。北宋绍圣四年（1097），由县人杜鉴主持，协同七望族建造无为塔。该塔高达61.3米，外观六面九级，塔内设有明暗层共计17层，步阶梯穿楼可登至塔楼顶层，站在古塔的最高层，安远县城一览无余，迄今已有900多年的历史。1982年对古塔进行维修，全面维修竣工于1985年。

嘉祐寺塔，位于大余县城南安镇东水口山下，建于北宋嘉祐年间（1056—1063），为楼阁式砖塔，六角五层高19米，塔刹葫芦状，表面青灰色，每级各面设有券门、柱、枋子、斗拱，每层下部的券门式佛龛均为直立拱顶，塔檐有挑，塔身中空，沿塔壁佛龛可登至顶层。从二至五层每层之间均有突出的砖砌双层花檐，上层为倒钟形覆瓦坡顶，高1.5米，整座塔身结构精巧，稳重端庄。此塔有唐代风格，是江西省乃至江南的唐宋塔中的精品。

明清时期，赣南佛教继续发展，这一时期，大量佛寺继续兴建。如宁都县，据志书记载，明代以前，全县有佛教寺庙 35 处，清乾隆六年（1741）全县有 102 处，道光四年（1824）全县有 288 处。① 不过，这一时期所建寺庙，规模不大，且多为民众自发行为。如龙南"武当圣庙"，位于龙南县武当镇境内的小武当山上。该寺始建于明代崇祯年间（1628—1644），清朝乾隆三十四年（1769）重修。古庙曾经被毁，于 20 世纪 80 年代由民间稍作修复。1995 年再度重修。由于近年来旅游业的快速发展，武当圣庙香火日益旺盛。坐落在江西省赣州市会昌县小密乡小密村旗金山麓的天星禅寺，兴建于清咸丰年间（1851—1862），乃由本地一对廖姓夫妇所建，为感佛恩，建殿供奉观音，取名天星寺。百余年来，山寺初成规模，香火兴旺，信众日盛。可惜，该寺庙毁于"文革"之中，1982 年，当地村民及十方善信广为募集，在原址重建天星寺。

三　佛教在广东客家地区的传播

佛教在岭南地区的传播也很早就开始了。佛教从印度传入中国，除了沿着陆上丝绸之路以外，还从海路传入。早在汉代，岭南的对外交通已经很发达，交趾成为东西海路中心，佛教也随着商业贸易而传入岭南。东汉中叶以后，由于西域与中国内地的交通并不通畅，佛教的东传中国及中国僧人的西行求法，主要是取海路而行。由于岭南得地理之便，外国高僧从海上来中国而经岭南者甚众。岭南交广地区便成了海外佛教东传中国、中国僧人西行求法的重要桥梁。如强梁娄至（三国）、迦摩罗（晋）、昙摩耶舍（晋）、求那罗跋陀（刘宋）、菩提达摩（梁）等。甚至东汉末出自岭南交州的高僧康僧会，据说"其先康居人，世居天竺，其父母商贾移居交趾"。外国僧人的东来，使岭南佛教在长达 300 多年的两晋南北朝得到了较大的发展。岭南最早的佛教寺院，即广州城内的三归、王仁二寺，就是晋武帝太康二

---

① 宁都县民族宗教事务局：《充分利用佛教文化　促进社会经济发展》，《宁都县第二界"翠微之春"文化艺术节 ——"佛教文化暨文化产业论坛"论文集》，2010 年编印。

年（281）天竺僧迎摩罗修建的。六朝时期，岭南地区兴建的佛寺计37 所，其中广州 19 所，始兴郡 11 所，罗浮山 4 所，而广州更成为岭南以至整个南朝的佛教重地。这一时期，外国僧人在岭南的活动，除了创寺传教之外，以译经为主。这也是这一时期岭南佛教对整个中国佛教的最大贡献。《唯识论》《俱舍释论》《摄大乘论》《俱舍论》等著名佛经，也都是这个时候在岭南译出。受此影响，岭南地区也涌现不少本土著名僧人，如慧敬、慧澄、道禅等。隋、唐两代，岭南仍是佛教兴盛的地区。其中最为突出的表现是惠能南派禅宗的创立及其广泛传播。南派禅宗的创立，是中国佛教史上的一次重大改革。它摆脱了经院式的烦琐佛理束缚，直指心性，一悟见佛，简单而务实，较易为中国各阶层所接受，对佛教的广泛传播起了巨大的作用。南派禅宗的创立，也使岭南寺院、佛徒大增，名僧辈出，岭南佛教进入一个鼎盛时期。至宋元时期，岭南佛教逊于前朝，可谓盛极难继。禅派南宗力主顿悟，人们大可不必通过在寺院苦修亦可以悟道成佛，这固然可以使佛教通俗化即在民众中得以广泛传播，佛教思想更深入民间，但同时也削弱了寺院佛教。但这一时期，佛教在雷、琼等开发较迟的地区却得到了发展。明清时期岭南理学盛行，按理学本源于禅，禅理相通。理学之盛行，为佛教的兴盛提供了有利的条件。时有名僧驻锡弘法、听众云集的盛况。然康熙中叶以后，各地寺庙寺产多被侵夺，失去经济支柱，佛徒备受官府欺压，加之新学兴起，西教东渐，对佛教形成了巨大的冲击，佛教遂趋于式微。①

广东省的梅州市全境和惠州、潮州、韶关、河源等部分地区是客家人聚居之地，佛教在这些地区的传播也十分广泛。佛教传入梅州的时间，最早至少可以溯源到南朝时候萧梁普通三年（522），在这一年，梅州地区最早的一座佛寺大觉寺在梅县城西建立。唐宪宗元和十四年（819），和尚至性禅师在大埔传教，在英雅坑屋建立万福禅室，后来在明英宗天顺四年（1460）改建为万福寺。唐文宗太和年间

---

① 王汀生、王延红：《广东佛教的传播和发展》，《广州师院学报》（社会科学版），1997 年第 4 期。

（约831）僧人潘了拳（即惭愧祖师）到今梅县雁洋阴那山结茅为寺（861年改建为圣寿寺，1385年扩建改名"灵光寺"），以后梅州各地佛教盛行，寺庙林立。大埔自建万福禅室始，到民国三十二年全县有寺庙庵室153所；梅县自圣寿寺始，到民国二十九年全县有大小寺庙300余所；蕉岭自明永乐年间在文福建"缘广堂"始，到道光年间有50多所；兴宁自北宋嘉祐三年（1058）在神光山建"南山寿庆寺"始，至清末有100余所。丰顺寺庙多建于元、明、清，著名的有太平寺等。①

　　在韶关地区，早在南朝时期，佛教就已传入此地。晋义熙年间（405—419），曲江县北六里建有灵鹫山寺，寺中有天竺僧人。南朝刘宋泰始七年（471），连州创建光孝寺。萧梁天监初年（502），天竺僧智药在曲江城南创建了月华寺，另在浈阳（今英德）创建了金龙岩寺；大通年间（527—528），浈阳县南山又建起了果业寺（后名圣寿寺，又名南山寺）。仁化县北亦建有临江寺（又名游仙寺）。曲江河西的仁寿光运寺，隋时称为仁寿台（中唐改建广界寺，南汉改名仁寿寺）。今南华禅寺的前身，本是宝林古寺，隋末毁于兵火，因慧能入主曹溪而重建。慧能驻锡韶州时，韦刺史请他说法的大梵寺（后名报恩光孝寺），亦至少建于唐显庆末年（660）之前。此外，始建于唐的佛寺，曲江还有万寿寺（原名万一寺）、善化院（明改善化寺，清改善果寺）、广果寺和正觉寺，乐昌县有临泷寺（宋以后改名众善寺），仁化确大云寺、云龙寺塔、渐溪寺塔，治洸有开元寺和舍利塔，翁源有耽石院，始兴有上丰寺（原名观石寺，明初改为丛林寺，成化八年易此名），浈昌（今南雄）有晓真寺、报本寺、云封寺和光孝寺，连州有惠宗寺（即北山寺）等。②

　　河源地区的佛教是在唐朝中期由福建、江西、广东梅县等地传入河源县康禾（西竹庵）和紫金县县城等地，至今有1100年历史。佛

---

① 房学嘉等：《客家文化导论》，花城出版社2002年版，第364—365页。
② 韶关市地方志编纂委员会：《韶关市志》（下）卷19《社会·宗教信仰》，"佛教"条，中华书局2001年版。

教传入河源后，相继建造寺庵。紫金县建有紫金庵、观音堂、祇陀林、广福庵等 20 多座；东源县有康禾的西竹庵；河源城区有金花庙；龙川县有霍山灵山寺、水坑观音寺、霍山玉麟寺；连平县有崇兴寺。①

第二节　佛教文化对客家民间信仰的影响

佛教文化在赣闽粤边区的传播，对客家民间信仰产生了巨大的影响。它使佛教思想成为客家民间信仰的伦理思想，民间神灵与佛教之间出现密切互动，民间信仰吸收了不少佛教神灵，而且也引起了佛教的民俗化。

一　佛教思想成为民间信仰的重要伦理思想

普度众生，指普遍引度所有的人，使他们脱离苦海，登上彼岸。在佛教人士看来，大众营营扰扰，如溺海中，诸佛的出世，就是为了救赎在这个世界上深受苦难的芸芸众生。佛以慈悲为怀，施宏大法力，尽力救济他们以便登上彼岸。在佛教中，把芸芸众生所居的世俗之境称为"此岸"，把菩萨和佛生活的境界称作彼岸。帮助世人脱离俗境，到达佛的彼岸世界，称为"度"。"普度众生"是佛教中大乘的核心思想，"佛"的本义，就有使人觉悟、普度众生的意思。② 大乘佛教认为，仅仅自己个人得道成佛，那只是小道，要成大道就必须帮助众生得道，方能修成正果。

佛教普度众生的教义，对客家民间信仰影响很大。在客家地区，流传着不少佛祖、高僧救苦救难、帮助穷苦之人的故事。在闽西地

---

① 河源市地方志编纂委员会：《河源市志》第 32 篇《社会生活·宗教》，"佛教"条，方志出版社 2012 年版。

② 佛，梵文 Buddha，音译为"佛陀"，简称为"佛"。梵文中，Buddha 的含义为"觉者"。"觉"有三义："自觉"（使自己觉悟）、"觉他"（使众生觉悟）、觉行圆满（使自己和他人觉悟的道行做得十分圆满），其中，"觉行圆满"是佛教修行的最高果位。凡夫俗子此三项皆缺，道行不高，在佛界中地位较低的"声闻""缘觉"仅做到"自觉"，而"菩萨"则缺"觉行圆满"，只有"佛"才三项俱全。小乘讲的"佛"，一般是用作对释迦牟尼的尊称。大乘除指释迦牟尼外，还泛指一切觉行圆满者。

区，伏虎禅师是当地人们十分崇拜的得道高僧，当地流传很多关于伏虎禅师帮助世人排除困难的故事。康熙《宁化县志》就记载了四则关于伏虎禅师除虎害、掘地出井、祈雨驱旱、显圣息寇的故事："伏虎禅师，招得叶岭人。父叶千益，母曹氏。诞师之日，天为雨花。髫年克尽孝道，施创佛刹，即今伏虎庵。二亲没，遂葬刹前，乃入郡开元寺为僧，名惠宽……州有白额虎为害，午后路绝行人。师入山为虎说法，虎俯伏若受戒律者。州人遂呼为伏虎禅师。时南唐保泰三年也。因长汀平原上有龟峰狮石之胜，众为创庵于此，名曰普护，一名调军岭。高峻无水，师于石上卓锡三下，泉涌如注，至今不竭。保泰七年，汀苦旱，州人迎师祷雨，师曰：'七日不雨，愿焚吾躯。'及期，旱如故。师命积薪，坐其上，厝火未燃，雨下倾盆，是岁大有秋。建隆三年九月十三日示灭。……绍定间，礠寇犯郡城，守者每夜见二僧巡城，戒勿懈，疑即师与定光也。……明嘉靖间，沙寇薄汀，或见两僧金身丈六，自龙堞伸足濯岩潭中，寇骇遁。相传亦师与定光云。"①

因果报应也是佛教的重要教义。佛教《三世因果经》认为，人的命是自己造就的，怎样才能为自己造一个好命呢？那就是要行善积德，不要行凶作恶干坏事。《涅槃经》也说，"业有三报，一现报，现作善恶之报，现受苦乐之报；二生报，或前生作业今生报，或今生作业来生报；三速报，眼前作业，目下受报"。所谓"现报"，就是今世作业今世得报应。今世报有福报也有祸报。这种报应有的报在早年，有的报在中年，有的报在晚年。例如，有的人一生做好事并没有得什么好处，这是因他上一辈干了坏事，这一辈子因他行善积德，抵消前世的罪孽，因善事做多了，前世罪孽抵消了。所谓"生报"，就是前生作孽今生报，今生作孽下世报。例如，有的人本来前世就有孽，今生又不行善积德，继续干坏事，如偷盗、抢劫、坑害别人，诈骗钱、嫉贤妒能、忘恩负义……结果在有生之年，就受法律的惩罚或者生大病受伤致残。所谓"速报"，就是报应来得快，如昨天做坏事

---

① 康熙《宁化县志》卷4，《人物志》，"外教"条，康熙二十三年刻本。

今日遭恶报，上午做坏事下午遭恶报，或者九点做坏事十点就遭恶报。因果报应不仅只是恶报，福报也如此，只要你做了善事同样得速报。

佛教的因果报应思想对客家民间信仰的影响也十分巨大。在赣闽粤边区地方志和文人书籍笔记中，也记载了不少因果报应的故事。

在《赣州府志》中，就记载了一个速报的故事，大意是唐朝一个地方官员，因贪好口福，滥杀怀孕动物，而遭到报应：

> （唐）虔州（即今赣州）司士刘知元，摄判司仓。大酺时，司马杨舜臣谓曰："买肉必须含胎，肥脆可食。"知元乃取怀孕牛犊及猪、羊、驴等，杀之，其胎仍动，良久乃绝。无何，舜臣一奴无病而死。七日复甦，云："见一水犊白额，并子随之见王，诉云枉杀母子。须臾又见猪、羊、驴等，皆领子来诉见。刘司士答，款引杨司马处分如此。"居三日而知元猝亡。又五日而舜臣死。①

> 上杭令陈公名正中，上海人，为人刻意廉苦。予为儿时，犹及见之，通眉细瘦，唾咳矜持，孤行一往，为大吏所严惮，坐是亦不得迁转。耐饥寒，勤民事。即咯血垂殆，犹治簿书。死之日，有市民晓起出户，见陈公仪仗整肃，乘舆入城隍庙，不解何故，至县探之，则陈公已平明属纩矣。庚午，公分校闽闱，门下士有张君世堪、林君慎者。张君亦早卒。林君一子龙哥，病死两日，复甦，云至阴间见世堪执簿籍，若人间判司。其子固素识世堪，求荫庇，世堪曰："有定数，予安能生尔。"检簿阅之，谓"尚有一年活，明岁此时当来也"。又指堂上衣冠巍坐者，示其子曰，"此吾与若父房师陈公也"。后林氏子果活一年而卒。语曰："清刻者入神鬼趣。"陈公为神自不谬。然既已城隍矣，而复为冥司长，岂阴中亦复有升除耶。荣显各于生前，而迁擢速于死后，

---

① 同治《赣州府志》卷七十八《外志》，"杂记"条。

盈缩之理，固如是乎。上杭人多能言之。①

在明人归有光的文集中，也记载了一个因积善好施得到福报的故事：

> 郭义官曰和者，有田在会昌、瑞金之间。翁一日之田所。经山中，见虎当道，策马避之，从他径行。虎辄随翁，驯扰不去。翁留妾守田舍，率一岁中数至。翁还城，虎送之江上，入山而去。比将至，虎复来。家人呼为小豹。每见虎来，其妾喜曰："小豹来，主且至，速为具饭。"语未毕，翁已在门矣。至则随翁帖帖寝处。冬寒，卧翁足上，以覆暖之。竟翁去，复入山。如是以为常。翁初以肉饲之，稍稍与米饭。故会昌人言郭义官饭虎。镇守官闻，欲见之。虎至庭，咆哮庭中，人尽仆。翁亟将虎去。后数十年，虎暴死。翁亦寻卒。嘉靖癸丑，翁孙惠为昆山主簿，为予言此。又言岁大旱，祷雨不应，众强翁书表焚之。有神凭童子，怒曰："今岁不应有雨，奈何令郭义官来，今则不得不雨。"顷之，澍雨大降。然翁平日为人诚朴，无异术也。予尝论之：以为物之鸷者莫如虎，而变化莫如龙。古之人尝有以豢之。而佛、老之书，所称异物多奇怪，学者以为诞妄不道。然予以为人与人同类，其相戾有不胜其异者。至其理之极，虽夷狄禽兽，无所不同。子思曰："喜怒哀乐之未发，谓之中；发而皆中节，谓之和。致中和，天地位焉，万物育焉。"学者疑之。郭义官事，要不可知。呜呼！惟其不可知，而后可以极其理之所至也。②

例如，连城县城关的城隍庙是一座道教庙宇，但庙中数副对联，却是反映佛教的因果报应思想。

---

① 乾隆《汀州府志》卷 45《杂记·丛谈》。
② （明）归有光：《归有光文选》，钱仲联编，苏州大学出版社 2001 年版。

三炷香，几张纸，保你身，保你子孙昌盛，任你虔诚祷告；一寸心，两条路，也有善，也有恶，也有是非功过，凭吾簿籍施行。

善报恶报迟报速报终须有报；天知地知你知我知何谓无知。

人恶人怕天不怕；人善人欺天不欺。

作恶不灭祖有余德德尽乃灭；为善不昌祖有余殃殃灭乃昌。①

二 民间神灵与佛教之间的互动

佛教在赣闽粤边区的传播，对当地民间信仰的影响极深。因为佛教是正统宗教，历来受到统治阶级的扶持，其地位远远高于民间信仰，佛教神灵是"正神"，而民间神灵往往只是"野神"，所以民间神灵如能攀附上佛教神灵，能与佛教神灵进行交通和互动，自然有利于抬高自己的身份。因此，不少当地神灵的神迹故事中，往往附会上了与佛教神灵相互交往的内容。兹以闽西地区的欧阳真仙与观音菩萨等佛教神灵交往的故事为例，于此稍作说明。

欧阳真仙，福建清流地方的一位祖先神，其信仰圈遍及闽西各地，是当地人们热烈信仰的一个民间神灵。据《清流县志》记载：真人仙逝后，村民为其雕塑偶像祀奉于丰山顺真道观。自此，香火不断，每到重大节日，清流、连城、长汀、永安、宁化、明溪等县、市朝拜的香客，日达千众。每年春夏秋季，信徒都出资抬真仙偶像至各县城乡打醮、祈福。佛教在闽西传播甚广，亦对欧阳真仙信仰产生深刻的影响。欧阳真仙信仰吸收佛教教义，接受佛教对自己的改造，对自己的神职进行发展与完善。民众开始称呼仙公为菩萨，在真仙庙宇，进行的也是佛教的崇拜仪式。当地一些大的寺庙，也把仙公搬进了"大雄宝殿"。欧阳真仙的祖庙在大丰山，相传那里是他长期修道的地方。佛教对欧阳真仙的改造，最具体的表现就是：把欧阳真仙从

---

① 林水梅、谢济中：《连城县城关的城隍庙会》，见杨彦杰主编《闽西的城乡庙会与村落文化》，香港国际客家学会、海外华人研究社、法国远东学院1997年版，第22—23页。

大丰山请到了灵台山。灵台山是闽西著名的佛教圣地，主要供奉如来、观音等佛教俗神，当然还有地方佛教俗神（定光古佛、伏虎禅师、清水祖师①）陪祀。而这些陪祀的俗神中还有欧阳真仙这位道教俗神。在当地有欧阳真仙丰山修道，成仙在灵台山的传说，欧阳真仙在大丰山修道，一日前往南普陀山朝拜观音菩萨，回来时因路途遥远，又要渡海、过江碰到极大的困难。观音菩萨看出欧阳真仙的忧虑。招来后山三只小龟，询问谁愿意护送真仙回大丰山。其中有头最小最乖巧的小龟，抢先说出"我去"。送真仙回来的小石龟很有智慧，提醒真仙说，大丰山不如灵台山，灵台山才真充满灵气，这是如来佛一百年来一次的地方，住在这里，等待如来佛祖给我们传法，在此修成正果。不多久，如来佛果然来了，就在这灵台山给他们传授心法，他们提前成仙了。②

三　佛教神灵成为客家民间信仰的重要对象

佛教对客家民间信仰的影响，还体现在不少佛教神灵成为客家社会普遍信仰的神灵上。如观音、吉祥佛、定光古佛、惭愧禅师、清水祖师、伏虎禅师等。

（一）观音

观音菩萨是客家社会中最为普遍的佛教神灵。"观音"是"观世音菩萨"的简称，它是佛教中慈悲和智慧的象征，无论在大乘佛教还是在民间信仰，都具有极其重要的地位。以观世音菩萨为主导的大慈悲精神，被视为大乘佛教的根本。佛经上说，观世音是过去的正法明如来所现化，他在无量国土中，以菩萨之身到处寻声救苦。观世音与阿弥陀佛有着特殊的关系。他是西方三圣中的一尊，也是一生补处的法身大士，是继承阿弥陀佛位的菩萨，还有说观世音就是阿弥陀佛的化身。观世音菩萨具有平等无私的广大悲愿，当众生遇到任何的困难

---

① 清水祖师，闽台两省民众信仰的主要佛教俗神，又称"麻章上人"，在闽台民俗信仰中有很大的影响力。

② 清流县志办公室，清流文化馆：《清流民间传说故事》，第 8 节《欧阳真仙》，1985 年。

和苦痛，如能至诚称念观世音菩萨，就会得到菩萨的救护。而且观世音菩萨最能适应众生的要求，对不同的众生，便变化不同的身相，说不同的法门。在佛教的众多菩萨中，观世音菩萨也最为民间所熟知和信仰。在客家社会中，观音信仰是最为普遍的神灵信仰，所谓"家家阿弥陀，户户观世音"，乡野村落、城镇市井间，观音宫神坛或高涧观音、大士庵一类庙宇比比皆是。观音为何受到客家先民的喜爱乃至崇拜？这可能是她身上散发的母性般慈爱的感染力所致。客家人辗转播迁，历经千辛万苦，来到贫瘠闭塞的山区安家落户，苦难的心灵需要寻求宗教的慰藉，观音给予人安详、平稳的安全感。所以在生产力和医疗水准低下的农耕社会，客家地区的老百姓往往视观音为守护神加以崇拜，加上受到原住民多神崇拜的影响，出现送子观音、千手观音等观音形象，人们通过设置简单的神坛（有时无须观音具体偶像），进行供奉参拜。

客家人的观音信仰，形式多样。有的到佛寺中进行敬拜，有的专门建有观音阁，有的是在其他神灵庙宇中作为配神供奉，有的则是在家中长期供奉。

在客家地区，不少地方建立了专门供奉观音的寺庙。客家地区佛教盛行，建有不少佛寺，每座寺庙都供奉观音塑像，成为善男信女最为执着的敬拜神灵。除了到这些寺庙敬拜观音之外，客家人还建立了不少以供奉观音为主神的寺庙。如：

会昌县："观音堂，在县南林冈坝左，背依山麓，面瞰湘水。明正德间建，隆庆庚午重修，知县董霽易其名曰'水月禅院'。""观音阁，在会昌峡。嘉庆丁丑毁于火，庚辰募捐重建。"①

石城县："观音堂，城隍庙后，康熙四十七年戊子知县陈嘉倡建。""观音阁，城北四十里大琴水口，陈姓建，陈嘉谋助香油田租二十石。阁临溪高岸巨石中，祀大士，前建参庭，溪中一鼓石，水落时高出二丈余，一鲤石稍俯。郡庠陈自铨题柱云'石鼓振清溪隐通南海，金鱼吞法水活透西江。'乾隆二年丁巳六月初八，雨暴涨，上流

---

① 同治《会昌县志》卷30《寺观志》，清同治十一年刻本。

一石大五七尺，厚三尺余，文理叠叠若莲瓣，顷刻至阁前，与鼓石相间，二三矗嵬，交聚为奇，游者赏焉。"①

连城县："观音阁　县北二里教场前，万历二十七年建。"②

永安县，"观音院　四十一都。""观音阁　东门内。一阁巍然，为县补空障缺。万历十八年毁于火。"③

在梅州市城区东南方的黄沙嶂，有一个叫"高观音"的地方，海拔约800米，坐落在梅江盆地边缘，是俯瞰梅城全景的第一高峰，是梅州客家人登高览胜的好去处。高观音原是黄沙嶂峰顶的一座岩檐。据传，不知何年月，有信善在岩中置一观音座像瞻拜，拜后在峰顶见佛光天庭，此为"开天眼"。从此香火旺盛，特别是农历九月，登高拜观音更是梅城人的喜好，高观音由此声名远播。现在的高观音建有佛堂、钟楼、斋堂和游客休息的凉亭、眺望梅城的观景台，已从原来悬崖下一个简朴的神坛变身为集宗教禅林和旅游休闲于一体的文化胜地。④

在客家地区，客家人祭拜观音的方式，最为常见的是在庙宇中摆设观音的塑像、画像或书有"观音菩萨"的神位。客家人的神灵信仰属于多神信仰，单一宗教性质的庙宇很少，更多的是众多神灵混集于一庙，其中，几乎每个庙宇都会祭祀观世音。例如：

位于福建省长汀县策武乡策田、策星村的东华山上有一座"三仙庙"，历史十分久远，据说早在宋代就已建立，历时数百年，一直香火不断。现在的庙是几十年前重新修建的。庙分上殿、下殿。上殿在山顶，供奉着丘、王、郭三姓神仙，当地人称为"三佑真仙"。下殿位于半山腰，庙所由大雄殿及两侧横屋组成。大雄殿分为上厅和下厅。上厅供奉着上述三仙。在该庙的下殿，除了供奉"八仙""罗公

---

① 道光《石城县志》卷3《经制志·寺观》，清道光四年刻本。

② 康熙《连城县志》卷3《建置志·庙宇》，福建省地方志编纂委员会点校本，方志出版社1997年版。

③ 顺治《永安县志》卷8《寺观》，福建省地方志编纂委员会点校本，方志出版社2004年版。

④ 刘奕宏：《高观音与客家民间信仰》，《梅州日报》2012年1月4日。

祖师"等道教神灵和民间神灵之外，还供着观音和弥勒等佛教神灵。①

南靖县书洋乡下版村，在刘氏祠堂里，横列着三张供桌，每桌供置一个香炉，正中没贴红纸的是祖先香炉，其左的香炉所贴的红纸上墨书"射猎先师"，其右的香炉所贴的红纸上墨书"观音菩萨"。在塔下村的张氏祠堂里，右边的神龛供奉着设计该祠堂的风水师的神牌，而在正中祖龛左边的神龛上，则供奉着观音菩萨。②

其实，一直以来观音在客家地区广受尊崇，乡野村落、城镇市井间，观音宫神坛或高涧观音、大士庵一类庙宇比比皆是。除了上述这些建有专寺，或在家里设有神位之外，客家人更多的是把观音当作一种无所不在、无所不应的心中佛，即使没有具体的偶像，也丝毫不影响人们在心中对她的敬仰和崇拜。在客家地区的信男善女们，无论是在家祀还是到寺庙朝拜，或是遭遇危急艰险，一般都会默念"大慈大悲的观世音菩萨来保护我"，以求得到该神灵的庇佑。

（二）吉祥佛

吉祥佛是另一位颇受客家人敬仰的佛教神灵。有人认为吉祥佛可能就是吉祥童子，"佛将成道时，奉吉祥草之童子"，以后被菩萨度以成佛。又有人认为，吉祥佛是观音娘娘身旁的金童。而民间则传说是弥勒佛的第九个儿子，在其九子中，唯吉祥得道成仙。在众神佛中，吉祥佛也是很受客家人敬仰的神灵，尤其得到那些想乞求得子的客家妇女的青睐。无论在乞子的人数上还是在次数上，它都占众神之首。在客家地区，吉祥佛在神庙里是小男孩的形象，笑容可掬，形象可人，身穿小儿的开襟衫，背一个布口袋，裸露生殖器。在闽西客家各县中叫法不一。长汀叫"吉祥子""吉祥哥"，永定称"哥哥佛"，而上杭、武平又名之为"招娣哥"。在乞子的方法上，客家各县大同小异，只是祷词略有不同。一般的方法是：祈子妇女在吉祥佛前的香案上摆上祭品后，烧香跪拜，并边拜边念祈祷词。长汀妇女念的祷词

---

① 陈永钊：《东华山的求签习俗》，《民俗研究》1999 年第 4 期。

② 郭志超：《客家猎神的发现与寻根》，《民俗研究》2000 年第 3 期。

是"吉祥子，吉祥佛，不要在冷庵冷庙坐，到我的肚中坐，家有高床滑布暖被窝"。在永定祷词变为"哥哥佛，哥哥佛，不要在冷庵冷庙坐，带你回去做阿哥"。上杭、武平的祷词则为"招娣哥，招娣哥，不要在这里坐，到我肚中坐"或"招娣哥，不要在冷庵冷庙坐，带你回去做阿哥"。长汀的乞子妇女祈祷后，还要从泥塑的吉祥佛的生殖器上刮一点泥土带回家中冲水服下，她们以为这样就能生男孩。而永定的求子妇女在祈祷后则要反复玩弄吉祥佛的生殖器，有的边摸还边往自己的身上比画，然后将钱放到吉祥佛的口袋里。以后如果应验得子，应将吉祥佛身上的旧衣服换上簇新的衣报，以示感谢。① 吉祥佛为什么会被客家妇女当作乞求得子的神灵呢？笔者认为，有两个因素值得考虑：一是因为观音菩萨有送子功能，而吉祥童子是观音座前的侍童，所以人们把吉祥童子看成观音娘娘的徒弟，自然被认为具有同样的神灵功能。二是该神灵是小男孩形象，使人容易把它与新生小孩子联系起来。在客家地区，至今还存在这样的习俗：在结婚的时候，会抱一个一两岁大小的男孩到新铺的床上爬滚，以示将来新郎、新娘能够得子，如果恰逢小孩撒尿到床上就更好，预示沾了童子尿，受孕得子的概率更高。

（三）定光古佛

在闽西、台湾和其他客家地区普遍信仰的定光古佛也是佛教之神。定光佛，或称燃灯佛、普光如来、灯光如来、锭光如来，是过去庄严劫中所出世的千佛之一。据说其出生时，夜如白昼，满室生辉，所以称为"燃灯太子"。《大智度论》卷九亦云，"燃灯佛生时，一切身边如灯，故名燃灯，成佛后亦名燃灯"。据《贤愚经》卷三《贫女难陀品》所载，过去久远二阿僧祇九十一劫，阎浮提有大国王，名波塞奇。王有太子名勒那识只（即宝髻），出家学道而成佛。时比丘阿梨蜜罗日日燃灯供养彼佛，佛乃为比丘授记，告知当来成佛，名"定光如来"。此系燃灯佛昔时曾从宝髻佛受记之因缘。燃灯佛还曾为释迦牟尼授记，据《瑞应本起经》卷上所述，释迦牟尼过去曾是虔

---

① 张泉福：《闽西客家妇女祈子俗评析》，《龙岩师专学报》1991 年第 1 期。

诚敬佛的善慧童子，当时他曾重金买下一枝稀罕的五茎莲花，供养给燃灯佛。由于莲花是佛教中的圣花，五茎莲花更是圣花中之珍品。因此，这个供养使燃灯佛深为高兴，佛在欢悦之余，给这位童子授记，预言他将在九十一劫之后的贤劫时成佛，授释迦牟尼佛。随着佛教在中国社会的融入，"燃灯古佛"亦在民间得到广泛崇奉。如在白莲教编造的大量经书、宝卷中，到处可见燃灯的名号，诸如"古佛""燃灯""真空老祖"等，比比皆是。并且随着佛教的流传，定光佛信仰也逐渐出现民俗化的现象。

　　客家人的定光古佛信仰，最初产生于闽西。根据地方文献的记载，闽西地区的"定光古佛"，俗姓郑，名自严，为宋代福建泉州同安人。自严11岁时出家，得佛法后，到福建长汀县狮子岩继续修度，17岁得道，出游豫章（今江西省南昌），江中蛟龙害人，为地方斩龙去害。他在渡怀仁江时见蛟龙害民，便说偈告诫蛟龙，从此江中不复有蛟祸；55岁隐居汀州府武平县南岩时，山里多猛虎、大蟒，定光古佛居住岩洞，摄衣趺坐，虎、蛇皆驯服。其中一只老虎扑食牛犊，他削木书偈语，翌日老虎就死在道路。当地人民视为神明，特地为其建庵居住。他圆寂时享年82岁，赐号"定应"。传说在定光古佛寂灭200多年后的绍定年间，匪寇围攻汀州城，定光古佛显灵御贼，州人列状奏告朝廷，奉旨封为"定光古佛"，并赐额"定光院"。① 僧人自严圆寂后，受到人们崇奉，纷纷建庙祭拜，其中最有名的当数武平的均庆寺和永定的鄞山寺。其后，定光古佛信仰通过不同的方式传播到客家地区，成为客家人的重要信仰。其影响不限于闽西，在江西和广东等地也有一定的影响，"自江以西，由广而南，或刻石为相，或画像以祠，家有其祀，村有其庵"。②

　　明清时期，随着大量闽西客家人渡海入台，他们把家乡的定光古佛信仰也带到了台湾。据台湾文献记载，当时居住在淡水一带的客家

---

　　① 《敕赐定光圆应普慈通圣大师》，见（宋）胡太初修、赵与沐纂《临汀志》，福建人民出版社1990年版，第164—166页。

　　② （宋）胡太初修、赵与沐纂：《临汀志》，福建人民出版社1990年版。

人，家家户户都供奉定光古佛。台湾最早的定光古佛庙建于乾隆二十七年（1736），坐落于彰化县北门。台湾最大的定光古佛庙是淡水鄞山寺，建于道光三年（1823），由汀州人罗可斌、罗可荣发起建庙，为了迎奉家乡神灵的真身，他们不辞辛苦，从家乡运来建筑材料建起寺庙，并从永定县鄞山寺迎来定光古佛，建立淡水鄞山寺。

（四）惭愧祖师

广东客家地区所普遍崇奉的惭愧祖师，亦由佛教僧人死后成神，为人所祀，由佛教信仰转化成民间神灵的。惭愧祖师乃唐代福建沙县人，俗姓潘，名了拳，为唐代佛教高僧。相传惭愧祖师出生时，左手握拳，不能伸开，其母认为是不祥征兆，便取名为"拳"，三天后，由一个衣衫褴褛的托钵和尚上门点化，在小孩左拳上写一个"了"字，紧握三年的拳头才开始慢慢张开伸直：

> 惭愧，为阴那开山地一祖，俗姓潘，名了拳，别号惭愧，闽之延平沙县人。父名德彰，母丘氏。家世好善。夫妇并喜施，师托生焉。生之夕，有祥云盖其家。时唐宪宗元和十二年三月二十五日也。初生，左拳曲，父因名"拳"。越三日，一僧至家，父抱儿出示僧，僧问父儿取名否？父曰："已名拳矣。"僧以笔书"了"字于拳，指忽自伸，因名"了拳"。僧摩儿顶曰："是儿不凡，他日当成佛，作祖。"①

了拳17岁时，乃上沙县淘金山锭光禅院出家为僧，后悟道，成为一代高僧。这里至今还流传着穿山浮木、救舟显灵等神奇故事。此外，了拳无论出生的区域，或出家的寺庙，还是他日后弘化的地区，如程乡县（即今梅州）、大埔县、兴宁县，都是后来著名的客家大本营区域，所以宋元以降，惭愧祖师实际上成了客家人普遍信奉的神灵。

---

① （明）李士淳撰：《阴那山志》卷1《惭愧祖师传》，钟东点校，中华书局2006年版。

　　清代闽粤先民携带惭愧祖师神像，来到南投县鹿谷乡开垦，并建立了庙宇，对于当时原住民的侵扰，有庇护的功能，于是附近地区纷纷分灵奉祀，如鹿谷乡的祝生庙、灵奉庙、凤凰山寺；竹山镇三元宫及埔里镇的福同宫、天旨宫等。目前台湾的惭愧祖师庙，十之八九都集中在南投县境内，被当作汉人开发南投的重要守护神，主奉庙宇，共有 17 处，主要分布于鹿谷乡、竹山镇、集集、中寮、埔里等地。有学者据田野调查统计，台湾供奉惭愧祖师的地方公庙、部分的民宅公神及私人神坛，初步估计约 85 座，其中南投县一地占了 67 座①，足见其在台湾民间信仰中的影响。

　　（五）清水祖师

　　清水祖师俗姓陈讳荣祖，法名普足，福建省泉州永春县小岵乡人，生于宋仁宗庆历四年正月初六，殁于宋徽宗靖国九年五月十三日，被朝廷敕赐“昭应广慧善利慈济大师”封号。陈荣祖自幼在大云院出家，后有小成，于是便到高太山结茅筑庵，闭关静坐，后经大静山明松禅师指点，参读佛典三年，终于悟道，并得明松禅师衣钵。悟道后，祖师在永春、安溪一带行医救世，祈降甘霖，独力募化、修桥铺路，被当地人尊称为“麻章上人”“清水祖师”。清溪蓬莱刘氏贡献张岩山，为其筑一精舍，延请祖师居住，后来精舍扩展为庙宇，这是蓬莱祖殿的由来。明清时期，随着闽人入台大潮的兴起，清水祖师信仰也带到台湾和东南亚。如在台湾：艋舺清水岩，建于清乾隆五十五年（1790），清咸丰三年（1853）遭焚毁；同治六年（1867），白其祥募款重建。殿内主祀清水祖师，配祀天上圣母、文昌帝君、关帝圣君、大魁夫子、福德正神等神祇。艋舺清水岩是台湾最古老的清水祖师庙，台湾其他地方所供奉的清水祖师，很多都是从这里分香出去的。淡水清水岩，位于台北县淡水镇清水街 87 号。乾隆年间捐建，嘉庆二十年（1815）重修，咸丰年毁，同治六年（1867）重修，主祀清水祖师。石泉岩，位于台北市大安区和平东路三段二〇六巷 100

---

　　①　林翠凤：《台湾惭愧祖师神格论》，《海峡两岸宗教与区域文化暨梅山宗教文化研讨会论文集》，中国社科院世界宗教研究所编印，2010 年。

号，俗称六张犁祖师庙。始建于清道光二十四年（1844），供奉清水祖师，兼祀释迦佛、弥勒佛、观音、玉皇大帝、关帝、天后、杨戬、中坛太子、齐天大圣等。草滥清水宫，位于基隆市七堵区泰安路二巷10号。清咸丰年间，部分艋舺人因避战争及洪水灾害恭奉清水祖师至草滥垦荒。1951年，翁诗生当头人时将草寮改建为庙。宫庙主奉清水祖师，有老祖、二祖、三祖、寄祀、镇殿各一尊，协侍杨道、周明，另有玄天上帝四尊，妈祖、土地公二尊。因宫内附设北管乐团，故奉祀西秦王爷、田都元帅两个乐神。平安宫，位于台北县淡水镇沙仑里10邻大庄64号，1966年动工兴建，1971年竣工，信徒为港仔一带民众。中殿奉祀祖师四尊、天师一尊、玄天上帝、观音、文财神、太子爷、土地公各一尊。左殿奉关帝、五谷王、太子爷各一；右殿奉土地公三尊。龙岩宫，位于台北县瑞芳镇龙川里1邻一坑路30号。宫内主奉清水祖师，有老祖、落鼻祖、大陆祖各一尊，炉主祖二尊，分身八尊。宜兰光明寺，位于宜兰市西门路93号。寺庙中央神龛奉祀清水祖师镇殿三尊，分身五尊，杨道、周明协祀。神龛上奉杨道、周明各一尊，妈祖二尊、关帝二尊，玄天上帝及阎王天子（包拯）各一尊。左龛有观音六尊、天后一尊。右龛有土地公11尊。此外，还有位于彰化县秀水乡的清龙岩，位于台中县龙井乡的龙泉岩，位于彰化县二林镇的新兴宫，以及位于彰化县福兴乡的大仑清兴宫，位于高雄县湖内乡的叶厝甲清水宫，等等，都祀有清水祖师像。

除了台湾之外，清水祖师信仰也随着大批福建人的外迁而传播到海外。1574年（明万历二年），华侨就在泰国北大年建造庙宇，供奉清水祖师，称"祖师公祠"，这是东南亚最早的清水祖师庙。后来，因为该祠增供妈祖，才改名"灵慈宫"。自19世纪30年代以后，新加坡、马来西亚、印尼、缅甸、泰国、菲律宾、越南等地又陆续建起了不少供奉清水祖师的庙宇。仅新加坡就有金兰庙、蓬莱寺、镇南庙及天公宫等庙宇主祀或附祀清水祖师，而马来西亚主祀清水祖师的"蛇庙"更是名闻遐迩，还有就是在马来西亚霹雳州的"清云檀"，供奉的是清水祖师、三平祖师、三代祖师。由此可见，清水祖师信仰在海外华侨华人中是很盛行的。

清水祖师信仰发源于泉州，一般认为这是属于闽南人的神灵信仰。然而，随着清水祖师的活动范围不断扩大，清水祖师的信仰也不断传播到泉州之外的漳州、汀州、台湾和东南亚一带，"自上游延、建、汀、邵，以及下游福、兴、漳、泉，晋殿而分香火者，不胜纪数"①。汀州是客家人的聚集地，邵武、延州、建州和漳州也有不少客家人，随着清水祖师信仰在这里的传播，该神灵也成为客家人的信仰对象了。

四　客家地区佛教的民俗化

佛教的传播对客家地区民间信仰的影响，还体现在佛教与客家民间信仰的相互融合上。两者的相互融合，表现在两个方面，一是客家民间信仰中吸收了佛教的因素；二是佛教在赣闽粤边区传播过程中，也接纳了一些当地民间信仰的元素。对于前面第一点，我们在上面已经作了充分说明。下面我们着重谈谈第二点，即佛教在客家地区传播过程中，吸纳了大量当地土著因素，出现佛教民俗化的现象。

赣闽粤边区的佛教神灵，其形成时间大多在唐宋时期。而这一时期，这一地区基本处于尚未开发或初步开发状态，总的现象是环境闭塞，经济落后。明代嘉靖年间南赣巡抚虞守愚在谈到赣闽粤边区的地理环境时这样概括："臣所辖地方，俱系江湖闽广边界去处。高山大谷，接岭连峰。"② 光绪《嘉应州志》在谈到过去嘉应州的自然环境时也说，"嘉应峻岭巨嶂，四围阻隔，与濒海不同，又前此人物稀少，林莽丛杂，时多瘴雾"。③ 由于地理环境闭塞，交通不便，使赣闽粤边区的社会经济文化长期以来得不到开发和发展。据史籍记载，汉唐时期，赣闽粤边区的主体居民是"俚""越""畲""峒"等土著民族，他们的生活方式是"耕无犁锄，率以刀治土"④，"俱无君长，随

---

① 《清水岩志·历代文诗联》。
② 嘉靖《虔台续志》卷4《事纪》。
③ 光绪《嘉应州志》卷3《气候》。
④ （清）屈大均：《广东新语》卷7《人语·輋人》。

山洞而居"①，完全过着一种原始公社氏族民主制时代下的刀耕穴居生活。福建西南部更是荒凉，当时汀州"地多瘴疠，山都木客丛萃其中"。②"当造治之初，凡斫大树千余，树皆山都所居，天远地荒"。③漳州则广泛分布着"莫徭"和"游艇子"两种"夷种"，"薜鹿莫徭洞，网鱼卢亭洲"④的诗句就描写了当时漳州山居和水居两种主要居民的状况。在比较偏远的山区，还居住着"身毛楂楂"的土人，由于其经济文化落后，风俗信仰特殊，而被诬称为"众祟""大魅""蛇虺"。此外，粤东和赣南地区也大量存在"形如人而被发迅走"的原始土著："凤凰山一名翔凤山，有凤凰水，昔有爰居于此集因名之，山多相思树，中有神形如人，被发迅走。"同书潮阳县条云："山都，神名，形如人而被发迅走。"⑤"虔州上洛山、多木客，乃鬼类也，形似人，语亦如人，遥见分明，近则藏隐。能斫杉杭，聚于高峻之上，与人交市，以木易人刀斧。交关者，前置物杭下，却走避之。木客寻来取物，下仿于人，随物多少，甚信直而不欺。有死者，亦哭泣殡葬，尝有山行人遇其葬日，出酒食以设人。"⑥从文献描述中可以知道，这些土著居民多栖息在山涧洞崖，过着刀耕火种、以物易物的原始生活。赣闽粤边区开发程度低，社会经济不发达的情况，从赣南、闽西和粤东北这三个区域的比较中可以看出来。赣南由于地近中原，且有当时成为连接岭南与中原主要大动脉的赣江—大庾岭通道贯穿其中，所以开发程度要远远高于其他两个地区。即便如此，甚至到了宋代，赣南仍然是"驿路荒远，室庐稀疏，往来无所庇"。⑦宋代福建仍然被时人谓为"绝区"："汀处闽山之穷处，复嶂重

① （唐）魏征：《隋书》卷82《南蛮传》。

② （宋）乐史：《太平寰宇记》卷102，《江南东道十四·汀州》引《牛肃纪闻》。

③ （清）杨澜《临汀汇考》。

④ 《全唐诗》卷264，顾况《酬漳州张九使君》。

⑤ （宋）乐史：《太平寰宇记》卷158《岭南道二》，"潮州·海阳县"条。

⑥ （宋）乐史：《太平寰宇记》卷108《江南西道七》，"虔州，赣都县"条。《舆地志》一书为南朝的顾野王所著："《舆地志》三十卷，陈顾野王撰。……（南朝）陈时顾野王抄撰众家之言，作《舆地志》。"（《隋书》志第二十八《经籍志二》）

⑦ （元）脱脱等：《宋史》卷328《蔡挺传》。

峦……于福建为绝区。"① 汀州府，"地势平夷，方数十里，而卧龙山突起平地中，府半壁高挂其巅"。② 粤北甚至到清代也依然被称为"天末日出之区"：粤东北程乡县，"吾程邑僻阻海滨，南距吴，北距燕，不啻数千里，而遥称为天末日出之区"。③

与社会经济不发达相关联的是，这里土著文化深厚，保留着浓厚的"尚鬼信巫"的习俗，深刻地影响着民众生活的方方面面。

赣闽粤边区历来是一块迷信风气十分浓厚，充满神秘色彩的地方，地方文献对此屡记不绝。"（南安府）俗颇信巫，凡疾病、死亡、祈禳、追荐，更有于父母年六七十，进设坛请僧道虔诵经藏，往各祠行香祈祷。"④ "赣俗信巫。婚则用以押嫁，葬则用以押丧，有巫师角术之患。"⑤ "（汀州）俗尚鬼信巫"，"民有疾，率舍医而委命于巫，多致夭折"。⑥ "（兴宁县）病鲜服药，信巫觋，鸣锣吹角，咒鬼令安适，名曰跳茅山。"⑦ 这种迷信风俗一直延续到现在，如逢"丁日"不理发；丧葬建房时要看风水；婚嫁、出行时要拣个"好日子"；农村每逢"分龙"日（即夏至后第一个辰日），不准挑尿桶出门、在室外晒衣裳；用"藏禁"方式（请巫觋辟邪消灾）给小孩治病，打结草龙驱赶虫灾，迎请道士打醮祈雨救旱，等等。

赣闽粤边区这种浓厚的巫术风气，对佛教的影响也很大。作为外来文化，佛教在赣闽粤边区传播过程中，也必然沾染上当地的文化因素。

例如，前面提到的惭愧祖师，作为一个得道高僧，他在弘扬佛法的过程中，所使用的技艺，其实与佛教理念格格不入，带有明显的神秘色彩。惭愧祖师的神异故事，集中记载在《阴那山志》的

---

① （宋）王象之：《舆地纪胜》卷132《福建路》"汀州"之"风俗形胜"条。

② 《读史方舆纪要》卷98《福建四·汀州府》。

③ （清）刘广聪纂：康熙《程乡县志》，引李士淳撰《序》。

④ （清）光绪版《南安府志补正》卷1《风俗》。

⑤ 同治《赣州府志》卷20《舆地志》，"风俗"条。

⑥ 《临汀志》，祠庙，第60—68页；《名宦·陈晔》，第143页。

⑦ 《兴宁县志》卷13，民国十八年铅印本。

《惭愧祖师传》一文中。这篇传文篇幅不大，仅千余字，却十分生动地刻画了惭愧祖师的形象。尤其是对惭愧祖师的种种神异之处，用墨虽不多，但字字传神。在这篇传文中，共介绍了惭愧祖师如下法术：

1. 生即神异："师初生，左拳曲……一僧以笔书'了'字于拳，指忽自伸。"

2. 画地为牢："师常从众牧，以杖画地，数十牛眠齿其中，不敢逸，而更乃肥腯。"

3. 炙鱼复活："或饷以炙鱼，则祝而纵之，水中复活。"

4. 以指刻石："有石如伏虎状，每趺坐其上，留有坐痕。并以指甲镌'大生石头'四字。""殆幽人洞天也。道旁有石尺许，师以指甲镌成一盆，引满清流，便人饮濯，今甲痕历如。"

5. 化果成金："临行遗三米果，于严家以罐封贮，嘱七日启视，当成世宝，亦以云报也。惜严三日遽启之，果生芒毛，有金毛，而宝不成矣。"

6. 卓锡取泉："埔田有二寺，一名'清泉'，一名'龙泉'，相传皆经师卓锡取泉。""师欲浣衣，母言水远，师卓锡成井；中有石龟，至今存焉。虽极亢旱，其水不竭。"

7. 折苇渡河和"乘石渡河"："至神泉市，无舟待之久矣，师乃折苇渡河。""出至江口，苦无楫，遂乘石渡河，石开莲花，今存江浒，其形宛然。"

8. 弃履化鲤："途遇耦耕者，从之求浆，咨且詈师，偶抛只履于田中，忽一鲤跃起，群捕之弗获，几落乃事。"

9. 淋谷不濡："母晒谷，命师守之，适骤雨至，点水不濡。"

10. 濯足池清："抄化入蓬辣坑，洗鞋于池，池水忽清，游鱼鳞甲，濯濯可数。"

11. 隔锅烹茶："道渴求茶，有戏之者曰：'若斋人也，如能去荤，则得茶。'遂以苇隔锅烹茶饮之。"

12. 现身成像："（师）端坐而逝，时懿宗咸通乙酉之六年九月二十五也。众为铸铁塔，以藏其骸。复谋曰：'师既圆寂，当明像以信之。'遂精备香木，请匠雕刻。匠欲举器不能。忽一僧从门直入，问匠曰：'当欲何为？'对曰：'特刻师像，小匠前未亲师颜容，以是迟忧。'僧曰：'你观我像即得。'音讫忽隐，遂成师像。"

13. 立券造寺："（师逝）越三年，师自化身往江西抄化，与王府匠人立券造寺。匠如期至，问守庵者，答云：'师已坐化三年矣。'匠谒师，见师遗像，宛如前僧，遂祷于师，因寝座下。是夜梦师语已券在此，可起取之。匠觉，见师衣襟微露一纸，取视之，则前立合同也。众异其事，因共捐金建寺。"

14. 显灵护航："迨至明高祖皇帝建元十八年寺僧德望募金重修，功费浩繁，不能竣役。适侍御史梅鼎出巡于潮，至蓬辣滩。滩水汹涌，舟沉者半矣。师现身舟中，舟立起。御史神之，访于人曰，此去十余里，有得道祖师。知为师灵所护，不惮跋涉，至山瞻谒师像，果与舟中见者无异也。观其殿宇颓圮，捐金重兴，命官督造焉。"

15. 显灵护庙："嘉靖元年，督学魏命学博张尽毁岭南诸寺。张登山至加蓝庵，有大蛇长丈许，盘旋于道。张异之，祝之。祝蛇：'吾今往彼礼佛，誓不毁佛。'蛇遂蜿蜒而去。张至寺，遽忘前语，取诸佛像，用刑讯治。忽狂飙拔木簷瓦飘击张所。须臾，水深数尺，张心动礼忏而去，寺得不毁。"

16. 显灵护民："又嘉靖四十一年时三饶寇发，上命兵部侍郎张臬等督兵征之。道经山下，居民入山避兵，蹑之至山，雾露四集。咫尺不辨旌旗，兵迷入路，众赖以活。"[1]

上述神异故事不仅在惭愧祖师身上，其实在赣闽粤边区其他得道高僧身上也或多或少地出现过。如漳平三平祖师，俗名杨义中，亦是唐代高僧。祖籍陕西高陵。因其父官宦入闽，义中出生于福唐（今福清市）。14岁时随父仕官宋州（今泉州），投拜玄用禅师门下，剃发出家。一生潜心修行，终成一代高僧。然在他身上，也发生了种种神异故事。如：

---

① （明）李士淳撰：《阴那山志》卷1《惭愧祖师传》，钟东点校，中华书局2006年版。

（唐）会昌五年乙丑之岁，预知武宗皇帝沙汰冠带僧尼。大师飞锡入三平山中，先止九层岩山鬼穴前，卓锡而住，化成樟木，号锡杖树。次夜，众祟异师抛向前面深潭，方乃还来，见师宴坐俨然无损。一夕寝次，复被众祟异向龙瑞百丈潭中，以笼聚石沉之。其水极竣，观者目眩。及乎回，见大师如故。于是遽相惊讶，仰师之道，款服前言，乞为造院，愿师慈悲，闭目七日，庵院必成。师乃许之。未逾五日，时闻众祟凿石牵枋，劳苦声甚，师不忍闻，开眼观之。院宇渐成，惟三门未就。怪徒奔走，其不健者化成蛇虺。有大魅身毛楂楂，化而未及，师戏擒住，随侍指使，曰"毛侍者"。①

清水祖师又名蓬莱祖师，是宋代高僧。俗姓陈，名普足，永春县小岵乡人（即今天的福建永春县岵山镇铺上村人）。宋政和三年（1113）邑令陈浩然撰写的《清水祖师本传》中，记述了不少关于清水祖师的神异事迹。如：

后移庵住麻章，为众请雨，如期皆应。元丰六年，清溪大旱，便村刘氏相与谋曰："麻章上人，道行精严，能感动天地。"比请现时至，雨即沾足，众情胥悦，咸有筑室请留之愿。②

尤其值得一提的是，除了在得道高僧身上，即使在普通佛教信众身上也应验过。例如：

宁化伊宅侍女，自幼蔬食，勤礼佛。年十七，与一老妇同行，自操香烛，至慈恩塔下祷拜已，告老妇曰："吾上塔顶一游。"语未竟，即扪搭而上，如蹑梯然，顷刻至顶，一邑骇哄。

---

① （唐）王讽：《漳州三平大师碑铭并序》，见（宋）姚铉《唐文粹》卷64，四部丛刊本。

② （宋）陈浩然：《清水祖师本传》，见《安溪清水岩志》卷上，民国十五年刻本。

明日申县，乃拘匠搭架数层，有两壮士，由架踰顶，适雷鸣一
声，乃绳缚女子缒下。询之，云：登塔时有导引之者，足所践
履，悉如田畛，不知为塔也。至塔顶俯视茫然，如在天际，自谓
与人世长辞，不觉放声大哭尔。塔上亦有送饭食者，但饱不思。
尝夜问洶洶，人语悉闻，目才一合，便天明云。①

从上述神异故事中，如果作者事先不告诉了拳是一个僧人的话，
我们几乎很难想象这是佛教徒应有的故事。在这些故事中，惭愧祖师
不像是一个佛教高僧，而更像是一个满怀法术的江湖术士。诸如画地
为牢、化果成金、以指刻石、弃履化鲤、濯足池清，以及死后屡屡显
灵的故事，是完全与佛教的教义大相径庭的。佛教的基本教义从整体
上看，宣讲的是一套完整的探寻人生真谛、指导人们寻求自我解脱之
道的人生哲学，具有纯粹的德行实践目的。为了达到这一目标，佛教
教义为修行者制定了"八正道"②，它是佛教用以达到涅槃解脱目的
的修道方法和途径，以其劝人不趋享乐和远离邪妄，最后涅槃重生。
然而，认真对照"八正道"，惭愧祖师的上述行为，与"八正道"相
距甚远。众所周知，对于巫术技艺，佛教本身对它还是持批判态度
的。③ 那么，为什么这些高僧还是要大力宣扬巫术呢？笔者认为有两
点原因：

一是在佛教本身的教派中，本身就有密宗的存在。他们也使用法
术、方技，来赢得信众的支持。在很大程度上，宗教与巫术并不是截然

①　(清) 曾曰瑛：《汀州府志》卷45《杂记》，"丛谈附"条，清乾隆十七年刻本。
②　佛教所谓"八正道"即是：正见 (即远离妄见)、正思维 (即断灭邪妄贪欲之意
念)、正语 (即不虚言、不恶口、不两舌、不绮语)、正业 (即身、口、意三业清净，远离
杀、盗、淫、妄、酒)、正命 (即过符合佛教戒律规定的正当合法的生活)、正精进 (即勤
修涅槃之道法，勇猛精进不息)、正念 (即远离颠倒妄想，念念不忘佛理正道)、正定 (即
通过禅定修持，身心专于一境，达到空如的实在)。佛教的修行方法花样繁多，但基本上都
是由"八正道"演化而来。参见星云《佛教义理》，上海辞书出版社2008年版，第46—
49页。
③　朱丹琼：《佛教对巫术思维的批判及其影响》，《中南大学学报》(社会科学版)
2005年第3期。

分开的，各种神话故事的产生，都是为了表达某种潜藏在内心的希冀和恐惧。著名的人类学家认为：巫术与宗教都起自感情紧张的情况下，因碰壁而无法依靠理智的经验寻找出路，于是借着信仰与仪式逃避到超自然的领域。巫术是实用的技术，所有的动作只是达到目的的手段，宗教则是既包括手段、也包括目的在内的精神信仰，在很大程度上，巫术的背后也总是有一种原始的信仰在支持。巫术和宗教与神话的联系也是十分紧密的。神话是实际生活的曲折反映，也是产生道德规律、社会组合、仪式或风俗的真正原因。神话，宗教信仰，关于灵界与超自然的经验，实在都是同一题目的各部分。神话与巫术的联系也很紧密，咒语、仪式是巫术的两大要素，咒语既是目的，又是手段，它直接表达施术者的意愿，而仪式仅仅只是作为达到这一目的的手段，而在巫术的咒语和传统说词中，则包含了大量的神话，在很大程度上，神话其实成为巫术愿望表达的主要形式。① 此外，从佛教发展本身的历史来看，作为一种外来宗教，早期佛教徒为了争取信众，也不得不利用一些神异事情来说服人们信教。这种情况在文献中也不乏记载。如晋武帝太康年间僧人诃罗谒，"太康九年（289），暂至洛阳，时疫疾甚流，死者相继，谒为咒治，十瘥八九"。② 在唐朝西明寺僧人道世所著《法苑珠林》中，就记载了 22 则关于求雨应验的故事，其中最为有名的就是关于庐山慧远法师以杖掘地感泉涌出的记载："晋浔阳庐山西有龙泉精舍，即慧远沙门之所立也。远始南渡，爱其区丘，欲创寺宇。未知定方，遣诸弟子访履林涧，疲息此地。群僧并渴，率同立誓曰：'若使此处宜立精舍，当愿神力即出嘉泉。'乃以杖掘地，清泉涌出。遂畜为治，因构堂宇。其后天尝亢旱，远率诸僧转海龙王经，为民祈雨。转读未毕，泉中有物形如巨蛇，腾空而去。俄尔，洪雨四澍，涧过离毕。以有龙瑞，故取名焉。"③ 很显然，惭愧祖师、定光古佛等人"卓锡取泉"的故事，也当取材于慧远以杖掘地感泉涌出的故事。

---

① ［英］马林诺夫斯基：《巫术、科学、宗教与神话》，中国民间文艺出版社 1986 年版。

② 《大正藏》，东京：大正一切经刊行会 1934 刊本，第 50 册，第 389 页。

③ （唐）道世：《法苑珠林》卷 63《祈雨篇》，"感应缘"条。中国书店 1991 年版，第 851 页。

二是受当地浓厚巫风的影响，僧侣不得不采用相应法术来争取信众。承前所述，赣闽粤边区山重水隔，交通不便，社会经济落后，且这里居住着大量土著居民，当地尚巫信鬼的风俗，对佛教的影响很大。如何对待这种与佛教教义相背离的巫鬼风俗，则是传教僧侣必须面对的问题。当然，为了保留佛教的纯洁性，其他僧侣完全可以像道一禅师那样，不断迁徙，让自己远离山鬼骚扰。然而，赣闽粤边区地广林深，巫鬼之风处处盛行，搬迁寺庙也不是解决问题的好办法。所以，更多的僧侣，像惭愧祖师、定光古佛那样，采取委曲妥协的办法，不得不"重道法，轻炼养"，暂时采用颇具巫术色彩的方法，赢得信众的追捧。关于这一点，谢重光先生作了较好的阐述。① 他认为，定光大师在这赣闽粤边区的主要活动有伏虎、除蛟、开井、治水、祈雨、筑陂等，用以达到目的的手段不外写偈、投偈、鞭石、以杖遥指、以杖三敲、卓锡、甩草鞋等神奇莫测的法术，具有浓厚的道教色彩，还包含有巫教或原始巫术的成分。定光大师的宗教行为与其禅僧的身分如此不符，反映了佛教在传播过程中必须充分适应新传入地区的社会状况这一普遍规律。两汉之际，佛教从西域传入中国之初，许多高僧就是靠方技、医术赢得信徒、打开局面的。定光大师进入赣闽粤边区的时候，佛教在当地毫无基础，他也不得不采取灵活的手法争取信众，为自己的传教布道打开方便之门。

第三节　个案举例：佛教在福建猴神信仰从山林精怪向地方福主演化过程中的作用

民间信仰的产生是一个复杂的宗教现象，既有社会的原因，又有宗教的原因。在中国民间信仰的起源中，有不少直接来源于对动物的图腾崇拜。我国东南地区猴神信仰比较普遍，尤其是在福建地区，成为不少地方最重要的地方神灵。关于福建猴神信仰的研究，学者多集中在它与《西游记》中齐天大圣这个人物形象的渊源关系上，尤其

---

① 谢重光：《客家民俗佛教定光佛信仰研究》，《佛学研究》2000 年增刊。

是对齐天大圣的原型是否来自福建猴精这一问题的探讨，存在着激烈的争论。学者对于福建猴神信仰的关注，得益于关于《西游记》中齐天大圣这个人物形象的研究。早在 20 世纪 30 年代，胡适和鲁迅就对孙悟空来源于印度神猴"哈努曼"或中国本土神猴"无支祁"进行争论，揭开了齐天大圣原型研究的开端，后来陈寅恪、郑振铎、糜文开、季羡林等国内著名学者也参与了讨论。① 这一研究一直持续到新中国成立后，据统计，仅 1958—1982 年间，国内学术界围绕着"齐天大圣"的研究文章就多达 40 篇。② 在探讨中，形成了"外来说"和"本土说"这两大派别。其中"本土说"中又存在"西北说""连云港说""东南说"等分歧。尤其是 1980 年日本学者中野美代子提出"孙悟空的传说起源于福建"后，引起了学者对于福建原有猴神信仰的高度关注。③ 但是从学者已有的成果，我们完全得出两个事实：一是福建地区原先就存在一种对猴的崇拜，而且历史十分悠久；二是这种猴崇拜在后来的发展中，逐渐转化为齐天大圣的信仰。我们不必再介入孙悟空与福建猴王崇拜之渊源关系的探讨，只想对以下两个问题略作粗浅的探讨：原来十分盛行的神猴崇拜为什么能够向齐天大圣信仰转化，这种转化与佛教的关系是什么，尤其是其背后深藏的文化机制是什么；同时，在这种转化的过程中，原来的神猴崇拜作了哪些方面的调整以适应新的变化。

────────────

① 倪长康：《关于孙悟空形象的艺术渊源问题争论的回顾》，《上海师范大学学报》1986 年第 4 期。

② 王丽娜：《〈西游记〉研究论著目录》，见《西游记研究》，江苏古籍出版社 1984 年版。

③ 关于福建猴神信仰的研究，主要有《福建民间信仰》（林国平、彭文宇，福建人民出版社 1993 年版）、《福建民间信仰源流》（徐晓望，福建教育出版社 1993 年版）、《福建民间动物神灵价仰》（林蔚文，方志出版社 2003 年版）和《论福建的猴神崇拜》（林蔚文，《民间文化论坛》1992 年第 2 期）、《猿猴信仰与福建的孙人圣信仰研究》（陈利华，《南平师专学报》1995 年第 3 期）、《孙悟空的原籍可能在福建宝山》（王益民，《运城学院学报》2004 年第 3 期）、《福建顺昌"齐天大圣"资料判读》（蔡铁鹰，《淮海工学院学报（社科版）》2005 年第 2 期）、《顺昌大圣信仰与〈西游记〉》（王枝忠等，《福州大学学报》2006 年第 3 期）、《福建齐天大圣信仰研究》（黄活虎，福建师范大学 2006 年历史学硕士学位论文）。另外还有一些游记、新闻报道等文章，限于本文篇幅，在此不一一赘举。

一 赣闽粤边区猴神信仰的概况

神猴崇拜属于动物神灵信仰，它与龙、凤等对虚拟的动物崇拜不同，信奉的是现实中客观存在的猕猴。猕猴是我国常见的一种猴类，分布于我国西南、华南、华中、华东、华北及西北的部分地区。喜群居，多栖息在石山峭壁、溪旁沟谷和江河岸边的密林中或疏林岩山上。东南地区是一个十分适合猕猴生长的地方，这里群山绵延，山高林密，人烟稀少，自古以来就是猿猴群聚之地，这在古代文献中多有描述。如，宋代梁克家在言及福建刚开发时的情景说：

> 始州户籍衰少，耘锄所至，甫迩城邑，穷林巨洞，茂木深翳，少离人迹，皆虎豹猿猱之墟。①

明朝万历间，曾任南京兵部郎中的谢肇淛记述了自己从浙江进入福建时，亲闻闽境猿声哀鸣，恰如李白诗中"两岸猿声啼不住"之情景：

> 余行江浙间，少闻猿声。万历已酉春，至长溪，宿支提山僧楼上。积雨初霁，朝曦苍蔚，晨起凭栏，四山猿声哀啸云外，凄凄如紧弦急管，或断或续。客中不觉双泪沾衣，亦何必瞿塘三峡中始令人断肠也。②

清代郭柏苍《闽产异录》卷五记载：

> 猴性淫而躁，山县多产之。……诏安乌山多大猴，常于秋月一会，千百为群，呼啸跳跃，遍满山谷。③

---

① （宋）梁克家，《三山志》卷33《寺观类一》，第594页。
② （明）谢肇淛：《五杂俎》卷9。
③ （清）郭柏苍：《闽产异录》卷5。

清人杨澜在《临汀汇考》中也描述了福建古田县猴群活动：

> 至大历中，有猴数百，集古田杉林中，里人欲伐木杀之，中一老猴忽跃去，紧邻一家，纵火焚屋，里人惧，亟走救火，于是群猴脱走。①

此外，在福建各州府郡县方志的"物产"条目中，也多有关于猿猴的记载。

福建地区猿猴的大量繁衍，对当地乡民的生产生活造成了深刻影响，也使这里很早就产生了猴精崇拜。早在唐宋时期的文献典籍中，就有对福建当地那种"似猴非猴，似鬼非鬼"的精怪崇拜的记载。如：

> 《唐书》谓汀郡多山鬼也。至《唐韵》载，山魈出汀州。……《太平广记》所在山魈事，其云坐于檐上，脚垂于地者，今汀城夜中人时见之。②

此外还有对"山都木客""山野人"等精怪的描述。对于这些精怪，人们因为其变幻莫测而感到十分敬畏，从而对其进行膜拜：

> 大江之南地多山而俗機鬼，其神怪甚诡异。……江西、闽中曰"木下山郎"，又曰"木客"……人绝畏惧，至不敢斥言，祀赛惟谨。③

在南朝祖冲之的《述异记》中，也记载了赣南地区南康县境内袁氏兄弟上山伐木，与"山都"发生冲突，最后导致兄弟房宅被"山

---

① （清）杨澜：《临汀汇考》卷4《物产》，引《渊鉴类涵》。
② 同上。
③ （宋）洪迈：《夷坚志》丁志，卷19，"山都木客"条。

都”放火烧毁的故事：

> 南康有神，名山都、形如人，长二尺余，黑色赤目，发黄披之，于深山树中作窠。窠形如竖鸟卵，高三尺余，内甚光泽，五色鲜明，旁开孔如规，体质虚轻，中以鸟毛为褥。此神能变化隐身，罕睹其状。赣县西北十五里，有古塘名“佘公塘”，上有大梓树，可二十围，树老中空，山都穴焉。宋元嘉元年，县治民袁道训、道灵兄弟二人伐树，取窠还家。山都见形，谓曰：“我处荒野，何豫汝事？巨木可用岂可胜数，树有我巢，何故伐倒之？今当焚汝宇，以报汝之无道。”至二更火起，合宅荡尽。①

对这类“山鬼”“山魈”“山都木客”的敬畏祭拜，应该是古代东南地区猿猴崇拜的最早形态。

到了唐宋以后，关于猿猴崇拜的传说就更多了。据《竹间十日话》记载：

> 连江隋时林尧妻捐田三千八百顷为湖，今称东湖是也。……诏安初筑溪东陂，縻工费千万，不成。有猴西姐者，自言能筑此陂，然须入水，众人异之。西姐持刀跃入水中，久之，若战斗状，执一大鳅，鲜血淋漓，西姐锉陷之，陂遂成。今溪人春秋祈禳，以猴西姐配食焉。②

另据《三山志》，唐代有隐士在福州乌石山洞养猿，遂有宿猿洞之称。后来隐士身殁，猿猴却奉为神灵。直至清代郭白阳在《竹间续话》中仍然记载了这件事：

---

① 转移自同治《赣州府志》卷78《外志·杂记》。
② （清）郭柏苍：《竹间十日话》。文献中虽言筑陂之事发生在隋朝，但根据神话故事产生的一般规律，猴西姐助筑溪陂故事的出现必定是迟于筑陂之事实，因此我们判断猴西姐故事当是唐宋以后产生的。

乡人祀猴王其中，洞外石壁，三面俱有石刻，南面宋程师孟篆"宿猿洞"三大字。①

明清以后，福建原先的猴精信仰转变为大圣信仰。这种转变在清代文人笔下有十分清楚的叙述。如《停云阁诗话》云：

闽人信神，甚于吴楚，其最骇人听闻者，莫如齐天大圣殿之祀孙悟空，自省会至各郡皆盛建祠庙。②

褚人获在《坚瓠余集》中亦云：

福州人皆祀孙行者于家堂，又立齐天大圣庙，甚壮丽。四五月间迎神，龙舟装饰宝玩，鼓乐喧阗，市人奔走若狂，视其中坐一弥猴耳。③

施鸿保在《闽杂记补遗》中也记载了省府福州齐天大圣庙的建置情况：

"建省有齐天大圣庙，其初闻在臬署东辕门内。"后毁，续又重建，"故今东门外，仍有其庙。""或云福州府学头门内，今亦有其庙。""又小鼓楼一庙，香火亦盛，今当在。""学院西辕门内亦有庙。"④

明清以后产生的齐天大圣信仰，一直延续到现在。

林蔚文先生多次到南平市樟湖坂镇考察，发现当地至今还有浓厚的崇猴习俗。该地的钟灵庵、威灵庵和显灵庵，至今保存了三座猴

---

① 转引自林蔚文《福建民间动物神灵信仰》，方志出版社2003年版，第123页。
② （清）李家瑞：《停云阁诗话》卷15。
③ （清）褚人获：《坚瓠余集》卷2。
④ （清）施鸿保：《闽杂记补遗》卷5。

神庙。

据黄活虎的调查，目前，在福州市市区和郊区乡村各个角落里，仍可看到信仰齐天大圣的庙宇，如仓山程埔头齐天府、福州华林坊尾后岚里齐天大圣庙。福州五一广场附近的接龙亭，始建于元代，最初供奉的主祀神是龙王，清代时增祀了齐天大圣。此外，在闽中、闽西和闽北等城乡地域皆有大量的齐天大圣信仰的踪迹。①

在闽西地区，尤溪县二都洪宅村的莲花山上，就有一座"祀有齐天大圣"的庙宇，每年六月二十三日这一天，来朝拜的人特别多。②在尤溪县城东，亦曾有一座"福明宫"，里头祀有齐天大圣神像，该庙创建时间不详，在光绪庚子二十六年（1900）因灾被毁，同年冬天重建，但在民国十三年（1924）五月二十一早，复遭洪灾，全宫俱被洪流夷为平地。③

在明溪县，也有齐天大圣庙。"大圣庙，在县东北七十里，祀齐天大圣。"④

田野调查资料对闽西北大圣信仰的介绍更加详细。将乐县古镛镇有座"星峰山庵"，该庵为佛教寺庙，在寺门下殿里就供奉弥勒大佛，而在大殿中，供奉着该庵的主神——齐天大圣。神像有大小两尊，大的是1995年大殿建成后新塑的；另一座小的在"四清"运动要把庵拆毁时，被光明村一村民藏到家中，直到1997年庵的下殿重修后才送回来的。两尊神像都是猴脸人身，身穿袍服，端坐在椅子上。两副柱联的内容，也与《西游记》中齐天大圣保护唐僧西天取经的故事有关，一副为"义催抛却猴王在，忠促服从师傅心"，另一副是"腾云大圣驱邪法，保驾唐僧取圣经"。⑤此外，在泰宁县东南

---

① 黄活虎：《福建齐天大圣信仰研究》，硕士学位论文，福建师范大学，2006年。

② （民国）卢兴邦修、洪济芳纂：《尤溪县志》卷2《山川》，成文出版公司1970年版，第55页。

③ （民国）卢兴邦修、洪济芳纂：《尤溪县志》卷4《祠庙》，成文出版公司1970年版，第55页。

④ 《明溪县志》卷10，民国三十二年刊本。

⑤ 钟晋兰：《将乐县古镛镇大桃村民俗调查》，见杨彦杰《闽西北的民俗宗教与社会》，香港国际客家会、海外华人研究社、法国远东学院2000年版，第295页。

部开善乡的大布上、余源两自然村的交界处，也有一座额题"忠靖庙"的古庙，始创于宋代，该庙供奉张巡、许远二位主神，但也陪祀齐天大圣及五谷神等神明。[①] 在南平樟湖板的"钟灵庵"，南靖三卞舍族村的大圣庙，福州屏山、邦洲、排尾、程埔头和闽侯天水村的"齐天大圣庙"，以及古田县四十二都的"大圣宫"，福安甘棠堡陈祖山的"齐天大圣宫"等，尽管这些庙宇的称谓并不一致，但所祀主神却均为猴神。

二　猴神信仰从山林精怪向地方福主转变

如果我们对上述描述稍作分析，就可以看出福建猴精信仰至少经历了两次明显的转变：从远古到唐宋时期，猴精信仰从古代的精灵崇拜转为神灵崇拜；从明清时期开始又从原有的动物崇拜转变为齐天大圣崇拜。

关于精灵崇拜的起源和发生，徐晓望先生有过精辟论述。他说古人认为大自然的一些动植物具有某种神秘力量，这些精灵与作为善神的图腾神不一样，它们不做好事，而是专门危害人类。人们应当虔诚地敬奉这些精灵，才能躲避这些灾害，因而产生了精灵崇拜。[②] 这一论述对于我们认识福建地区猴精信仰的产生很有帮助。事实上，承前所述，福建地区由于具有适合猕猴生存的天然环境，所以繁衍了大量的猕猴。然而这些猴子与闽人的相处并不和谐，它们成群结队出来糟蹋村民的庄稼，甚至还伤害幼小的人畜，严重影响了附近村民的生产和生活。这种情况常见于古代文献，笔者在田野调查时亦常听到这方面的描述。例如，至今流传在倒排岩一带的护山灵猴传说就是很好的事例。倒排岩位于尤溪县东北部梅仙镇，传说古代该地猴患成灾，成群的猴子把许许多多的春笋尾部拗断，导致倒排岩的竹子成为无尾竹。为改变这一现状，村民请来道士动用法术赶走众猴，只留下一只

---

①　转引自傅光辉《泰宁县开善上堡的宗族与侯王庙会》，见杨彦杰主编《闽西北的民俗宗教与社会》，香港国际客家会、海外华人研究社、法国远东学院 2000 年版，第 175 页。

②　徐晓望：《福建民间信仰源流》，福建教育出版社 1993 年版，第 70 页。

猴子护山，谓之为护山灵猴。村民说现在很少有人能够有缘看到猴子了，主要是道士的法术高强。其实，据笔者调查，该村一直以来都有猎猴的习俗。而这一习俗的产生，就是源于猴子对人们生产生活的破坏。此外，关于猕猴繁殖过量、影响周围居民的事例，在当今印度最为严重。这类报道多见于各种新闻媒体，在此不赘举。

我们在谈到唐宋时期猴精崇拜的转变时，必须提到两条材料，一是"宗演去猴妖"的故事；二是"陈靖姑收服红毛猴精"的故事。"宗演去猴妖"的事迹见于《夷坚志》，其文曰：

> 福州永福县能仁寺护山林神，乃生缚猕猴，以泥裹塑，谓之猴王，岁月滋久，遂为居民妖祟。寺当福泉南剑兴化四郡界，村俗怖闻其名，遭之者初作大寒热，渐病狂不食，缘篱升木，自投于地，往往致死，小儿被害尤甚。于是祠者益众，祭血未尝一日干也。祭之不痊，则召巫觋乘夜至寺前，鸣锣吹角，目曰取摄。寺众闻之，亦撞钟击鼓与相应，言助神战。邪习日甚，莫之或改。长老宗演闻而叹曰："汝可谓至苦，其杀汝者既受报，而汝横淫及平人，积业转深，何时可脱？"为诵梵语大悲咒资度之。是夜独坐，见妇人人身猴足，血污左腋，下旁一小猴，腰间铁索絷两手，抱女再拜于前，曰："弟子猴王也，久抱沉冤之痛，今赖法力，得解脱生天，故来致谢，复乞解小猴索。"演从之，且说偈曰："猴王久受幽沉苦，法力冥资得上天；须信自心元是佛，灵光洞耀没中边。"听偈已，又拜而隐。明日启其堂，施锁三重，盖顷年曾为巫者射中左腋，以是常深闭。猴负小女如所睹，乃碎之。并部从三十余躯，亦皆乌鸢枭鸱之类所为也。投之溪流，其怪遂绝。①

"陈靖姑收服红毛猴精"的故事在闽地广泛流传，并且在清人小说《闽都别记》第23、24回中有比较系统而且生动的阐述。其故事

---

① （宋）洪迈：《夷坚志》甲志卷六，中华书局1981年版。

情节大致如下：

> 扬州江都县杨世昌，往来湖广贩卖湖丝。其妻沈氏，年十八，生得如花似玉。夫妻新婚才三个月，世昌便外出行商，半载未归。沈氏至湖广寻见世昌，"丹霞妖怪"变作世昌模样，遂与沈氏饮酒作乐甚至同床。后来杨世昌回到家中，发现真相，请来临水夫人陈靖姑，使"丹霞乃现出原型，乃一赤毛猴，缚而吊之，问讯，乃千年猴精，名丹霞。……靖姑将杀丹霞，丹霞哀求曰：'愿归正，乞饶性命'。"静姑命神阉去它的淫根，将猴安放在福州宿猴洞，以听调遣。后来丹霞帮助陈靖姑收服了夹石精。[1]

《夷坚志》是成书于南宋时期的一部志怪小说集。而"宗演去猴妖"故事发生的时间，据学者考证，当在五代时期。[2] 在这个故事中，我们应该注意到它之所以成为妖祟，是因为它先遭到虐待，捉住后活生生地被用泥巴封堵致死，塑造成猴王形状（"生缚猕猴，以泥裹塑"）。从宗演所说的"其杀汝者既受报"一语中，也可看出宗演对这种行为的谴责。所以在这个故事中，猴妖一开始就处于受害者的境地，值得人们同情。这与猴精原先那种总是侵害百姓、作恶于人的精怪形象完全不同。并且故事的结局是它为宗演的慈悲心怀所感动，听从劝告，弃恶从善，更是改变了猴精的凶恶形象。

在"陈靖姑收服红毛猴精"的故事中，猴精的形象也有了彻底的改变。起先它凭着能变善化的神能去奸淫良家女子，表现了它的凶神妖魔形象。但在陈靖姑高强的法力下，它也自愿"归正"，并且后来还帮助收服了其他凶灵。所以它的神灵形象也发生了转变，成为一个善神了。《闽都别记》一书的内容连贯汉唐至清初，记录了福州地区大量的民间传说和风俗习惯，历来被学者视为研究福建地方史的重要参考资料。该书虽成书于清乾隆时期，但它所记述的民间传说，很多

---

① 里人何求：《闽都别记》，福建人民出版社 1987 年版。

② 徐晓望：《福建民间信仰源流》，福建教育出版社 1993 年版，第 114 页。

都是早已流传下来的。"陈靖姑收服红毛猴精"之事迹，就是对民间广为流传的猴精和临水夫人故事进行的文本叙述。其所反映的确切年代，囿于资料缺乏，我们尚难确定。但从相关文献的描述来看，临水夫人生于唐大历二年（767），24 岁身卒，死后成神。闽王王璘［后唐长兴四年（933）称帝］曾召夫人驱斩白蛇，可见临水夫人这一神灵的产生当在五代之后。① 因此，我们似乎可以肯定，"陈靖姑收服红毛猴精"反映的是五代以后至清代乾隆以前福建猴精信仰的情况。

实际上，我们认为上述两则故事都反映了一个共同的主题，即福建原有的民间信仰在佛、道等外来宗教的影响下所发生的嬗变。不同的是，"宗演去猴妖"故事反映的是佛教对福建本土民间信仰的改造，而"陈靖姑收服红毛猴精"则主要是反映道教对本土民间信仰的改造力量。

三　《西游记》故事对猴神信仰演变的影响

诚如前文所述，猕猴信仰在明清时期进一步演化为大圣信仰，祭祀齐天大圣的庙宇遍及八闽大地，出现了"自省会至各郡皆盛建祠庙"，"福州人皆祀孙行者于家堂，又立齐天大圣庙，甚壮丽"等盛况。关于这一变化，学者往往认为都是小说《西游记》传播的结果。如黄活虎在其硕士论文中称："明代以后，由于吴承恩《西游记》的盛行，除有特定的条件，如豹屏山丹霞洞所奉祀的丹霞大圣这一类以外，其他的猴王庙被改称为'齐天大圣'……甚至有些原先供奉丹霞大圣的也改称供奉齐天大圣。"② 林国平先生也如是说："明清时期，由于受《西游记》的影响，福建许多州县建立了齐天大圣庙。"③ 林蔚文先生通过对福建南平一些县市的猴神信仰进行调查后也说，

---

① 相关文献可参见《十国春秋》第 3 册（（清）吴任臣著，中华书局 1983 年版，第 1423—1424 页）、《福建通志》卷 263（同治十年重刊本）、《退庵随笔》（（清）梁章钜著，辑于《藏外道书》第 18 册，巴蜀书社 1992 年版）等。

② 黄活虎：《福建齐天大圣信仰研究》第 10 页，硕士学位论文，福建师范大学，2006 年。

③ 林国平、彭文宇：《福建民间信仰》，福建人民出版社 1993 年版，第 63 页。

"尽管现在当地民众多称其为'齐天大圣',但从其来源分析,仍多为土生土长之猴神,但在后来受到《西游记》中孙悟空的影响"。①陈利华也认为,在《西游记》流传后,"孙悟空作为一个正牌美猴神,开始在民间定型并加以崇拜。这样,八闽大地便出现了诸多的齐天大圣庙"。②

学者的上述观点,并不是毫无根据。事实上,明清时期《西游记》一书确实在福建地区广泛传播。宋代以后,福建建阳书坊逐渐成为全国著名的刻书中心之一。《西游记》问世后,在此就曾多次刻印。目前福建现存建阳刻版,就有明万历年间杨闽斋清白堂刻本《鼎锲京本全像西游记》、书林刘莲台刻本《鼎锲全像唐三藏西游传》、书林熊云滨刻本《新刻出像官板大字西游记》以及余象斗编著的《四游记》合刻本。③据此可以推测《西游记》一书确实曾在福建广泛流传过,它对福建原有的猴神崇拜产生深刻影响也在情理之中。这不仅使原来称谓不一的猴神集中统一到"齐天大圣"这一称谓上来,而且还把《西游记》中的故事附会到福建猴神身上,甚至还出现了模拟《西游记》塑造新神灵的现象。例如,在1983年莆田召开的宗教工作会议上,有的学者在谈到"文革"以后民间信仰重新复苏的现象时说:"'文革'以来,城镇乡村每个角落,不但把久已不存的社庙重新盖起来,连田头、屋角的土地公也都一一新建,也不经过申请批准就创建了大座新的庙宇,而其中奉祀的塑像有的是道教传统神道,有的是根据小说塑造的神道,如吴承恩笔下《西游记》中的齐天大圣。"④

不过,我们在观察《西游记》对福建猕猴信仰的影响的同时,也应该注意到福建地区大圣信仰与孙悟空之间的差异。其中最为显著的,就是在神灵功能上有了一个巨大的改变。在整部《西游记》中,孙悟空一路上斩妖除魔,保佑唐僧顺利取得真经,它所反映孙悟空的

---

① 林蔚文:《福建民间动物神灵信仰》,方志出版社2003年版,第125页。
② 陈利华:《猿猴崇拜与福建的孙大圣信仰研究》,《南平师专学报》1995年第3期。
③ 方彦寿、徐贯行主编:《闽北掌故》,福建人民出版社2001年版,第114页。
④ 林祖韩:《莆田县宗教志》下册,1991年内部印发,第694页。

本领，也主要还是限定在驱邪镇妖这一层面。然而在福建的民间信仰中，齐天大圣的神力范围也有了极度的扩大。在"陈靖姑收服红毛猴精"的故事中，丹霞大圣被收服后，帮助陈靖姑降服了石夹精，初次彰显了降妖伏魔的本领。在闽安一带至今流传的齐天大圣斗水怪的故事，也反映了它的驱邪镇妖这一基本职能：

> 在福州闽安镇邢港边有一座回龙桥，传说邢港里有鲤鱼精，时常出来作怪，桥被冲毁，行人也多被淹死。这座桥建、毁多次，鲤鱼精总是不肯平静。后来人们请来齐天大圣治鲤鱼精，邢港平静了。为了永保平安，人们就在桥边修建了一座圣王庙，内祀齐天大圣。①

据地方文献记载，此庙建造于清代。很显然，这里依然是彰显了福建神猴演变为齐天大圣之后的降妖伏魔的职能。

然而，明清以后在人们对猴神崇拜的现实信仰中，齐天大圣的神力范围却是远远超出了孙悟空降妖伏魔这一职能的局限，被赋予治病、生财、保平安、助仕进等功能，吸引了无数求医、求财、求仕的人前来膜拜。例如，明清两代福州华林坊贡院举行乡试时，参试生员都会到附近齐天大圣庙里祈求保佑自己榜上有名，因为他们听说了齐天大圣是这里贡院考试的"监临"。② 在南平樟湖坂一带还流传着该大圣帮助赌徒赢钱的有趣传说：民国年间，齐天大圣显灵，帮助一名赌徒赢得了赌博，这名赌徒因此重修了大圣庙。这个故事至今在南平樟湖坂一带广泛流传，并且现在仍有人把大圣当成赌徒圣灵而前往求佑。③ 由此可见，福建地区的大圣信仰已经远远超越了《西游记》中主要只是降妖伏魔的孙悟空的崇拜，俨然成了一个无所不能的地方保

---

① 福州市郊区民间文学集成编委会：《中国民间故事集成·福建卷·福州市郊区分卷》，福州市郊区民间文学集成编委会，1989 年，第 14 页。

② 陈衡拴：《福州文藻山西园寺乩堂兴废记》，见福建省政协文史资料委员会《文史资料选编》（第二卷），第 260—261 页。

③ 陈利华：《猿猴崇拜与福建的孙大圣信仰研究》，《南平师专学报》1995 年第 3 期。

护神。

　　此外，我们还应该看到在明清时期福建猴神信仰的演变中，除了猴神职能有了扩大之外，它的神灵地位也有了极大的提高。如果说唐宋以后福建原有的猕猴信仰已从地方精怪逐渐演化成正统神灵的话，那么明清以后它则继续从一个普通配神逐渐演化成一个主神，甚至成为这个地方最重要的保护神。在"宗演去猴妖"的故事中，我们所看到的只是原有精怪的"猿心归正"，至于它的神灵地位，我们无从得知。在"陈靖姑收服红毛猴精"的故事中，我们看到了它归正后的地位，但它仅仅只是陈靖姑手下的一员偏将，并且在临水夫人的庙宇中，归正后的猴神仍然也只是一尊配神而已。但是在明清以后，福建猴神已经取得了主神的地位，并且有了自己专祀的庙宇。如明溪县"大圣庙，在县东北七十里，祀齐天大圣"。① 福州城南城门乡黄山，"三爷庙在龙泉坑（龙泉正境），排下（龙泉胜境）均有，祀神为齐天大圣"。② 福州鼓山镇园中，"乌岩洞是在天然岩洞下加建土木构筑的小殿堂，内供齐天大圣神位"。③ 此外，在南平樟湖坂镇钟灵庵（坂头村）、威灵庵（上坂村）、显灵庵（中坂村）这三庙中，供奉的主神均为齐天大圣。④ 由此我们可以清楚地看到猴神都已成了拥有专祀庙宇的主神了。

四　猴神信仰演变机制的分析

　　我们在上面集中论述了福建地区古老崇猴习俗的演变，即在唐宋时期从山野精怪逐渐转变为正统神灵，使它从一个作恶多端的精怪形象逐渐转变为与人为善、造福人类的神祇。在明清以后则又从原有动物崇拜转变为齐天大圣崇拜，又使它从一个普通神灵演化为拥有专祀

---

　　① 民国《明溪县志》卷10，见《中国地方志集成·福建府县志辑》，上海书店出版社2000年版。

　　② 黄山村志编撰委员会：《黄山村志》（榕）新出（2001）内书第79号，第49页。

　　③ 中共园中村支部、园中村民委员会编：《园中村志》，福建省地图出版社2002年版，第126页。

　　④ 林蔚文：《福建民间动物生灵信仰》，方志出版社2003年版，第125页。

庙宇、神通广大的地方保护神。在这个过程中，我们可以清晰看到一个凶恶的精灵鬼怪逐渐转变成一个备受广大信众爱戴的正统神灵的演化轨迹。在这个演化轨迹中，我们要着重阐明三点：

其一，外来文化的传播对福建本土猴精信仰演变的作用。唐宋时期是福建猴精信仰转变的关键时期，使猴神信仰从一个山林精怪转变成了佛教和道教这两大正统宗教的神灵。为什么会发生这一变化？我们认为，唐宋以后福建猴精信仰向宗教神灵的转变，当与佛道两教在福建地区的广泛传播有关。根据学者的研究，唐宋时期正是佛、道两教在福建广泛传播的时期。三国魏晋之际，佛教开始传入福建，五代时迅速发展，尤其在王潮、王审知统治福建时期，更是获得重大发展。在宋代，佛教在闽达到全盛，甚至出现"道路逢人半是僧"的盛况。元明时期，福建佛教归于平淡。至清代，有复兴之势。由于佛教的发展，福建地区不仅宗师高僧辈出，而且还成为中国古代著名的刻经中心之一。① 道教在福建的传播历史更为久远，早在道教尚未正式形成之时，早期道教的方仙道、黄老道已经活动于福建。东晋时，随着卢循起义失败，部分起义者流散于泉州而使五斗米道传入福建。隋唐五代，福建道教得到很大发展。直至宋代，福建道教达到鼎盛时期，该地高道辈出，宫观涌现，且为当时社会所倚重，在中央政府所追封的大批道教神祇，如妈祖、临水夫人等中，很多就是源于福建地区的民间神灵。明清以后，在道教日益衰落的大趋势下，福建地区的道教也走向平淡。② 佛、道两教在闽地的传播，必然会对当地原有的民间信仰产生强烈的影响。上述福建猴精崇拜在唐宋时期发生的形象转变，正是佛、道两教对当地民间信仰产生强烈影响的反映。

"宗演去猴妖""陈靖姑收服红毛猴精"的传说故事，以及明清时期《西游记》所讲述的齐天大圣保佑唐僧西天取经的故事，是反映唐宋以后猴精崇拜发生重要转变的主要材料，在这些材料中，我们明显可以看到，"宗演去猴妖"故事反映的是佛教对福建本土民间信

---

① 释本性：《福建佛教概况》，《法音》2001年第1期。
② 丁常云：《福建道教及其社会影响》，《中国道教》1997年第1期。

仰的改造，而"陈靖姑收服红毛猴精"则主要是反映道教对本土民间信仰的改造力量。至于《西游记》对猴神信仰的影响，这个问题相对比较复杂。在学术界，关于《西游记》的主题思想，历来有不同争议。《西游记》的主题思想究竟为何，是自该书诞生数百年来争论不休、聚讼纷纭的话题。[①] "或云劝学"，"或云谈禅"，"或云讲道"，或"实出于游戏"。[②] 造成这种现象，当然有多方面的原因，但其中有一个非常重要的因素，就是我国各种宗教信仰在流传过程中相互影响、相互融合，从而造成《西游记》这部小说的主题含混不清。尽管如此，我们还是认为，宣扬佛教思想，尤其是禅宗的心法，至少应该是《西游记》的一个重要主题，因为取经故事的原型出自佛教，取经的过程就是一个通过修行破除种种魔障、最终取得正果的过程。从这个意义上来说，《西游记》的传播也在一定程度上促进了福建猴神信仰向正统宗教神灵的转化。

　　佛、道两教对福建本土民间信仰的改造，使猕猴信仰产生了两个重大变化。一是使它在唐宋以后从一个作恶多端的精怪形象逐渐转变为与人为善、造福人类的神祇。帮助陈靖姑收服夹石精和前引"猴西姐"帮助人们筑建堤坝的故事，就是很好的说明。二是使它原本作为一个地方上的精灵野怪，逐渐被纳入了更大局域的神灵系统，取得了正统神灵的地位，有利于它的广泛传播。佛、道两教作为正统的宗教，教中神灵的神阶无疑要比地方民间神灵高得多。被接纳为正统宗教的神灵，从神灵品质上来说，自然意味着完成了从地方野神向正统神灵的转变。同时，由于正统宗教的传播范围要比地方民间信仰大得多，这种转变对猕猴信仰后来的传播和进一步演化，无疑起着十分重要的作用。在探讨福建猕猴信仰与《西游记》成书的关系时，一些学者主张"孙悟空的原籍就是在福建"。假如这种论点成立，笔者认为这应当与福建猕猴信仰在唐宋时期发生重大转变，使猴王崇拜获得了更大的流布范围密切相关。也即由于猴王已从精怪转化为神灵，使得猴

---

① 郭健：《建国以来〈西游记〉主题研究述评》，《江淮论坛》2004 年第 2 期。

② 鲁迅：《中国小说史略》，东方出版社 1996 年版，第 132 页。

王信仰的信众增加，并且还有可能是佛、道宗教的原因，为外来商贾、士人等佛、道教徒所连带崇奉，从而挟带了猴王信仰向外传播。

其二，在福建猴精信仰逐渐演化的漫长过程中，我们也看到了一个民间信仰在发展变化过程中所呈现的神灵异化和同化的演变现象。所谓神灵异化，就是某个神灵在一定外来因素的影响下，其神祇品质逐渐朝与原先完全不同的方向发展，甚至完全转变为另一种神灵。而神灵同化，则是某一神灵有效吸收了外来因素的同质因子，使自己原有的神祇品质得到强化。如前所述，福建猕猴信仰发生在唐宋时期的第一次转变，主要是受佛、道两教的影响。作为一种外来的宗教文化，无论是佛教还是道教，要想在该地得到广泛传播，都必须灵活处理好与当地原有宗教信仰的关系。关于这一点，谢重光先生在分析佛教能够在巫道盛行的福建地区得到传播的原因时指出，主要在于佛教调整了传教策略，大胆借鉴巫教和道教的方法，甚至改变某些教义和仪规，从而适应了庶民原有的文化心理，最后才被奉为神明。① 关于这一点，徐晓望先生也持相似观点。他重点注意到佛教神明赢得南国民众欢迎的内在原因，在于它拯救人类、慈悲为怀的崇高道德。同时也注意到了佛教为了吸引教众，在传播手段上也不得不采取灵活手段，曲从民众原有信仰。② 实际上，猴精信仰在唐宋时期发生重大转变，就是这两种宗教的推动。佛、道两教为了获得当地民众的支持，不是纯粹枯燥乏味地宣传自己的教义，而是选择了对当地人们十分熟悉而且恐惧的精怪进行了改造。这种做法不仅消除了民众长期以来的恐惧，抚慰了百姓受伤心灵；而且还间接地宣扬了本门宗教的法力无边，吸引了更多的教众。经过这次改造，猴精信仰也发生外化，从一个面目狰狞、穷凶极恶的恶神，变成一个安守本分、造福于民的善神，人们对它的膜拜也从被迫变为自愿。

而在猴精崇拜向齐天大圣信仰的转变过程中，我们看到的更多是

---

① 谢重光：《佛教的外衣，道教的内容：福建民俗佛教论略》，《中共福建省委党校学报》2001 年第 5 期。

② 徐晓望：《福建佛教与民间信仰》，《法音》2000 年第 1 期。

神灵同化的现象。尽管在明清以后，福建地区的猴精信仰无论在称谓上还是在传说故事上，都附会了大量《西游记》中齐天大圣的成分，但是我们认为这时猴精信仰的神灵品质并没有发生改变。在《西游记》中，孙悟空神通广大，力战群魔，为沿途民众排忧解难，最后保佑唐僧取得真经，修成了正果，它成了正义和英勇的化身，就其神祇品质来说，它一直都是造福于民的善神。而在福建地区的猴精崇拜中，唐宋以后，猴精已经转变成了一尊善神，齐天大圣对它的影响，并没有改变福建猴精已有的神祇品质，而是更加强化了它"友善"和"神通"的特点。明清以后的猴神，不仅加强了如孙悟空那样的降妖伏魔的功力，并且还被赋予了求医、求财、求仕、求子等方面孙悟空原本没有的功能；而且所有这些新增的神力，都是用来造福乡民，从而更加强化了它的"善"的性质。所以我们认为，齐天大圣信仰在福建地区的传播，促使该地原有猴神信仰产生内化，强化了它原有的善神品质，使它成为几乎是无所不能、保佑一方的地方福主。

其三，福建猴神信仰的演化揭示了宗教发展的本质。宗教的本质是社会存在的一种反映。"宗教和人类创造的其他许多社会存在一样，人类创造它出来，首先是为了解决某种社会问题。人类创造了原始宗教，是为了解决人和自然的矛盾，他们希望神灵赐予自己充足的生活资料，赐予自己阳光和雨水；人类创造了人为的宗教，不仅是要解决人与自然的矛盾，还要解决人类社会自身的矛盾。人类希望借神灵和宗教的方式之助，摆脱社会生活的痛苦，达到社会普遍的安乐和幸福。"① 正因如此，我们在考察福建猴神信仰的演变时，除了考察外来宗教文化对它的影响之外，还应该认识到当地人们的现实需要对神灵演化的影响。

在福建猴神信仰的演变过程中，无论是神灵异化还是在同化，我们都不能忽略广大信众的神灵信仰心理和功利目的。林国平先生在谈及中国民间信仰的特点时也说："民间信仰在神灵的塑造上带有很大的任意性，需要什么就创造什么，并没有一定的规则。一句话，只要

---

① 李申：《论宗教的本质》，《哲学研究》1997年第3期。

需要，可以把任何人物、事物塑造为崇拜偶像的。民间信仰的祭祀祈禳方式也是五花八门，带有很大的任意性。"① 实际上，在这种以随意性为表征、以"需要"为内核的宗教信仰态度背后，隐藏的却是中国民间信仰的功利性特征。在以人为中心、以实用为价值取向的中国民间神灵信仰中，往往都把神灵当作达到世俗目的的手段，其工具化态度十分明显。例如，在对龙王的崇拜上，这种工具性特征十分明显。譬如，天旱不雨，人们到龙王庙祭拜，希望龙王行云布雨。如果天旱依旧，人们就使用包括上枷锁、晒龙王塑像、毁掉塑像、拆庙甚至耕犁庙庭等手段，强迫龙王降雨。这种役使、惩罚龙王的法术在我国很多地区都能见到。② 但是作为一种"准宗教"，民间信仰又带有明显的宗教信仰的特征，即在功能意义上是为了"求善，发扬人的道德理念，通过对外在于人、高于人的上帝（神）的敬畏，或者对'天国'的美好境界的向往，劝诫人从善、去恶"。③ 在福建猴神信仰的演变中，佛、道两教正因为抓住了民众信仰的去恶求善的普遍心理，所以才努力把原先喜怒无常的劣猴神像改造为有功于民的善神，并且这次改造对于后来猴神向齐天大圣的演化也具有深刻影响。我们并不怀疑一部优秀的文学作品对于普通民众的影响力，但是假如没有早已广泛存在的猿猴信仰的文化底蕴，尤其是唐宋时期佛、道两教对猴精信仰的改造，福建乡民是不可能如此迅速而且普遍接纳《西游记》所塑造的齐天大圣。而在向齐天大圣演化过程中，承前所述，尽管人们为猴神赋予了孙悟空所没有的诸如求财、求仕、求子、求福等诸多功能，这些其实都是人们对神灵信仰的功利性表现，其结果则是暗合了人们信仰的求善心态，强化了猴神"善"的方面，最终使它转变成为一个无所不能、保佑一方的地方福主。

---

① 林国平：《关于中国民间信仰研究的几个问题》，《民俗研究》2007 年第 1 期。

② [英] 詹·乔·弗雷泽：《金枝》，中国民间文艺出版社 1987 年版，第 112 页。

③ 任春晓、肖国飞：《论信仰的类型及意义》，《南昌大学学报》（人社版）2002 年第 2 期。

第四章 道教文化在赣闽粤边区的传播及其对客家民间信仰的影响

道教发源于古代中国的原始宗教，是一个崇拜多种神灵的原生宗教，其主要宗旨是追求得道成仙、救济世人，其主要教义理论来源于《易经》《道德经》等经典著作，不仅在我国传统文化上占有重要地位，而且在现代世界也有一定影响。道教至少早在晋代就开始在赣闽粤边区传播，并对该地区的民间信仰产生了重要影响。

第一节 道教文化在赣闽粤边区的传播

道教吸收了先秦时期的巫祝、方术思想，并直接承接战国秦汉时期的黄老学说，在东汉末年独自成为一门系统的宗教。道教的发展有一个漫长的时期，并且在其发展过程中也积极向赣闽粤边区传播。

一 中国道教的形成和发展

(一) 道教的思想渊源

道教是我国现有宗教体系中唯一产自本土的正统宗教，与其他的宗教一样，它也是一种社会历史现象，有其发生和发展的过程。它是在我国古代原始宗教信仰基础上逐渐形成和发展的，究其源头，至少糅合了巫祝、方仙和黄老学说等思想内容。

鬼神崇拜是人类社会发展过程中的一种自然现象。早在原始社会时期，由于科学技术极其低下，人们对一些自然和生理现象无法解释，产生了恐惧心理。为了避免遭受诸如天害、疾病、瘟疫等造成的威胁或伤害，在"万物有灵"观念的驱动下，把天、地、水、火等自然现象作为崇拜的对象，向它顶礼膜拜，以求庇护和保佑。他们所树立的神灵对象非常广泛，有上帝、日、月、星、斗、风、云、雷、电、社稷、山川、五岳、四渎之神（长江、黄河、淮河、济水），以及祖先神和圣贤等，大凡天、地、人鬼三大系统的神明系统都已初步形成。并且为了表达对神明的崇敬之情，他们还逐渐设立专门的机构和人员来进行神灵祭祀，主持祭祀仪式，掌管神与人之间的交流。

这些专门的祭祀人员在祭祀神灵的时候，发展了一套完整的祭祀仪式，这些仪式把民间早有的巫术嫁接过来。巫术是企图借助超自然的神秘力量对某些人、事物施加影响或给予控制的方术。"降神仪式"和"咒语"构成巫术的主要内容。从巫术的性质角度看，巫术分为黑巫术和白巫术。黑巫术是指嫁祸于别人时施用的巫术；白巫术则是祝吉祈福时施用的巫术，故又叫吉巫术。从施行巫术的手段角度看，巫术又可分为两类，一为模仿巫术，另一种叫接触巫术。模仿巫术是一种以相似事物为代用品求吉或致灾的巫术手段。如恨某人，便做人形，写上该人的生辰八字，或火烧或投水，或针刺刀砍，以置那人于死地。接触巫术则是一种利用事物的一部分或是事物相关联的物品求吉嫁祸的巫术手段。这种巫术只要是接触到某人人体的一部分或人的用具，都可以达到目的。如某人患病，在病人病痛处放一枚钱币或较贵重的东西，然后丢在路上任人拾去，于是认为病患便转移到了拾者身上；或某小孩被大孩子惊吓，只要把大孩子的头发剪下一缕，烧成灰并和水服下，据说就能治好。先秦时期的巫祝思想以及祭祀仪式，为后来道教所承袭，成为道教的一个重要组成部分。

先秦时期的方仙思想及其仪式也是道教的重要内容。神仙思想包括灵魂不死和肉身永生的信仰，反映了人们对长生不死的向往。学者通过对墓葬朝向的考察，认为中国神仙思想的起源和变迁经历了四个阶段：旧石器初民的墓葬大多朝向东方，旨在祈祷死者像太阳那样复活，说明灵魂观念和长生思想已经出现。新石器先民的墓葬大多朝向各自氏族发祥地、氏族公墓所在地，旨在祈祷死者重回先妣肚腹（子宫）中，实现生命的循环。夏商周三代时期古人虽仍葬山丘，但常常仅取让死者登上苍天、永生不死的新意，说明石器先民的生命循环信仰已经演变为登天成仙、永生不死的信仰。战国秦汉以来，古人亦葬山丘，但因道教的出现，古人相信，通过服食养性，灵魂和肉身都可长生不死，而这一新信仰正是最近几千年中国人最为熟悉的神仙思想。① 古人神仙思想在实践上的反映，就是树立了各种各样的神仙并对之进行膜拜；同时，也出现了以炼求长生不老仙丹的方术之士。神仙信仰满足了贵族和帝王的心理渴望。秦汉时期的帝王官宦，逐渐把神仙家捧为神灵加以崇拜。道教全面把神仙家学说吸收进来，修道成仙成为道教的根本信仰和最高追求。②

　　道教直接继承了秦汉时期的黄老思想。道教脱胎于我国古代的原始宗教，在它形成的过程中曾吸收了殷周时代的巫祝祭祀、先秦时代的神仙方术，往后又糅合了儒家、阴阳家和佛教的某些说法。然考其渊源，它和流行于战国、两汉之际的黄老学派有直接的继承关系。先秦至汉初，关于黄帝的传说泛滥于世。因秦始皇挟书之令不禁神仙卜筮，而传说中的黄帝已被赋予了神仙人物的品格，故当时托名黄帝的书很多，举凡阴阳、五行、神仙、术数，乃至古代思想中养生重己的部分无所不包。黄帝之书与当时流行的以道法自然、清静无为、贵生重己的老子学说十分接近，因此当时人们就把二者结合起来，称为"黄老思想"。黄老初期思想近于自然主义，在人生问题上，主张断绝智虑、顺天赋的自然规律而生活；在生死观上，主张人乃形神合和而成，神为生本，形为生具，形神离则死，死者不可复生，离者不可复反。黄老学派的主张对当时社会产生巨大影响。道法自然的思想成为西汉初期"休养生息""无为而治"政策的思想基础，而朴素的生死观则直接导致了黄老学派特别重视养生术。黄老之学一变而为方技之术，后来经过两汉神仙祠祀的盛行，符图谶纬的传布，黄老由神仙养生而为祈福禳灾，成为纯粹的神道。这种神道思想，后来则被张

---

　　① 吴天明：《神仙思想的起源和变迁》，《海南大学学报》（人文社会科学版）2004 年第 2 期。

　　② 熊铁基、刘固盛：《道教文化十二讲》，安徽教育出版社 2005 年版，第 297—310 页。

陵、张衡、张鲁等人直接继承下来，成为道教的直接思想源泉。①

（二）道教的创立和发展

以东汉末年张角所创立的太平道以及张陵所创立的五斗米道为标志，中国道教正式产生。张角（？—184）是钜鹿（河北平乡）人，他得到道士于吉等人所传《太平清领书》，创"太平道"，奉行黄老道，以阴阳五行、符箓咒语为根本教法，持九节杖为符祝，用符水为人治病，用以招纳信众。东汉顺帝时，张陵修道于鹤鸣山，创立五斗米道。教门中尊老子为教主，以《道德经》为经典，自称天师，信道者须出五斗米，故称"五斗米教"。当时社会动荡不安，疾病流行。张陵以教众所纳粟米拯救灾民饥民，并以符水咒法降妖除魔，用以招纳信众。"太平道"和"五斗米道"的产生，标志着我国道教正式诞生。

道教产生之后，魏晋南北朝至明清时期，大约经过了四个发展阶段。

第一个阶段：南北朝时期。在这一阶段，道教得到帝王贵族统治者的支持，跻身社会上层。促成道教在这一时期获得巨大发展的，有葛洪、寇谦之、陆修静和陶景弘等人。葛洪（284—364），自号抱朴子，东晋著名的道学家、炼丹师和医药学家。他继承并改造了早期道教的神仙理论，使道教转向以追求长生不死、成为神仙为最高目标。葛洪系统地总结了晋以前的神仙方术，又将神仙方术与儒家的纲常名教相结合，强调欲求仙者，要当以忠孝、和顺、仁信为本，并把这种纲常名教与道教的戒律融为一体。葛洪创立的神仙道教，不仅使道教更具有吸引力，而且也改变了道教的发展现状。汉末以来，因张角等人利用"太平道"发动农民起义，引起统治者的猜忌，而使道教一直停留在民间，缺乏应有的发展。葛洪的这些主张，迎合了统治者的需要，使道教获得了巨大的发展空间。天师道在南北朝时也获得巨大发展。在北方，寇谦之（365—448）执掌天师道以来，"专以礼度为

---

①　余明光、谭建辉：《黄老学术向黄老道教之转变》，《湘潭大学学报》（哲学社会科学版）1995 年第 5 期。

首"，对该教进行改革，反对利用天师道犯上作乱，把天师道引导到符合儒家礼仪规范上来，从而使天师道获得北魏朝廷的承认。在南方，陆修静（406—477）汲取儒家的封建礼法、道德规范以及佛教的三业清净思想，制定九斋十二法斋醮体系，撰述一系列斋戒仪范之书，使斋戒仪范的理论更加完备。陶景弘是陆修静的再传弟子，他广泛吸收各个教派所信奉的神仙，并对它们重新排列，分出等级、品位的高低。陶弘景对道教庞大的神仙作了系统化的分工，为以后道教神仙谱系的建立奠定了基础。

第二阶段：隋唐时期。当时唐朝皇族与老子攀亲，自称是李耳之后裔，政治上给予扶持，大力推行道教，道教因此获得巨大发展。这一时期道教的发展表现在以下两个方面：一是道教受到世俗皇权的隆遇。几乎历代唐皇都给予道教崇高地位。其一，追赐道教教主老子以及道家学派先贤以封号。唐高祖尊封老子为"太上玄元皇帝"，建立老子庙并亲至拜谒；唐玄宗李隆基亦对老子屡加封赐，并令五岳各置老君庙；此外还赐封庄子、文子、列子、更桑子等道家先贤为"真人"，这四人所著之书改名为"真经"。其二，礼遇当时道教名士。如唐玄宗于开元九年（721），迎道士司马承祯入京为国师，甚至还亲受法箓，成为道士皇帝；唐武宗开成五年（840）亲受法箓，先后诏授衡山道士刘玄靖为银青光禄大夫，任崇玄馆学士，封号广成先生，授道士赵归真为左右街门教授先生。其三，提高道士地位。如，唐太宗颁《道士女冠在僧尼之上》诏令，道士女冠以斋供行立，称谓在僧尼之前。唐玄宗令道士、女冠隶属宗正寺，将道士当作皇族看待。其四，抬高道教的学术地位。例如唐玄宗亲注《道德真经》，把《老子》列入科举考试范围；诏天下各州设置崇玄学，规定生徒学习道教经典。

二是道教理论继续发展。其一，修仙思想继续发展。司马承祯（647—735）是道教上清派第十二代宗师，他吸收儒家正心诚意和佛教的止观、禅定学说，以老庄思想为本，融合而成道教的修道成仙理论。认为人的天赋中就有神仙的素质，只要遂我自然、修我虚气，就能修道成仙。吴筠（？—778）则提出人依靠自身体内的精、气、神而生存，若要长生成仙，就必须注意精、气、神的修炼。应当守静去躁，恬淡无为、不悲不乐，止嗜欲、戒荒淫。其二，道教"重玄"思想的提出。道士成玄英（608—?）提出"重玄"思想，认为玄是"不滞"，不滞于有、不滞于无，一切有形之物的名字都是假名，"道"是自然之理，使万物自然而然地生成；人的主观心识与客观万物都是因缘和合而成的。道本性静，众生皆可修道，只是得返本归根，静心养道，方能证得正果。其三，援佛入道，出现释道合流的趋势。例如，李荣以用重玄思想解释《老子》而著称。其重玄思想极受佛教中观论的影响，特别是初唐盛行的佛教三论宗，给其重玄说以许多理论上的启发。王玄览融合佛教的修行思想，摆脱早期道教注重炼形的方法，强调坐忘修心和定慧双修炼神。

第三阶段：两宋时期。这一时期道教继续得到皇室的重视，道教教派纷纷创立，出现道儒合一的趋势。

两宋时期，道教继续得到皇室的重视。宋太祖赵匡胤早在后周时就与道士关系密切。北宋建立后，从利用宗教的目的出发，他针对当时道教宫观毁坏、寄居者众多、道冠庸杂、素质低下的现状，采取了修复宫观、选拔道官、断禁恶习、禁私度道冠、奖优汰劣等措施。宋太宗在位23年，亦修建大型宫观8座，还遣官天下，收集道书。大约从北宋真宗开始，统治者大肆赐封天下神灵，用道教麻痹人民陶醉自己。这些措施，促使道教向有利于封建统治方面发展，促进了道教的发展。

道教教派纷纷创立。两宋时期，道教原有各派获得发展，新派纷纷创立，就其大观，有内丹、符箓两大派别，各派内部又蘖生出不同的支派。内丹和符箓是道教中人由平常的人变为超乎异常的仙真的两条不同的修仙路径。内丹主张服药和炼气，符箓则为人举行各种宗教仪式、法术，以积累功德，最后到达仙人的境界。内丹派兴起于唐末的神仙道教，宋代发展到成熟阶段。内丹派分南宗、北宗和中派。符箓派分新旧两大派，旧派包括以龙虎山、茅山、阁皂山为本山的正一、上清、灵宝三大派，后来旧三派又分别枝生出神霄、清微、净明等新派。

　　纵观这一时期道教发展的特点，在晚唐至北宋时期，受政治失范、社会失序的影响，在道德阐释方面，皇道之宗取得了与重玄之宗并驾齐驱的地位。这一时期，外丹术明显由盛转衰，内丹术逐渐得到重视而取代了外丹术的优势地位。内丹术深刻影响了道教理论的发展，使道教关注的重心由外在的天道自然向内在的心性义理方面转化。在内丹学催生的历史背景下，涌现了一大批道教理论家，这些道教理论家的工作深刻地影响了宋明理学，是宋明理学的重要思想渊源。并为以后道儒合一趋势的出现奠定了基础。[①]

　　第四阶段：明清时期。总体上来看，明清时期道教日渐衰落，并出现三教合一的趋势。朱元璋即位后，亦封赐天下神灵。他对道教的两大派采取了扬正一教、抑全真教的态度。明朝皇室因鉴于世居龙虎山张陵后裔在道教中的巨大影响，授正一道教主以"正一嗣教真人"的封号。明永乐四年（1406），成祖敕令第四十三代天师张宇初纂修道教经典总集《道藏》。明代历世还在京师设置道录司，各府设置道纪司，州设置道正司，各县设置道会司，将道教事务列入朝廷行政管理的范围。全真道虽受到元代统治者的重视，政治地位极高，但明太祖认为禅宗与全真道"以修身养性，独为自己而习"，无助于伦理教化，贬抑全真道。全真道政治地位下降，教团发展受限。

　　清代满族贵族兴起于关外，入关之前信奉藏传佛教，入关后重视儒学治国，对道教比较冷淡。[②] 清初顺治、康熙、雍正三朝为笼络汉人，对道教略有重视和利用，依明朝旧例封赠正一真人，令其掌管天下道教。康熙皇帝曾命第五十四代天师张继宗进香五岳，祈雨治河，袭封大真人，授给光禄大夫品级。雍正皇帝对道教方术也感兴趣，认为道教炼气凝神，与儒家存心养气之旨不悖。正一道在清代日趋衰微，转向民间发展。清代全真道龙门派第七代祖师王常月，受师父嘱托，以振兴道教、恢复祖风为己任，他看准时势，改革旧制，整顿教

---

　　① 孔令宏：《中国道教史话》，河北大学出版社1999年版，第254—258、313—324页。

　　② 周德全：《清初道教"沉寂"原因探论》，《宗教学研究》2009年第1期。

规。王常月的传教活动得到清廷许可,皈依受戒者甚多,龙门教团大盛,使明代沉寂已久的全真龙门派出现了中兴景象。

明清时期,道教发展的另一个趋势是道教日益与佛、儒融合,并出现融儒佛道于一体的"三一教"。三教合一论由来已久,其思想萌芽可以追溯到东汉末年牟子的《理惑论》。此后,三教合一论逐渐流行,汇成一股不可忽视的思潮。① 三教概念的发展,可以分为魏晋南北朝、唐宋和元明清三个阶段。在魏晋南北朝阶段,虽然有三教的连称,不过彼此是独立的,儒、道、佛三者之所以相提并论,是偏重于它们社会功能的互补。唐宋阶段主要在于彼此内在意识上的流通融合,但就其主流而言,依然各树一帜。只有在元明清阶段里,才出现真正宗教形态上的三教合一。在明代,三教共同崇拜的神祇日益流行,其中最盛的是关帝信仰。林兆恩的"三一教",是以公开标榜三教合为一教作宗旨的,该教以儒为主体,立庙共塑三教之像,实行三教合一。

二　道教在赣闽粤边区的传播

(一) 道教在闽西地区的传播

魏晋南北朝时期。道教传入福建的时间很早。早在道教正式成立之前,福建就有发达的巫觋文化。无论在经典史籍还是在福建地方志中,均有记载流传着太姥和武夷君的神话。不少地区还流传着汉初术士何九仙修炼成仙的传说。东汉初年,泰宁就有道家活动。② 东汉末年,福建泉州亦有道士在传教。"泉州道士徐登,精医善巫术,贵尚清俭。"③ 三国时,也有道教名士介琰在福建闽中地区活动,"道士介琰住建安方山"④,"建安方山"即在福建闽县境内。西晋太康年间(280—289),泉州建有道教宫观白云庙。东晋末年,信奉五斗米道

---

① 林国平:《林兆恩与三一教》,福建人民出版社 1992 年版,第 54—60 页。

② 何绵山:《闽文化概论》,北京大学出版社 1996 年版,第 151 页。

③ 《后汉书》卷 112《徐登传》。

④ (晋) 干宝:《搜神记》卷 1,"介琰"条,中华书局 1976 年版,第 11 页。

的孙恩、卢循起义失败后，流散在泉州沿海的余部传播五斗米道。①
两晋南北朝时期，北方战乱，已有大批北方道教名士如左慈、葛玄、
郑隐等迁徙入闽，他们在当时的福州长溪县霍桐山修行炼丹，亦吸引
了更多道士前来。霍桐山也因众多道士隐居于此而名扬天下，被后世
道士奉为道教三十六小洞天的第一洞天。"第一霍桐山洞，周回三千
里，名霍林洞天。在福州长溪县，属仙人王纬玄治之。"② 这一时期，
晋江的玄妙观、宁德的鹤林宫、建安城东的白鹤观等道教宫观也相继
建立。③

　　与福建其他地区相比，魏晋南北朝时期道教在闽西地区的传播相
对要稀少一些。三国时期，江苏丹阳县句容乡人士葛玄（164—
244），传说曾云游到武平灵洞山炼丹。葛玄在道教中的地位很高，被
尊称为"葛仙公""太极仙翁"。这个传说在南宋《临汀志》中亦得
到印证，据说在宋代，武平还有当时葛玄炼丹的井灶遗迹。"葛仙翁
炼丹井，在武平灵洞山"，"葛仙翁炼丹灶，在武平丰山下"。④ 证实
与道教关系密切的炼丹术开始传入本区。

　　隋唐五代时期。由于统治者尤其是李氏唐朝统治者大力推崇道
教，使道教获得巨大发展。在这一背景下，福建道教也获得广泛传
播。五代时期，王潮、王审知及其家族统治福建，由于历代闽王均好
鬼神、道教之说，他们宠幸道士，热衷修建道教宫观、庙宇，福建成
为"巫道世界"："王氏三代俱信道，以因道而信巫，于是各县亦成
巫道世界。"⑤

　　这一时期，闽西地区的道教获得较大发展。唐开元二十八年
（740），刚刚建立的临汀郡就在州城东门兴贤门建造"开元观"一
座，观内设有圣祖殿、三清殿及唐高宗道装真容铜像，此为道教传入

---

① 吴幼雄：《泉州宗教文化》，鹭江出版社1993年版，第11页。
② （宋）张君房：《云笈七签》卷27《洞天福地》，华夏出版社1996年版，第
153页。
③ 《八闽通志·寺观》。
④ 《临汀志》，不分卷，《古迹》。
⑤ 《莆田史话·道教与巫》。

之始。唐贞元年间（785—805），连城有杜、陈二人在连城西山绝顶隐居修炼54年。五代时在临汀郡治增建金华观、金泉院和规模宏雅的仙隐观，祀吴真君。永隆元年（939）建"灵应显庙"祀无境王（开元观土地）、灵祐将军（五道圣七郎神）、灵顺夫人（五道圣七娘神）。北宋时三院庙合一，加庙额，重修，加封灵丰。南宋宝祐年间（1253—1258），由"羽流廖常真募缘修殿及门庑"。①

两宋时期。这时福建道教在唐五代的基础上继续发展，达到鼎盛。首先是出现了大批著名的道士，据文献记载，宋代在福建修炼的著名道士如谭峭、白玉蟾、陈冲素、林辕、牧常晃、董思靖、彭耜等共有51人。② 在这一时期，道观数量急剧增加，据道光时期的省志记载，福建在宋元两代建造的规模较大且被省志记录在册的道观多达80座。③

闽西地区的道教在两宋时期获得高度发展，主要表现在本区宫观不断增加，道士的传度、斋坛、修炼活动增多，并且与江苏茅山、江西龙虎山的联系加强，出现了一批在当时有一定影响的道士。闽西地区在宋代创建和重修的道教宫观，明确记录在册的有21座（见表4-1）。从表中我们可以看出，这一时期不仅建立的宫观数量大为增加，而且其分布地区也十分广泛，几乎遍布闽西全境。这一时期，闽西地区也产生了一大批道士，其中在当时比较著名的就有王中正、梁载、黄升、曹道翁、曹四（泗）、张道成等人。例如，王中正，旧名捷，字平叔，北宋时人。咸平年间（998—1003），贩卖于南康，遇赵道士，约会于茅山学成炼金术，相传在长汀县西鸡笼山修道。后被宋真宗召入龙图阁，特授"许州参军"。祥符年间（1008—1016），献给朝廷金4000多两、白银13000多两，支持建造供奉宋太祖灵的"景灵宫"，以功升为"光禄大夫"。死后谥"富国先生"，塑像进入"景灵宫"，享受殊荣。④

---

① 《临汀志》，不分卷，《寺观》。

② 民国《福建省志》卷47《福建道士传》。

③ 道光《重纂福建通志》卷264、265《道观》。

④ 福建省龙岩地区地方志编纂委员会：《龙岩地区志》卷37《风俗·宗教》，上海人民出版社1992年版，第1147页。

表 4-1　　　　　　　　　　宋代创建道教场所概况

创建时间		创建概况
北宋	建隆年间 （960—963）	汀州郡城重建金泉院。
	崇宁年间 （1102—1106）	长汀县东建"黄仙人庵"祀黄公。
	政和年间 （1111—1118）	长汀建"东岳行宫"。
南宋	建炎三年（1129）	上杭知县事廖揆建麟符观。
	绍兴年间 （1131—1162）	武平移建城隍庙。
		连城（当时称莲城）创建城隍庙。
		连城（当时称莲城）创建灵显庙。
		连城（当时称莲城）创建东岳行宫。
	乾道年间 （1165—1173）	汀州郡城建福仙观。
		上杭建"黄仙师祠（庙）"，祀巫者黄七翁及其子、婿三人。
		上杭建"岳灵庙"。
		武平在洞元观左建东岳行宫。
		连城兴建城隍庙。
	嘉定年间 （1208—1224）	上杭兴建五显庙。
		连城兴建东西五显庙。
	绍定年间 （1228—1233）	武平僧道重建灵洞山天福院。
		汀州道人在东兴贤门内新创武当道场。
	端平年间 （1234—1236）	上杭创建东岳宫。
	淳祐年间 （1241—1252）	长汀城西由乡人募缘建崇真堂。
		长汀由羽流林宗锡建造东岳行宫的太一楼、钟楼、东平王宫和两廊都门。
	景定二年（1261）	龙岩西官寨建造东岳观，由火居道士住持。

　　资料来源：福建省龙岩地区地方志编纂委员会：《龙岩地区志》卷 37《风俗·宗教》，上海人民出版社 1992 年版。

　　明清时期。从全国的情况看，元明时道教不如宋时兴盛，但福建道教依然久盛不衰。《福建通志·道士传》载，福建著名道士，元代有 9 人，明代有 34 人。《泉州宗教文化》中也谈到，元代时泉州为通商大港，道教流传仍比较兴盛，天妃被屡次赐封，道教宫观多处修建。① 明初统治者还比较重视道教的作用，但到明嘉靖以后，由于道教教团内部腐化堕落，外部赋税的繁重及理学的排斥，正统道教由停滞逐渐走向衰微。清代以来，随着福建沿海一代商品经济的发达，道教日渐世俗化，正统寺观废弃，宗教活动场所减少，供奉地方神祇的宫庙便成了百姓宗教活动的主要场所，许多道士也不得不走向社会，另谋生路，以操办各种法事为职业。

明清两朝，闽西地区道教进入鼎盛时期，各州县的宫观进行一些维修和新建，仅上杭县在明清时期所创修的庙宇就达 15 座（见表 4-2）。值得一提的是，明代，由于道教的发展，影响扩大，致使朝廷颁令各地设官置吏，把道教纳入行政管理之中，加强控制。汀州府在仙隐观建立"道纪司"，大部分县建立"道会司"，委任专吏，称"道会"（或称"护印"）。清中叶之后，随着道教的衰退，道纪司与道会司先后裁撤。

表 4-2　　　　　　　　明清时期上杭县创修道教宫观概况

创修时间	创修庙宇	创修时间	创修庙宇
明洪武九年	建真君庙	嘉靖年间	兴建镇龙宫
洪武二十九年	重建灵显庙	嘉靖年间	兴建泰山宫
洪武二十九年	重修东岳宫	万历五年	兴建天仙宫
洪武年间	重建黄仙师庙	清顺治年间	重修真君庙
永乐十三年	拓建夫人宫，祀陈、林、李三夫人	康熙年间	建造玉皇殿
正统年间	兴建真武阁	道光年间	兴建九皇宫
天顺五年	郭端募建三清殿	道光年间	兴建药王庙
嘉靖三十年	兴建仁圣帝宫		

资料来源：福建省龙岩地区地方志编纂委员会：《龙岩地区志》卷 37《风俗·宗教》，上海人民出版社 1992 年版。

（二）道教在赣南地区的传播

赣南地处赣江上游，距离江西境内的道教名山龙虎山、三清山不

---

① 何绵山：《闽文化概论》，北京大学出版社 1996 年版，第 152 页。

远，所以道教在这里的传播也很早。据说，西晋时五斗米道就在赣南一带活动，著名道士葛洪[①]"尝过平固，见山水灵秀，结庐其地，凿池洗药，并留诗云：'阴洞泠泠，风珮清清，仙居永劫，花木长荣。'洗药池在兴国县，今西门外治平观即其地"。[②]据说葛洪还在现大余县城南的嫦娥嶂（今仙人岭）造丹液、产仙茅。在西晋至南北朝间，道教在赣南活动频繁，建立了多处宫观。如上坛观，建于东晋永和年间（345—356），位于赣县郡城东建春门坛前街；永兴观，建于南朝刘宋年间（420—479），位于现在南康县境内；紫阳观，又名清华道院，建于隋朝（581—618），位于今于都县境内。[③]

　　唐宋时期，在统治者的扶持下，道教发展迅猛，赣南地区的道教也因此获得蓬勃发展。在唐朝，赣县、雩都（今于都）、虔化（今宁都）等县境内先后创建了 26 所道教宫观。宋代，道教得到进一步发展，除与佛教享有同样的地位和特权外，较大的道观还占有土地和山林；赣县、南康、宁都、大余等县先后新建道宫 12 所。元代，道教起了较大的变化。开始分衍为北方的全真派和南方的正一派（天师道）。赣南这两大宗派都有。正一派占多数，其支派有茅君派、净明派、清微派、武当派等。全真派的支派有龙门和尹喜等，主要分布在现在的宁都、石城、瑞金、赣州等地。

　　明清时期，赣南道教仍有发展，在赣县、南康、于都、宁都、安远，大余等县共建道观 20 余所。当时，赣南道教在全国的地位比较高，境内道人刘渊然曾数次受到皇帝赐封，成为当时名重一时的道教首领：洪武二十六年，刘渊然被赐号为"高道"；洪熙元年，被封为"长春真人"，获二品银章；宣德元年进号为"大真人"。明清时期，政府加强了对道教的管理。从明朝洪武十五年（1382）开始，赣州境内先后设置了道纪司、道会司等道教管理机构。道纪司设都纪、副

---

　　① 关于葛洪的生卒之年，学界多有争论（参见刘剑锋《论葛洪的生卒年及相关问题》，《船山学刊》2005 年 4 期）。其中生于西晋武帝太康四年（283），卒于晋哀帝兴宁元年（363）是学界的主流观点，是以姑从此说。

　　② 同治《赣州府志》卷 60《人物志·仙释》。

　　③ 同治《赣州府志》卷 16《舆地志·寺观》。

都纪各 1 名，道会司设道会 1 名，选拔戒行端洁、谙悉经典的道士充任道官。元明两代地方设立天文学校。元代开始设于诸路，后推及各府、州。教学内容为天文与术数。明代地方阴阳学官，府曰正术，州曰典术，县曰训术。明时，赣南境内多数县域亦设立了阴阳训学。明朝中叶以后，赣南的道教开始衰落，石城等县的道观先后被毁或改为寺庙。清朝中期，赣南神庙改制后，各地在家道士奉职立坛，奉道印自行修炼，遵五戒传统，传内不传外。此后，道教宫观逐渐减少，散居于家庭中的火居道士仍从事民间的祈祷斋醮。①

（三）道教在粤东北地区的传播

岭南地区在先秦和秦汉时期亦属百越之地，这里与福建和赣南一样，亦是巫风浓烈，在葛洪入粤传道以前，罗浮山早就有岭南第一山之称，盛传因安期生在此羽化成仙，而将此山称为蓬莱仙境之一。东晋时葛洪在罗浮山结庐建庵，修道炼丹，撰写著述，教授弟子，对道教在广东的传播做出了杰出贡献。唐宋朝廷扶持道教，广东道教获得巨大发展。其名山福洞，道教宫观，大大增加。此时，粤北、粤东客家地区境内的清远县飞霞山名列道教七十二福地的第十九福地；连州县的福山则为第四十九福地。韶州的元妙观、锦石岩梅岭洞真古观、招隐岩南雄玄妙观；连州的清虚观、真祺观；潮州的超真观，都是当时著名的道教宫观。②

关于道教在梅州地区的传播，1999 年新修的《梅州市志》比较简约：梅城有信道教者始于清乾隆年间（1736—1796），在城内紫金山顶设坛参拜，以及施丹膏丸散等成药方便贫苦病人。清光绪十三年（1887）嘉应州游击将军李鹏和嘉应知府金桂馨倡导，在梅城紫金山下建起一座"吕帝庙"。民国时期，梅县除在紫金山顶设吕祖大仙坛、紫金山下建吕帝庙外，还在梅城大浪口罗屋和长沙等地设有道场。民国二十九年（1940）章公剑、陈畅盛等发起与广济善堂合并

---

① 江西省赣州地区地方志编纂委员会：《赣州地区志》第 4 册，新华出版社 1994 年版。

② 参见《广东省志·宗教志》第一章"佛教"，广东人民出版社 2002 年版。

成立"赞化社"，除参拜吕祖外，还在吕帝庙施米粥、衣服等济贫救困，直至 1966 年 5 月"文化大革命"初期才停止活动。[①] 其实，如果我们参照其他相关地方志书，就可发现道教在梅州地区的传播远远早于乾隆年间。如据《松口镇志》载，该镇至今保留的道教宫观古迹有关帝庙和五显庙，前者建于明朝万历十六年（1581），后者建于清朝康熙九年（1670）。[②]

第二节　道教文化对客家民间信仰的影响

道教文化在赣闽粤边区的传播，必然对当地客家民间信仰产生密切的影响。道教文化是我国土生土长的宗教，其思想渊源来自我国古代的巫祝、方仙和黄老思想，并且也一直与民间社会有着密切的交往和互动。道教文化在赣闽粤边区的传播，自然也对当地民间信仰产生了密切影响。我们可以从客家民间信仰的神灵系谱和祭祀仪式两方面来考察。

一　道教神灵成为赣闽粤边区民间信仰的对象

所谓信仰对象，指的是人们崇拜、景仰的神明系统。众所周知，任何一种信仰形态都有被崇拜的对象，民间信仰当然也不例外。在赣闽粤边区民间社会诸神信仰之中，也直接把道教诸神纳入自己的神灵系统。

道教是一个多神的宗教，在它那里各种神仙鬼怪各司其职，不断有新的加入、旧的消失，道教仿照人间的政治结构，构成了一个庞大的神鬼官僚系统。一般来说，道教的最高神是"三清"（玉清、太清、上清，是一切事物的本源，又是一切事物的主宰，而且它还是众神之神）。在三清之下，还仿照人间的政治结构，设有"玉皇大帝"

---

① 梅州市地方志编纂委员会：《梅州市志》下册，广东人民出版社 1999 年版，第 1764 页。

② 黎锡波主编：《梅县松口镇志》，松口镇志编纂办公室 1990 年编印，第 105—106 页。

来总管天上地下各种杂事，就好像人间的皇帝一样。除了这些等级最尊贵的神之外，还有各种各样的专职神，如"三星"（职管世人福、禄、寿）、"灶君"（职察人间善恶之事）、"三官"（负责检勾人间众生）、"送子娘娘"（专管人间孕育之事）、文昌帝君（职掌文人财运），等等。①

道教所信仰的神仙大致可分为两大类，即"神"和"仙"。"神"和"仙"的含义是不同的，由天而人的是神，由人而天的谓仙。② 神是先天的，"神者，天地之本，而为万物之始也"。③ "神"包括天神、地祇、地府神灵、人体之神、人鬼之神等。"仙"指仙真，包括仙人和真人。由人而天的谓仙，仙是后天修炼而成的。道教所追求的得道成仙的"仙"，即属此意。"老而不死曰仙，仙，迁也，迁入山也。"④ 仙人长生不死，成仙之后就远避尘世。仙真实际是经过修炼而成的具有优异功行的杰出人物。仙人有高下品位不同。晋葛洪把仙人分为三等，称："上士举形升虚，谓之天仙；中士游于名山，谓之地仙；下士先死后蜕，谓之尸解仙。"⑤ 唐朝司马承祯又将仙人分为五类："在人称人仙，在天称天仙，在地称地仙，在水称水仙，能神通变化称神仙。"⑥ 在赣闽粤边区客家民间信仰中，很多道教神灵都成为客家人的信仰对象。无论道教神明系谱中"天神""地祇"，还是"人鬼"，都在客家民间信仰中有所体现。

如前所述，客家人十分敬重"天神"，天公崇拜是客家地区普遍流行的习俗。他们称天为"天公""天神""天老爷"等。客家人祭拜天的活动非常频繁，有专门的"天公生日"（正月初九），还要过

---

① 葛兆光：《古代中国道教的修炼、仪式和方法》，《中国典籍与文化》2002 年第2 期。

② 关于神仙的区别，其实并不是有着非常严格区别的。例如，道教神系中的许多神都是现实生活中的人所神化。"人鬼之神"即是本着有功于民则祀之的原则，把人奉为神。其中包括各民族的祖先神、各民族的圣贤英雄。

③ 《说苑·修文篇》。

④ 《释名·长幼》。

⑤ （晋）葛洪：《抱朴子内篇·论仙》。

⑥ （唐）司马承祯：《天隐子养生书》，不分卷，"神解章"。

"天穿日"（正月二十日）；在婚嫁大礼时，也是先拜天地，后拜祖宗，再拜父母。

如果说"天公信仰"还保留了比较原始的自然崇拜的话，那么赣南宁都县东龙村的"玉皇大帝"信仰则属于典型的道教神明。玉皇大帝全称"昊天金阙无上至尊自然妙有弥罗至真玉皇上帝"，属于道教中的"天神"系统。天神是上天之神，《说苑·修文篇》说："天曰神，地曰祇"①，天神居住在天上，由道气所化生，分三十六天。道教认为"玉皇大帝"为众神之王，在道教神阶中地位极高，神权最大。天界尊神很多，"玉皇大帝"是第二层级的神明，地位仅次于"三清神"。道经中称"玉皇大帝"居住在昊天金阙弥罗天宫，妙相庄严，法身无上，统御诸天，综领万圣，主宰宇宙，开化万天；行天之道，布天之德，造化万物，济度群生；权衡三界，统御万灵，而无量度人，为天界至尊之神，万天帝王。简而言之，道教认为：玉皇总管三界（天上、地下、空间）、十方（四方、四维、上下）、四生（胎生、卵生、湿生、化生）、六道（天、人、魔、地狱、畜生、饿鬼）的一切阴阳祸福。每年的腊月廿五，玉皇要亲自降圣下界，亲自巡视察看各方情况。依据众生道俗的善恶良莠来赏善罚恶。正月初九为玉皇圣诞，俗称"玉皇会"，传言天上地下的各路神仙在这一天都要隆重庆贺，玉皇在其诞辰日的下午驾鸾返回天宫。是时道教宫观内均要举行隆重的庆贺科仪。②

赣南宁都县东龙村的"玉皇宫醮会"应该是客家地区"玉皇大帝"信仰中的典型代表。东龙村坐落在宁都县城东南 50 公里处，与石城县交界处一个海拔 600 米左右的山间盆地里，它是清初文学家、"易堂九子"之一的李腾蛟的家乡，现居住有 400 余户人家。东龙村的面积虽然只有 2.5 平方公里，但却保存了一大批古代建筑和景观。村里最大的一处神庙就是"玉皇宫"。相传该庙香火是清代中后期由仁土公从广昌驿前接来的。说它是宫，但实际却是一处亦佛亦道的民

---

① 《说苑·修文篇》。

② 马书田：《中国道教诸神》，团结出版社 1996 年版，第 36—46 页。

间宗教活动场所。整座建筑分上、下两栋三厅，廊厅奉的是王灵官；前厅的神龛空着，留待建醮时挂功德使用；上厅楼下为观音殿，供奉着观音、金童、玉女；楼上为玉皇殿，供奉玉皇、李老君、托塔天王李靖。也许是因为庙里的神明大多姓李的关系，东龙人对这个庙的感情特别深，每年都要在这里举行隆重的"玉皇宫醮会"。因此，这个庙也就成了全村神明崇信的中心。醮会在农历七月十五日举行。届时，理事会要提前两天张榜告示，村民见到告示后便立即安排清扫堂室，洗刷锅碗瓢盆，并洗澡换衣，全家戒斋。醮会期间圩上也禁止荤腥上市。醮会分成儒、佛、道三坛同时进行。儒坛设在玉皇宫楼上的玉皇殿前，由村里的全体生、童在这里念诵七天六夜的《玉皇经》。佛坛设在楼下上厅的观音殿前，由村里永东寺、妙觉庵里的尼姑在此念诵七天六夜的《观音经》《三宝经》。道坛则设在楼下的下厅，由本村的六七个道士在这里念诵七天六夜的《玉皇经》《三官经》《文殊经》《罗祖经》《关圣经》。开始的七天，三个坛都同时诵经，但不同的是，儒、佛二坛，自始至终都只用木鱼之类的小型道具，俗称"静念"；而道坛则鼓乐喧天，俗称"响念"。且在这七天六夜当中，道士们还要分三次（每次均安排在下午），到各家各户及村内各个祠堂去巡游。每个村民的家里，也都事先设好了香案，案中间用竹筒盛一升白米，米上插一道由道士事先做好的神主牌。神前用香、烛、素果供奉。道士巡游时，在每个神位前施礼、念咒，并在每口塘的塘边上插上一支信香。最后一次巡游时，道士则把所有的神主牌收走，集中在庙堂上等候火化，竹筒里的白米，则送给道士带走。醮会的第七天，亦即最后一天的晚上，三教集中在玉皇宫门口的空坪上举行"放蒙山"（又名施食）仪式。坪的一角，从醮会的第一天起，便已竖起了用纸糊制的鬼王（又名大山人）、麒麟、龙、狮、象等。到了傍晚，坪的上方要用方桌搭起一座高台，台上供奉救苦天尊等神像，一名道法较高的主坛师坐在高台上，向孤魂野鬼们讲经说法，劝他们奉公守法、改恶从善。同时祈请上界神明大发慈悲，普渡他们早离苦海，尽快超升。接着，便在村子四周的高山上点起松明火把，在坪上架起的餐桌上放置酒、饭等物，尽情款待孤魂野鬼，最后又施以孤衣、冥钱，严令他们尽早离村，以确保村落安全。最后送神，并把醮场上的纸扎用品全部就地焚化，醮会即告结束。第二天，全村人买鱼买肉，开斋庆贺。

客家人也信仰地祇之神。"地祇"即土地之神，凡与土地有关的神灵都属地祇，如社稷、五岳、山林、川泽、河海之神。道教所信奉的社稷、五岳、四渎、城隍、土地、门神、灶神、井神、厕神等，或护佑一方，或职掌一事，皆为地祇之神。

在赣闽粤边区比较普遍信仰的"东岳大帝"就是属于地神。"东岳大帝"信仰源于中国古代的山川崇拜，古人认为山清水秀，云缠雾绕，地大物博，高峻雄伟，神秘莫测，令人敬佩又令人恐惧，于是人们祀之为神，顶礼膜拜："山林川谷丘陵，能出云，为风雨，见怪物，皆曰神。"① 泰山居五岳之首，因为"峻极于天"，被认为是人神相通的地方，所以帝王登极，都必须到泰山封禅祭告天帝以保佑政权昌隆长久，尊泰山之神为东岳大帝。早在道教形成之前，山川之神就被纳入国家祭祀体系。"以血祭社稷、五祀、五岳，以貍沈祭山林川泽。"② "天子祭天下名山大川，五岳视三公，四渎视诸侯。诸侯祭名山大川之在其地者。"③ 到汉代时，就开始形成了一整套祭祀五岳的正式制度和仪式。"（汉宣帝神爵元年）自是五岳、四渎皆有常礼。"④ 道教宣扬泰山是天帝的裔孙，群山之祖，五岳之宗，天地神灵之府，并赋予其掌管人间生死、贵贱的功能。"泰山乃天帝之孙，群灵之府，为五岳祖，主掌人间生死贵贱修短。"⑤ "东岳泰山君，领群神五千九百人，主治死生，百鬼之主帅也，血食庙祀所宗者也。"⑥ 故泰山神信仰遍于全国，各地建立东岳庙。每年三月廿八日，官府依例祭祀，全国皆然。福建民间崇祀东

---

① 《礼记·祭法》。

② 《周礼·春官·大宗伯》。

③ 《礼记·王制》。

④ 《汉书·郊祀志下》。

⑤ 《月令广义·图说五岳真形图》。

⑥ 《云笈七签·五岳真形图序》。

岳大帝至迟始于五代。闽国时，王氏将东华宫改建为泰山神庙，宋以后，闽西地区的清流、宁化、长汀、连城、邵武等县都建有东岳庙。① 各地游神时间和游神仪式虽略有不同，但一般都是在每年农历三月廿四日和廿五日这两天。出行时，仪仗用天子例，东岳大帝像着黄袍，轿夫穿黄色衣服。出游队伍最前面的是高照、金鼓，接着是皂班，继则为持香和执灯者，再接下去是八家将、太监、小鬼等装扮者，最后是东岳大帝的八抬神銮。

除了上述神灵之外，还有许多道教神明，如太岁、八仙、城隍、司命灶君、真武大帝、三茅真君等，由于其特殊的业绩和社会功德，往往也受到客家人的顶礼膜拜，至今享受人间烟火。

值得一提的是，在赣闽粤边区的客家民间信仰中，除了直接把道教神明奉为自己的祭祀神灵之外，不少地方还把法术高强的道教职业者——道士奉为神灵。例如，在赣南安远县新龙乡里田村，村民把道士唐克篯奉为地方保护神。根据村里唐氏族谱记载，唐克篯为里田唐氏的第十一世祖，生于明代弘治乙卯年（1495），死于隆庆庚午年（1570）。据当地村民介绍，唐克篯生前是个道士，法术非常高明，能用"障眼法"，又能"撒豆成兵""呼风唤雨"，所以无论"阴兵"和"阳兵"都很怕他。由于法术高明，他还获得了朝廷赐予的"三军冢宰，助国良臣"之封号。有一次，因里田与邻村长沙村争风水，唐克篯与邻村请来的名叫丁招和的另一个道士斗法，并把对方打败了，于是双方结下冤仇。后来唐克篯在做祠堂时，因围墙做得太高，丁招和乘机诬告他违制僭越，私造皇城，朝廷派人下来调查，唐克篯就使用法术，把围墙压低了三尺，轻松地躲过了一劫。尽管他后裔子孙仅传九世就绝嗣了，但唐氏宗族以及邻近五个村落都把唐克篯奉为地方神明，与道教的许真君等神明一起享受着当地的香火。②

---

① 民国《福建通志》卷 9《坛庙志》。

② 刘劲峰：《安远新龙乡长坑、里田、九龙三村醮坛科仪初探》，见罗勇、劳格文主编《赣南地区的庙会与宗族》，国际客家学会、海外华人研究会、法国远东学院 1997 年版，第 226—227 页。

　　赣南上犹县县城最大的民俗活动是祭祀"廖公菩萨"。廖公原本也是一个道士，法力高强。他死后成神的经过很有意思。据说有一次，为了迎接一个恶道士的挑战，廖公在房屋大门左右两边挂了两件用棕叶做的蓑衣，并在屋内大厅中央放置一碗水，并吩咐家人七天内不能让任何人前来打扰，然后就到里屋睡了。恶道士前来挑衅，看到两件蓑衣化作两只猛虎在门前守住，那碗水也化作一道洪浪滔天的江水，使他无法进屋去。恶道士通过诱骗的奸诈手段，使廖公家人除去画了符咒的蓑衣和那碗水，才进到里屋，并破除了廖公用来保护元神的法术。家人以为廖公真的死去，就把他下葬了。恶道士为了斩草除根，从墓葬中挖出廖公的尸体，丢弃在江中。尸体漂到上犹县城的护城河里，就停了下来。无论人们怎样用竹竿拨开，但尸体又总是漂了回来。人们觉得奇怪，就对着这具发出腐臭的尸体说，如果你能香三天，我们就设坛将你供奉祭祀，果然腐尸连续香了三天。于是人们设坛祭祀，尊为"廖公菩萨"。①

二　道教仪式成为客家民间信仰活动的重要内容

　　仪式是宗教存在的基本标志之一，道教的仪式是用来沟通人神之间的方法和程式。道教的道士是沟通人神之间的中介，人有了问题，要告诉神请道士帮忙，人害怕祸灾想躲避鬼，也要请道士帮忙，人想得到长生，也要由道士来指导，道士要是不能传达人神之间的对话就失去了作用。为了沟通人神鬼，道士有一套独特的方法和程序。这些方法和程序不断规范，就逐渐形成了道教的各种科仪。苏联宗教学者约·阿·克雷维列夫曾将祭祀仪式单独提出来，作为宗教的五大要素之一。② 道教不仅道派繁多，其教义教理、科仪斋醮、方技方术等方面的内容也十分丰富，具有杂而不纯的特点。道教的仪式很多，并且十分复杂，不同地方、不同教派，以及不同祈求，都有不同的仪式。

---

① 李坊洪：《上犹县城民俗活动大观》，见罗勇、林晓平主编《赣南庙会与民俗》，国际客家学会、海外华人研究会、法国远东学院1998年版，第282页。
② ［苏联］约·阿·克雷维列夫：《宗教史》，中国社会科学出版社1984年版，第2页。

诚如古人所云：“道家之术，杂而多端。”① 不过，无论如何复杂，其中，最重要的还是“斋”和“醮”。②

“斋”，即斋戒。在人的想象中，神是不喜欢肮脏荤腥气味，人要和神沟通，就要先把自己身心搞干净，身体要沐浴，心灵要纯净，这就叫“斋”。斋戒在道教仪式中地位极高，被认为是“道之根本，法之津梁”。南北朝时期的高道陆修静是早期道教斋醮仪式的编撰者，他把“斋”看成修道持戒之重大法门，他在《洞玄灵宝五感文》中说：“道以斋戒为立法之根本，寻真之门户。”在《太上虚皇天尊四十九章经》中又云：“斋戒者，道之根本，法之津梁。子欲学道，清斋奉戒，念念正真，邪妄自泯。”③ 在古代中国，“斋”有大有小，形式也各不相同：“道家所先，莫近乎斋，斋法甚多，大同小异。”④ 灵宝斋是众斋仪中最重要的仪式，又分为金箓斋、黄箓斋、明真斋、三元斋、八书斋、自然斋、洞神斋、太一斋、指教斋等种类。不过，尽管斋法种类繁杂，但基本上都是为人们解决诸如求雨、为死人超度、治病、祈求国家安宁之类的具体问题。古代中国的“斋”的仪式很庄严，要献上清酒，要供上三牲，还要请巫师唱歌奏乐，道教就继承了这些传统的方法。在“斋”的时候，斋主——也就是祈求神赐予或保佑的主人——要沐浴、静心，在道士指引下走上斋坛。斋坛上有供桌供上祭品，道士诵经焚香，步虚缭绕，走禹步，唱赞颂，诵神名，上青词，斋主默默地祈祷，等等。通过这种仪式，人在道士的介引下得以与神灵进行沟通。

“醮”是道教中的祭神仪式。《正一威仪经》释“醮”说：“醮者，祈天地神灵之享也。”⑤ “醮”这种祭神仪式，有点像今天道观里所作的“神仙大会”。隋代时，道教斋醮科仪已有章表之仪：“夜中

---

① （元）马端临：《文献通考》卷225《经籍考》。浙江古籍出版社2000年影印《十通》本，《文献通考》第2册，第1810页。

② 任宗权：《道教章表符印文化研究》，宗教文化出版社2006年版，第1页。

③ 《道藏》第1册，第768页。

④ 《无上秘要》卷47《斋戒品》，载《造藏》第25册，第166页。

⑤ 《道藏》第18册，第257页。

于星辰之下，陈设酒脯、饼饵、币物，历祀天皇、太一，祝五星列宿，为书如上章表之仪以奏之，名之为醮。"① "醮是备香花灯烛，果酒茶汤，降天地，致万神，禳灾祷福，兼利天下。"② 从这些描述中，我们可以知道，"醮"的基本方式一般是在夜里星空下举行，道士把需要祝祷和供奉的众神供在坛场上，通常中间是三清、玉皇，四周是三官、诸天以及各种神，像"罗天大醮"要供几百几千个神的牌位，把各种悬轴（幕）分别布在四周，象征着天上的境界，点上各种象征性的灯火，悬挂各种各样的旗帜。然后一一念祷，和"斋"一样，也要步虚、缭绕、诵经、奏乐、焚香。有时候，"醮"也是给人们祈福消灾的手段之一，民间常说"请道士打醮"指的就是这种仪式。

无论"斋"和"醮"，在客家民间信仰中都有深刻的体现。在客家民间的迎神赛会中，有许多仪式程序以及人神交际的各种象征行为，如"犒军""过火""竞赛""进香""出巡""暗访""联境参香""镇符""押散魂""谢平安"，等等，以多重组合的人文方式，显示了乡土祭典仪式乃是民众主体意向的操作中心。然而，只要深入发掘，就不难发现客家民间祭典仪式所具有的道教文化内涵。像"出巡""镇符"之类的仪式，本来就是作为道教斋醮科仪的重要形式或者环节而存在的。我们在此援引学者对广西陆丰客家地区的"大幡醮"仪式的调查资料，以窥察客家地区道教打醮仪式的基本内容。

大幡醮仪，古称"阳平大醮""罗天大醮"，俗称"打大幡""斩大幡"。旨在阴超阳度，造福众生，是传统社会规模最大、仪式最复杂、最神秘的综合性仪式。20世纪中期及以前，曾广泛流行于闽、赣、粤、湘、桂、琼等南方省区。2012年年末及2013年年初，桂东南清湖镇永平村蚊龙西杨屯举办了两场"大幡醮"（全称"大幡胜会通天普度水陆经忏道场"）仪式，有记者对此

---

① 《隋书·经籍志》。

② 张泽洪：《道教斋醮符咒仪式》，巴蜀书社1999年版，第17页。

进行了现场调查并写成了详细的田野报告①，使我们得以知晓该地打醮仪式的基本内容。这两场幡醮举办的主题和操作醮仪的道士均不同：第一次系由永平村（村公所）联村举办，意在祈取村落平安清洁，聘请之大幡师是陆川县之李道森二郎。第二次则由永平村蚊龙西杨屯彭氏家族主办，意在答谢神明造福桑梓，聘请之大幡师是博白县之蓝道河四郎。尽管如此，两场幡醮的仪式则基本相同。大体如下：

第一日主要仪式：封山朝；下马朝；酬宗答祖；进军幡场。第二日主要仪式：上午（向诸神明）发表；中午接圣旨；下午过竹山、福寿桥、108 阴阳水碗消灾解难，晚上开夫人忏。第三日主要仪式：上午接大幡竹、接刀山木；下午祝寿，晚上拜星祈寿。第四日主要仪式：上午请军；中午斩（活）猪牛；下午上刀山解冤释罪消想；晚上文坛过火炼，武坛拜雷符忏。第五日主要仪式：白天，文坛行香拜庙参境；晚上，文坛"施食"超度，武坛谢佛谢圣、退兵。此外还有每日例行的早、午、晚三朝仪式。前后五日，以第四日为高潮。

上述"大幡醮"的田野报告反映了道教在客家地区的活动情况，也使我们了解了道教"打醮"活动的基本仪式。而下文所描述的流行在福建宁化一带的"童子醮"，则又清楚反映了道教打醮仪式成为客家民间信仰活动的重要内容。

所谓"童子醮"，就是在"降童"家里打的醮。"降童"是指神明降下到童子身上，借童子之口讲话的神秘现象。这种现象在赣闽粤地区比较普遍，而且从不少文献中直接指出，这种"神灵附体"的现象就是巫术的一种。"降童即降神也，闽俗又谓之打童，上下诸府皆有之，而下府尤盛。皆巫者为之。"②"广东赤溪一带有降童，常请神'附体'，为人决吉凶休咎。"③"此处（指赤溪）复有降童，尤涉

①　刘道超：《桂东南客家大幡醮仪及其价值》，《龙岩学院学报》2013 年第 6 期。
②　《闽杂记·降童》。
③　陈永正：《中国方术大辞典》，中山大学出版社 1991 年版，第 157 页。

怪诞。往往自言神降其身，人遂就其占休咎，决从速，一国若狂，奔走恐后。逾时神去，而降童如常焉。"① "降童是巫师的一种。又称'落童'、'神童'、'乩童'，是粤人信鬼的一个表现……据说其人能与神沟通，用降神扶乩的方法平妖除怪、消灾祈福。岭南山区流行降童术，念动咒语后神灵便附于人身，借人口说了种种预言。降童还可为病人驱邪治病。这种带有浓厚迷信色彩的习俗今已趋消失。"② 在宁化县当地，仍然存在许多家中供神、神灵附身的童子。这些被神灵附体的孩童据说本事很大，但凡求子、求婚、求学、许愿、治病等，几乎有求必应，十分灵验。这些"神童"一般都会在家中厅堂设神坛供奉神明。平时"神童"与其他十五六岁的孩童无异，但神灵附体后，表现出浑身颤抖、能说会道甚至手舞足蹈的样子。神灵是可以请过来的。如果有人来要"问神"，必先到"神童"家中神坛前焚香请神。一旦神明来到，"神童"坐在供有神明的桌子前，头伏在供桌上，脚会抖动，信徒问什么，"神童"就回答什么。诸如问神之人的家里人为什么会生病，该怎么除病；已经去世的亲人在阴间过得怎样，需要阳间的人帮助做点什么；近来家中遭遇诸多不幸，需要查明原因，并用什么方法进行解救；等等，都可以通过"神童"之口，与神明进行交流，得到神灵的明示。根据钟晋兰女士在宁化淮土乡SGP 村的调查，该地除了在平常日子里，有人到"神童"家中神坛上香，通过"神童"向神祈愿之外，每年还举行一年一度的"童子醮"。③ 打醮的时间选在每年农历二月十九，此日又被当地人称为"观音诞"，即观音菩萨出生的日子。这一天，来到神童家中神坛前烧香敬神的人很多。这一天"神童"并不受理"问神"之事，专等

---

① 胡朴安：《中华全国风俗志》上册，不分卷，《广东省》，"赤溪民俗纪"条，九州出版社 2007 年版。

② 岭南文化百科全书编纂委员会：《岭南文化百科全书》，中国大百科全书出版社 2006 年版，第 652 页。

③ 钟晋兰：《客家乡村的降童信仰调查——以宁化县的女童子坛及醮会为例》，《嘉应学院学报》2012 年第 10 期。

下午道士前来打醮。主持打醮仪式的道士是普庵教弟子。① 打醮前，要设一"醮坛"。醮坛正中供桌上安放着从本村东岳宫请来的张康元帅神像，神像旁有一装谷子的米升，插有数支香，竖有红纸做的星辰牌。星辰牌上写着药王祖师、玉皇大帝、观音菩萨等神灵的名字。以前在张康元帅神像后面要悬挂一张画满各色神明的醮神图，但因该图在"文革"时期被毁，无法重画，现在只好用一张阿弥陀佛图替代。张康元帅神像左前方的供桌上也供奉着观音菩萨与财神的神像，右后方的小供桌上则安放有韦驮的神像。另有一枝大幡竹在大门外面竖着，幡竹共有六层竹枝，上面挂有一幡旗，上面写着"南无增福寿菩萨座前幡位"字样。准备就绪后，在二月十九这一天，就开始打醮。打醮的仪式主要有以下这些程式：

首先是"发表"。主坛者头戴毗卢帽，手拿摇铃、如意，绕坛后与香主一起上香。发表时要念疏章并烧化，烧的疏章有 5 封，分别是"天京门下呈进文表上封""佛会门下呈进文表上封""狱府门下呈进文表上封""地府门下呈进文表上封""水府门下呈进文表上封"。然后是做"早朝"。举行祭拜仪式，主是启奏并烧化"中天教主呈进文表上封"。

在做完"早朝"后的三小时左右时间之内，每隔一段时间要依次完成"树幡""请神""上供"等仪式，其中，"请神"时间最久，大约要持续近一个小时。

等到中午 12 点开始的半个小时内，要连续做三个仪式：午朝、朝幡和谢灶。"午朝"的含义是拜请观音，由五个道士在坛中穿插走

---

① 普庵教是佛教民俗化的结果，该教开创者为普庵祖师，他是宋代佛教临济宗的第十三代禅师，他生前为民治病及禳灾祈福，因此在圆寂之后受到广大民众的敬戴，成为佛教俗神，而为民众所奉祀。普庵信仰的形成是唐宋民间世俗造神运动的产物，亦是佛教世俗化和民间佛道交融之派生物。普庵祖师在接受民众顶礼膜拜的同时，也逐渐演变为民间道教的神明，其信仰传说及相关资料也被民间道坛广泛应用，并发展出了一整套与之相关的仪式活动，形成了一个亦佛亦道、佛道兼融的特殊教派——普庵教。见黄建兴《福建普庵信仰和普庵教初探》，学愚主编《出世与入世——佛教的现代关怀》，中国社会科学出版社2010 年版，第 238 页。

步，有时急有时缓。道士们均未穿道袍，其中一个举着插在糖糕上的宝伞；"朝幡"主要是启奏并烧化"五方如来文疏上封"的疏章；"谢灶"是烧化"东厨司命文疏上申"。

醮会仪式的重要部分主要在下午和晚上。下午三点左右开始做"晚朝"，持续一个小时，由三位道士穿道袍完成，结束时要烧化"光王文佛呈进文表上封"的文表。然后依次是"漂灯"和"坐台"。漂灯处设在房子旁边的水井旁。"坐台"时，要在从醮坛到漂灯之处路的两边，插上12支"路角"，"路角"上放有点燃着的蜡烛，用以延引孤魂，并在醮坛大门的两边挂上灯联，在大门口挂上花灯，用来照亮施食桌，以便孤魂野鬼进食。"坐台"仪式时间持续两个小时，直到晚上8点左右。"坐台"仪式结束后，要把幡竹推倒，施食桌上的饭菜倒掉，灯联、花灯等烧化干净。整个醮会结束。

三　民间信仰与道教存在密切互动

道教原本由民间信仰发展而来，其思想和仪式也保留了很多原始民间信仰的痕迹，在它创立之后，依然与民间信仰保留了良好的互动和交往。一方面是道教自创立后，继续吸收民间信仰神灵到自己的神灵系谱中来；另一方面则是民间信仰也以道教为正教，尽量与之攀附。这种互动情况，在赣闽粤边区也十分常见。

在道教神明系谱中，"三山国王"被列为地祇之神。实际上，该神灵原本属于广东潮州地区巾山、明山和独山三座大山的界石之神。三山国王是山川之神的原初性质，唐代韩愈在他的一篇祭文中，就有明确界定：

> 维元和十四年。潮州刺史韩愈，谨遣耆寿成宇，以清酌少牢之奠，告于界石神之灵曰：惟封部之内，山川之神，克庥于人。官则置立室宇，备具服器，奠享以时。淫雨既霁，蚕谷以成，织妇耕男，衎衎欣欣，是神之庥庇于人也，敢不明受其赐。谨选良

月吉日，斋洁以祀，神其鉴之。尚飨。①

在这篇祭文中，韩愈明确地将其定位为"山川之神"，属于当地人们的自然崇拜。不过，随着时间的推移，至迟到元代时，该神就逐渐演变为人格神，并产生了各种传奇的故事：

元统一四海，怀柔百神，累降德音，五岳四渎，名山大川，所在官司，岁时致祭，明有敬也。故潮州路三山之神之祀，历代不忒，盖以有功于国，弘庇于民，式克至于今日休。……潮于汉为揭阳郡，后以郡名而名邑焉。邑之西百里有独山，越四十里，又有奇峰曰玉峰。峰之右乱石激湍。东潮西惠，以一石为界。渡水为明山。西接于梅州，州以为镇。越二十里为巾山。地名霖田。三山鼎峙，其英灵之所钟，不生异人，则为明神，理固有之。世传当隋时，失其甲子，以二月下旬五日，有神三人出于巾山之石穴，自称昆季，受命于天，分镇三山，托灵于玉峰之界石，庙食于此地，有古枫树。降神之日，上生莲花，绀碧色，大者盈尺，咸以为异。乡民陈其姓者，白昼见三人乘马而来，招为从者，已忽不见。未几，陈遂与神俱化，众尤异之。乃周爰咨议，即巾山之麓，置祠合祭。前有古枫，后有石穴，昭其异也。水旱疾疫，有祷必应。既而假人以神言，封陈为将军。赫声濯灵日以著，人遂共尊为化王，以为界石之神。②

由此可见，三山神原本属于广东潮州地区巾山、明山和独山三座大山的界石之神，后来经过历代儒士精英和宗教人士的改造，才把山川之神人格化，演变为三兄弟的故事，成为潮州、梅州地区的地方保护神，后来得到历代朝廷封赐，进入了国家祀典，并成为道教之神。③

---

① （唐）韩愈：《昌黎先生集》卷22《祭界石神文》。
② （元）刘希孟：《潮州路明贶三山国王庙记》，载《永乐大典》卷5345。
③ 谢重光：《三山国王信仰考略》，《世界宗教研究》1996年第2期。

明清时期，随着闽粤客家人的渡海入台，该神灵也被带到台湾一带。台湾最早供奉三山国王的庙是在苗栗县的北角，由陈振福等先贤创建的，他们从三山国王祖庙——广东省潮州市揭西县的霖田庙中，请出神尊，辗转迎请至苗栗北角的，其后他们又在宜兰县冬山乡建立了"振安宫"，现台湾有三山国王庙座，主要分布在桃园、苗栗、彰化、高雄等广东人居住的村落，其中著名的有彰化永靖乡"甘霖宫"、社头乡枋桥头"镇安宫"、鹿港镇埔仑里"霖肇宫"、宜兰县员山乡"三山国王庙"等。

"天后娘娘"，也称"妈祖""天妃娘娘"，她也是道教中的神明。[1] 与三山国王一样，"天后娘娘"也是由东南区域的民间神灵演变而来。"天妃娘娘"本姓林，叫默娘，福建莆田人，生于北宋初，她出生后即与常人不同，成年后居家不嫁，不到30岁即去世，在去世后她化作神灵，常在海上救人于危难之中。关于林氏姑娘的神异之处，文献有精彩记载：

> 宋太祖建隆元年庚申三月二十三日方夕，见一道红光从西北射室中，晶辉夺目，异香氤氲不散。俄而王氏腹震，即诞妃于寝室。里邻咸以为异。父母大失所望，然因其生奇，甚爱之。自始生至弥月，不闻啼声，因命名曰"默"。幼而聪颖，不类诸女。甫八岁，从塾师训读，悉解文义。十岁余，喜净几焚香，诵经礼佛，旦暮未尝少懈。婉娈季女，俨然窈窕仪型。十三岁时，有老道士玄通者往来其家，妃乐舍之。道士曰："若具佛性，应得渡人正果。"乃授妃玄微秘法。妃受之，悉悟诸要典。十六岁，窥井得符，遂灵通变化，驱邪救世，屡显神异。常驾云飞渡大海，众号曰"通贤灵女"。越十三载，道成，白日飞升；时宋雍熙四年丁亥秋九月重九日也。[2]

---

① 马书田：《中国道教诸神》，团结出版社1996年版，第200—212页。
② （清）林清标辑：《敕封天后志》卷上《传》，乾隆戊戌年刻本。

据传说，林默娘死后，屡屡显灵。宋徽宗宣和年间（1119—1125），给事中路允迪出使高丽，途中遭遇风暴，赖她鼎力相救，才化险为夷，于是，朝廷下令祭祀妈祖，此后历代加封，南宋封为灵惠夫人、灵惠妃。元代封为护国明著天妃。清代康熙年间更封为"天后"。在这一过程中，"天妃娘娘"也逐渐成为道教神明谱系中的一员。

天妃信仰最先兴起于福建莆田一带，此后才扩展到各地尤其是沿海地区，并且传至海外。在赣闽粤边区客家地区，天妃信仰分布地区广泛，信徒甚众。与莆田毗邻的闽西地区自不消说，仅永定一县，据清道光十年（1830）的县志记载的就有13座。其他如宁化县城的天后宫、宁化县泉上镇延祥村的德馨祠、连城县四堡乡马屋村的天后宫，武平县大禾乡湘村的妈祖庙等，都是祭祀妈祖的祠庙。与莆田相隔较远的赣南和粤东北地区，也有天后信仰的分布。在赣南，如赣县，"观音阁在七鲤镇，旧建无考，乾隆四十二年丁酉袁嘉位等倡修。阁二层，上祀大士，下祀天后"。① 会昌县曾在嘉庆十八年在县城排栅巷建"天后宫"。② 此外，长宁县（今寻乌县）、安远县、宁都县和瑞金县等地都建有"天后宫""廻龙阁""水口庙"等庙宇，"天后娘娘"作为主神或配神被当地人们供奉着。在粤东，五华、兴宁、蕉岭等地均设有天妃庙，其中五华县的天妃庙会远近闻名。五华县华城镇的天妃庙建于清末民初，天妃庙会的时间在每年农历三月三，历时20余天。开庙会时，人们纷纷来到天妃庙敬香祭祀，在庙外通宵达旦地观看戏剧，至三月二十三日的"天妃出巡"，仪仗威严，鼓乐喧天，万人空巷，庙会达到最高潮。③

"天妃娘娘"虽然从民间神灵升格为道教正神，但在赣闽粤边区地区的天后信仰活动中，其祭祀仪式更多地还是体现了原始民间信仰的痕迹。例如，在赣南宁都县城东北角建有"天后宫"，长期

---

① 同治《赣县志》卷13。

② 同治《赣州府志》卷14《舆地志·祠庙》。

③ 张泉清：《粤东五华县华城镇庙会大观》，见房学嘉主编《梅州地区的庙会与宗族》，香港国际客家学会、海外华人研究社、法国远东学院1996年版。

存在着"给天后娘娘换鞋"的习俗。该习俗其实是一种还愿活动，家中小孩生病后，母亲到天后宫烧香祈愿，当小孩病好之后，母亲就会带着小孩到庙中还愿。还愿时除烧香之外，小孩的母亲还会带上一双小巧精致的绣花鞋交给女庙祝，女庙祝当场给神明换上新鞋，换下的旧鞋则归庙中所有，这样就使天后娘娘不断地有新鞋穿。① 这种"换鞋"仪式，自非道教所有，乃是汲取了当地民间信仰文化的因素。

又如，长汀县的天后宫庙会，虽然主要体现了道教文化的内容，但民间信仰的痕迹仍十分浓厚。据张鸿祥先生的调查，长汀县天后宫始建于宋代，后来屡经修葺，尤其是经过清代道光五年（1825）、光绪三十年（1904）的重修，更具规模，现已占地约9000平方米。长汀县天后宫的庙会历时一个多月，分神像出巡、圣诞活动两个阶段。出巡的准备及经过如下。（1）预通知，即由值蓬的理事通知攀桂坊各家各户做好纸扎花灯等相关准备②；（2）择日，请风水先生选择出巡吉日；（3）写"起马牌"及张贴告示，起马牌即告示牌，把妈祖出巡的路线写下张贴在木牌上，且由人扛着此木牌，敲着铜锣，按照出巡路线走一遭，同时，还要将出巡路线写在红纸上，张贴在主要的路口；（4）出巡，第一天在攀桂坊本坊行走，第二天开始先在城内巡游，之后再到城郊，巡游队伍基本上要走遍汀州城内外主要的大街小巷和桥梁。巡游队伍经过时，沿途人们摆设供桌，陈放供品进行路祭，并鸣放鞭炮。也有人将天后神像接入自己家中。第二阶段为妈祖寿诞庆典活动，时间是三月二十一日至二十三日，地点是天后宫。天后神像在巡游之后，在三月二十一日清晨前一定会被接回到宫中。从三月二十一日起，汀州的百姓纷纷带着供品来到天后宫，为天后祝寿。这三天，天后宫要请江西、湖南等地的戏班子唱戏，还要请长汀

---

① 转引自林晓平《客家民间信仰与民俗文化》，中国社会科学出版社2012年版，第61—62页。

② 传统的妈祖出巡都是由长汀十三坊中的攀桂坊主持，攀桂坊有十蓬（即十个居住群落，各居住群落都由不同姓氏、宗族的人组成）人，妈祖出巡由其中的七蓬人轮流值年，七年一个轮回。每年由轮值的这蓬组成理事会，负责妈祖出巡的相关事宜。

本地的"说书班"说书、"鼓手班"演奏。①

道教与民间信仰之间的密切互动，除了上述道教在创立后依然继续不断把民间神灵拉入自己的神灵系谱之外，还表现在民间信仰也以道教为正教，把自己的神灵与道教正神相联系，尽量与之攀附上。

欧阳真仙信仰是至今仍然广泛流传在闽西一带的民间信仰，它的产生时间比较晚，应该在宋元以后。从文献记载和相关传说来看，该神灵的产生，明显存在攀附道教正神的痕迹。据《清流县志》记载：

> 宋淳熙年间（1174）始有刘道士率徒五六人，带粮十日，诛荆斩棘而上，行六日至山顶，结庐修炼于山上（此指大丰山）。自此名山荒径始拓，后欧阳大一又养真修道于此，并在丰山得道成仙。乡人祀之极灵。水旱、疾疫，有司迎之随车舆而能动风雷。②

材料中所指"丰山"，乃是清流县境内的最高峰，海拔1700多米，高耸入云，在宋淳熙年间便有道士结庐建观，号为"顺真道观"。当地传说，欧阳大一在16岁那年就跟着山上的道士开始学道，并最终在丰山得道成仙。上述这条材料，也基本印证了当地关于欧阳大一拜道士学法的故事。也许是觉得与普通道士学道还不足彰显欧阳大一的神性，后来人们又把欧阳大一的得道成仙与道教著名人物吕洞宾和何仙姑等联系起来：

> 吕洞宾云游大丰山时，感到此山仙气浓重胜似蓬莱仙境，想在此开道场渡仙。一日在山中看见正在放牛的欧阳世清，见其身环仙气，知道是可度之人。于是在大丰山南面悬崖绝顶上设一楚

---

① 汀州妈祖庙会的情况，参见张鸿祥《汀州城区的庙会大观》，见杨彦杰主编《闽西的城乡庙会与村落文化》，国际客家学会、海外华人资料研究中心、法国远东学院1997年版。

② 清流县地方志编纂委员会：《清流县志》卷28《宗教风俗》，中华书局1994年版。

汉棋盘，邀请何仙姑、九龙女下棋对弈。欧阳大一在丰山下放牛，见山顶有人下棋，便爬上山顶观望。看得久了，觉得有点饿，于是何仙姑拿出一粒仙丹给欧阳大一吃。他吞下仙丹后，只觉身轻如燕，神清气爽，饥饿感顿时消失，于是接着观看对弈。哪知棋局错综复杂，千变万化，久久分不出胜负。欧阳大一看得入迷，竟忘了回家，直至棋局结束。欧阳大一欲辞别众仙回家，吕洞宾问他：“度你为仙如何？”“好啊，那等我把牛赶回家。”欧阳大一回答。吕洞宾望了望山下，“你可知天上一日，地下一年啊！”再看那牛，已化为仙牛而去。欧阳大一无奈，只得留下。要成仙要通过舍弃肉身这一过程，吕洞宾要欧阳大一跟他和两个仙女一起往山崖跳，跳的时候要闭着眼，不能偷看。于是三仙一起往山崖跳，欧阳大一有点害怕且好奇，于是睁开了眼，看见了那触目惊心的一景：三仙摔得肠子都流出来了。欧阳大一惊得半晌不能言语，怎么也不敢跳啊。杂念一过，天上就飘来三仙的声音：“欧阳大一，你就做个半仙吧，在大丰山上享受烟火供奉。”此后，欧阳大一在丰山上勤修苦练，终于得道成仙，成为一方之圣。①

总之，从上述介绍中，我们可以看出，在赣闽粤边区民间信仰中，道教神灵不仅大量充斥民间信仰，而且还吸收不少民间神灵到道教中来。在祭祀仪式方面，民间信仰既吸收了许多道教的内容，甚至还以道教为尊，有意用道教的仪式改进自己。道教文化在赣闽粤边区广泛传播并对此间民间信仰所产生的深刻影响，由此可见一斑。

第三节 个案举例：道教对民间信仰的改造—— 以“江东神”的演变为例

“江东神”是赣南的一个土神，因为它曾被朝廷封赐过不同的庙

---

① 清流地方志编撰委员会：《清流民间传说故事》第 8 节《欧阳真仙》，1985 年编印。

号，所以在地方志书和士人文集中，其庙宇又被称为"嘉济庙""圣济庙""昭灵王庙"等。"江东神"虽起源于赣南，但在儒家精英们的推动下，逐渐从一个普通的地方神灵，演变为一个享受官方祭祀的正神和道教崇奉的"签神"，并且其信仰圈也不断扩大，广泛流传到闽、粤、江浙、荆、湘等地区。"江东神"身份的转变，与道教在赣南的广泛传播密切相关。

一　从自然神到人格神："江东神"的源流考析

"江东神"名称的来历，与其庙宇的位置有关。"嘉济庙，在州西官寨西。旧志云：神姓固，名石，秦时赣县人。庙在镇水之东，故俗呼为江东。"① 这里的"镇水"，指的是贡水，它是赣江在赣南境内的一条支流。"江东庙"，又称"石固庙""嘉济庙""昭灵王庙"等，所祀主神为一个名叫"石固"的神灵。关于"石固"的籍贯、身份和出现的时间，人们争讼不已。有人认为"石固"是南昌人②，也有人认为秦朝时候从北方迁到赣南的"谪卒"。③ 不过，更多的认为他是赣南本土人：

> 《赣州府志》："江东庙，即嘉济庙。旧在雷冈，当赣水东，故曰江东庙。其神曰石固，相传赣人，生于秦代，没而为神。"④
> 《石城县志》："江东庙，城西老人仓背，神姓石名固，秦时赣县人，殁而为神。"⑤
> 《龙岩州志》："嘉济庙，在州西官寨西。《旧志》云：'神姓固，名石，秦时赣县人。庙在镇水之东，故俗呼为江东。'"⑥

---

① 乾隆《龙岩州志》卷 8《古迹志·庙祠》，"嘉济庙"条。
② 参见罗河胜主编《中华罗氏通谱》下册（文献篇），《祠记·大农祠记》。
③ 参见龚文瑞《略论赣州客家古村（镇）的历史成因》，见罗勇、林晓平主编《赣州与客家世界国际学术研讨会论文集》，人民日报出版社 2004 年版，第 139—140 页。
④ 同治《赣州府志》卷 12《舆地志·祠庙·赣县》。
⑤ 乾隆四十六年《石城县志》卷 3《经制志·祠庙》。
⑥ 乾隆《龙岩州志》卷 8《古迹志·庙祠·嘉济庙》。

关于"石固神"出现的时间,文献亦出现分歧。成书于南宋时期的《临汀志》认为,该神灵应当在汉代末年以后才产生:

> 助威盘瑞二王庙　在长汀县南驻扎寨。长老相传,汉末人以身御敌,死节城下,时有显应,众创庙宇,号"石固"。一日,庙前小涧涨溢,忽有神像乘流而至,自立于石固之左。众异之,号"石猛大王"。后以息火功封左王为"石猛助威",右王为"石固盘瑞"。宋朝元丰间创今庙。①

而更多的文献则认为"石固"的出现要早于汉代,认为他是秦代人。

> 嘉济庙,在吴山,又名江东庙。《钱塘县志》:"祀秦赣人石固"。②
>
> 吾苏江东神行祠,在教场之侧,以百签诗决休咎,甚著灵验。……尝读《祠记》云:"神,秦人,姓石名固。"③

无论是汉末还是秦代,都表明在宋元以后才大为光显的"石固神",其历史其实是十分久远的。

在关于"石固神"生前身份的问题上,学者亦存在不同的看法。前引《临汀志》一书认为该神灵是汉代末年以后的一位"以身御敌"的人,死后屡有显灵,故被人们祭祀,最后转为神灵而来的。元代的著名文人刘岳申则认为"石固神"的原型不是战争英雄,而是一个巫师:

---

① （南宋）胡太初修,赵与沐纂:《临汀志》,不分卷,《祠庙》,福建省地方志编纂委员会,福建人民出版社1990年版。

② （清）沈德潜等:《西湖志纂》卷9《吴山胜迹》,四库全书本。

③ （明）陆粲撰:《庚巳编》卷7,"江东签",谭棣华、陈稼禾点校,中华书局1987年版,第81—82页。

> 赣水东神有祠尚矣，庐陵邑故未有祠，按《郡志》，惟龙泉昭灵王庙在县东巫村滨江，宋治平所建。神，赣水东，名固，巫也。①

很显然，无论生前是英雄还是巫师，"石固神"这种"殁后为神"的故事，都说明它一开始就属于典型的人格神。这个说法，常被后人乃至今天一些学者所赞同：

> 石固大王是由厉鬼升格的神明，在粤东地区有不少坛庙。②
> 在客家民间信仰中，"七娘"、"石固大王"属于"孤魂""厉鬼"，他们受到优待（"敬而祀之""创庙以祀"）而摆脱了"孤魂空寂寂""绝祀长萧然"的冷遇。③

不过，在笔者看来，无论是"殁后为神"，还是生前为巫，都不是"石固神"的最初身份，他的最初身份应该是石神，这种神灵身份，来源于赣闽粤边区原始信仰——巨石崇拜。

在赣闽粤边区的客家方言中，一般把"石头"读成"石古"。房学嘉先生也认为在粤东一带所崇奉的"石古大王"其实就是"石固大王"。④民国年间所修的《上杭县志》，也把"石固庙"称为"石公庙"⑤，主要原因也应当是当地历来有崇奉石头的习俗，往往把石头当作"石公"来敬拜。

赣闽粤边区历来就有巨石崇拜的传统。客家地区，常常可以看见有人在矗立的巨石下焚香烛烧纸钱，祈求平安及风调雨顺；在田头地尾、在大石头上、在大树底下，用三块石头垒起来，就成了人们烧香祈拜的场所；在先人的墓地，一块石碑或是坟上面放一块石

---

① （元）刘岳申撰《申斋集》卷5，《记·龙泉江东庙记》。
② 房学嘉：《客家民俗》，华南理工大学出版社 2006 年版，第 131 页。
③ 汪毅夫：《客家民间信仰》，福建教育出版社 1995 年版，第 130 页。
④ 房学嘉：《客家民俗》，华南理工大学出版社 2006 年版，第 130—133 页。
⑤ 民国二十七年《上杭县志》卷 22《古迹志·石公庙》。

头，就可当是他的安身之所；在客家城乡地区的屋后巷口，经常可看到一块刻着"石敢当"或"泰山石"字样的石块，意在用巨石镇鬼压灾，以保佑人间安康。有人还将刚出生的或是比较难带的孩子过契给"阿石爷"，取名为石保、石佑、石坚等，逢年过节都要焚香化纸，祈求"阿石爷"庇佑，消灾避祸，让孩子健康成长……巨石崇拜是我国古代十分流行的一种自然崇拜，有学者认为巨石崇拜的起源与古代生殖崇拜、祖先崇拜有关，是人们表达生存与繁衍观念的方式之一。① 在赣闽粤边区地区，至今还保留着小孩子有拜巨石、古树等为契父，或者用石头象征伯公（土地神），或把巨石当作山神来崇拜的习俗：

> 有拜神为父的塔下小孩中，拜溪中或溪边石头为其子者甚多，拜古树也不少，个别的拜太阳为其子。缺金拜石为子，缺木拜树为子，缺水只要取个带水旁的名字，缺火契太阳为子，缺土拜土地公为子。……每个村子至少有一个不到半米高的伯公庙（土地公），有的伯公居所只是一块岩石或一棵树，放个香炉或插上香就是。②

> 乐洞村的石古大王，是当地百姓一直以来信奉的山神。③

另外，从至今流传在兴宁一带的"石古大王"信仰及其传说中，也依然能看到"石固信仰"源自巨石崇拜的痕迹：

> 石古大王位于广东省兴宁县神光山国家风景区。从神光山西边山口，迈步一百一十七级石级而上，可见到一棵千年古榕和一个古茶亭，在旁边原有一个巨石，即为"石古大王"。远古时候，兴宁神光山周围十余里的地方，全是荒山野岭。山里野兽经常到

---

① 鹿国治、邹婷：《巨石崇拜探源》，《理论学刊》2002 年第 4 期。
② 郭志超：《闽客社区民俗宗教比较的调查报告》，《客家》1996 年 2 期。
③ 卓尚基：《粤东五华县华城镇乐洞村的宗族与神明崇拜调查》，见《梅州地区的庙会与宗族》，国际客家学会、海外华人研究社、法国远东学院 1996 年版，第 55 页。

山脚的村里觅食，扰得村民不得安宁。村里有个姓石的少年，从小练出一手掷石子的武艺，石子掷出去百发百中。他决心要为群众除害。一天，忽闻有人大喊"狼来了"。他抬头一望，只见远处一个人牵着一条牛边跑边叫。这少年邀了几位同伴追了上去，一个石子就把狼砸得脑袋开花。又有一天，距神光山只有三里远的黄玑塘来了一头老虎，附近的人吓得不敢出门。他邀了十多个同伴，带上石头，分乘三条竹排从水路出发。当竹排经过一处芦苇丛时，突然，"呜"的一声，从芦苇丛跃出一头黄斑老虎，扑上一条竹排，那竹排连人带虎跌落水里。老虎泅水上了岸，人也跟着上了岸。这时另二条竹排上的人已赶了上来。他们拿起石头一齐向老虎掷去，不费很大功夫就把老虎打死了。以后，那位姓石的少年掷石子的武艺越学越精，各处来求教的人也越来越多。野兽渐渐少了，人民生活也安定了。后来，人们为了纪念这位少年英雄，在神光山上设坛奉祀，称他为石古大王。南越王赵佗为了表彰他的功绩，特封他为"护国石古大王"。①

这个故事的附会之处甚多，自然不可作为信史来看。但庙前所竖巨石，少年英雄以"石"为姓氏，并且用"石头"作为武器，都流露出当地对巨石的崇敬之情。因此，从上述这些情况来看，我们提出赣南地区的石固信仰来源于当地先民的巨石崇拜这一构想，应该是可以成立的。

二 从土神到正神："江东神"的祀典化历程

作为巨石崇拜遗留的"江东神"，原本是赣南地区的一个民间神灵，但到宋元以后，它屡次获得朝廷的封赐，使它从一个乡野杂神，逐渐进入官方祀典，成为一个被国家所认可的正神。这个祀典化的过程十分漫长，大体从秦汉时期开始，一直到宋元时期，并且与赣闽粤边区的开发进程密切相关。

----

① 阿伦：《兴宁神光山石古大王的传说》，《梅州日报》2012 年 4 月 12 日第 4 版。

如前文所述，关于作为人格化的"石固神"产生的时间，文献记载出现秦代、汉初和汉末等不同的记述。但从整体上来看，以往文人在追述"石固神"的人文故事时，都是把秦汉时期作为该神灵的历史源头。为什么以往文献在追溯神灵历史的时候，往往会重点提及秦汉时期？笔者认为这应该与赣南地区的地域开发历史有关。

据有关史料记载，北方中央政权对赣南地区的拓展和开发，最早就是在秦汉时期。秦始皇统一六国之后，便开始大规模的拓疆活动。赣南作为征伐南粤的桥头堡，秦军在现在的赣州市的南康和大庾岭一带设立了"南野""横浦关"等关隘①，并驻扎了大量军队进行防守。到汉高祖六年，中央政府已经在赣南地区设立赣、雩都、南壄三县，标志着该区域正式纳入了中央直辖体系之中。②

秦汉时期中原政权对赣闽粤边区的大规模拓疆活动，不仅大大促进了该地区的经济开发和社会进步，同时也给当地人们留下了深刻的历史记忆。在赣南地区，存在汉初大将灌婴在赣南活动的不少遗迹。例如，在明清时期的赣南方志中，有不少地方都记载了"灌婴垒"的古迹："灌婴垒，汉高祖六年定江南，因南越尉赵佗犯境，婴将兵击之，筑垒于雩山之阳四十里。"③ 尽管由于年代太过久远，古迹湮废，人们已无法考证"灌婴垒"的具体位置，然而对灌婴筑垒的故事却似乎是深信不疑的："灌婴旧垒在何许？或云汉代古田坪，或云唐时筑城处。灌侯故国成烟尘，灌侯子孙其谁人？呜呼！独遗旧垒芜荆榛。"④ 而且灌婴本人还被当地人们建立庙宇进行专门祭祀。"赣州雩都县故有灌婴庙，今不复存。相传左地尝为池，耕人往往于其中耕出古瓦，可斸为砚。予向来守郡日所得者，刓缺两角，犹重十斤，沈

---

① 谭其骧主编：《中国历史地图集》第二册（秦、西汉、东汉），中国地图出版社1982年版，第11—12页。

② 关于赣南地区秦汉时期的考古资料，请参阅赣南地方历史文化研究室《赣南文物考古五十年》，《南方文物》2001年第4期。

③ 同治《雩都县志》卷7《古迹志》。

④ （清）黄浚：《灌婴旧垒》，同治《赣州府志》卷18《舆地志·名迹·雩都县》。

墨如发硎，其光沛然。"① 在"江东神"的传说故事中，"石固"显灵的故事也与灌婴平定赣南的历史联系在一起：

> 赣之雷冈有神祠曰江东嘉济庙者，相传其神姓石氏，讳固，自先秦时已血食兹土，汉颍阴侯婴过而祀之，神遂显名。②

> 圣济庙者，初兴于赣，渐流布于四方，所在郡县多有之。神盖姓石氏，名固，赣人也。生于秦代，既殁，能发祥焉。汉高帝六年，遣懿侯灌婴略定江南，至赣。赣时属豫章郡，与南粤接壤。尉陀寇边，婴将兵击之，神降于绝顶峰，告以克捷之期。已而有功，馆神于崇福，里人称为石固王庙。③

尽管这一传说带有浓厚的神话色彩，但传说故事往往也是历史记忆的积淀。如果抛开其神话部分，我们就会发现，这则故事也在一定程度上折射了秦汉时期北方中央政权征略赣南的历史事实，同时也进一步说明"石固神"乃是赣南的本土神灵。

到了唐、五代，关于"石固神"显灵的故事就更多了，并且还有开始建庙的确切时间：

> 唐大中元年，里民周谅，被酒，为魅所惑，坠于崖下；符爽，行贾长汀，舟几覆。诚有所祷，谅即返其庐，爽见神来护之。于是卜贡江东之雷冈，相率造新庙，石为像奉焉。相传庙初建时，天地为之晦冥。录事吴君暨司户萧君，令康、黄二衙官，先后往视，皆立化，二君亦继亡，逮今祀为配神。一云自时厥后，神屡显嘉应。④

---

① （宋）洪迈：《容斋随笔》，孔凡礼点校，唐宋史料笔记丛刊本，《容斋续笔》卷12，"铜雀灌砚"，中华书局2005年版，第370页。

② （元）傅若金撰：《傅与砺文集》卷3《记·江东神庙记》，四库全书本。

③ （明）嘉靖《赣州府志》卷11《艺文》，引（明）宋濂《江东庙记》。

④ 同上。

关于"石固"帮助灌婴击败赵佗，以及救助名叫"周谅"的村民和名叫"符爽"的商人的故事，也许是后来文人主观臆测后编造而成。不过，唐代和五代时期有人为"石固神"树碑题刻，倒是一件真实的事情，这件事还被南宋著名史学家王象之、金石学家洪适所载录。这充分说明唐代时"石固神"被人们所敬奉，应当是确凿无疑的事实了：

> 嘉济庙碑，庙在水东五里，庙有唐进士杨知新、伪吴薛光范二碑。①
>
> 州直东绝贡水，再百举武翚然雷冈之上者，曰嘉济庙，入斋庐，有古碑二：其一唐宣宗八年进士杨知新所立，题曰："石固王碑"；其一吴杨溥九年节度使李德诚所立，题曰："昭灵王之碑"。②

获得官员题刻或朝廷封赐，是地方神灵取得合法性地位、受到国家承认并予以保护的"正神"的重要途径。③ 具有"进士"身份的杨知新竟然会为"石固神"题写碑刻，不仅说明当时"石固神"被人们所广泛敬奉，而且也说明该神灵已经朝祀典化的道路迈进了重要的一步。

唐朝进士杨知新为"石固"庙题写碑刻或许只是个人行为，并不能代表"石固神"正式被纳入官方祀典，但是，到了两宋时期，"石固"神屡屡获得朝廷封赐，元代又加封王号，在明清又获得官方的定期祭祀，这些则说明"石固"神灵完全获得官方的认可并被正式纳入国家的祭祀体系之中了：

---

① （宋）王象之撰：《舆地碑记》卷2《赣州碑记》，四库全书本。

② （宋）洪适：《盘洲文集》卷33《小传·嘉济庙碑》，《四部丛刊》（初编）本。

③ 按照学者的观点，地方神灵进入祀典或获得封赐是有区别的，如果进入祀典，便可获得两项权利：一是官方祭祀（包括定期的春秋二祀与不定期的雨旱灾疫祈祷），二是官方负责修葺维持祠宇。而若只获得封赐，则无此二种待遇。参见皮庆生《宋人的正祀、淫祀观》，《东岳论丛》2005年4期。

　　　　江东庙，在赣县雷冈之上，祀秦石固，屡著灵异。唐大中间
里人周诚重建，宋嘉祐赐额"显庆"，绍兴加封"昭烈"，文信
国有记；元加封王号；明洪武中，敕有司岁以正月初八诞日致
祭，移祀城内四路口，宋濂有记。①

　　　　江东庙，城西老人仓背，神姓石名固，秦时赣县人，殁而为
神。宋元间屡加封号，明洪武中，敕有司岁以正月八日诞辰致
祭，后改祭春秋。②

　　我们在考察宋明时期"石固"神的祀典化过程时，要特别注
意它在两宋时期的发展。我们认为，两宋时期是"石固神"高度
发展的阶段，也是它被正式纳入官方祀典的开始，"石固神"在
宋代的高度发展，亦与赣南地区在这一时期的社会发展有关。

　　石固信仰在两宋时期的高度发展，表现在以下两个方面：

　　一是目前我们能够查阅到的关于该神灵记载的早期文献，最
早的几乎都是在宋代。如前文所提到的王象之《舆地碑记》，胡
太初等人所编纂的《临汀志》，以及郭祥正的《题赣州嘉济庙祈
雨感应》③，文天祥的《重修嘉济庙记》等④，都是宋代文人留下
的关于"石固"信仰的重要资料。此外，至今流传在兴宁一带的
关于石古大王为国拼战，战死后被皇帝赐封的故事，也是发生在
宋代：北宋时期，有姓石、姓古的两人，组织人马，抵抗外来侵
略，拯救百姓于水深火热之中，他俩英勇作战，奋不顾身，双双
战死沙场，被北宋皇帝敕封为"护国义士大元帅"。从中原迁徙
而来的兴宁先民，一直对石、古两人怀有深厚感情，设坛纪念他

---

　　① 雍正《江西通志》卷 109《祠庙·赣州府·庙》。

　　② 乾隆《石城县志》卷 3《经制志·祠庙》。

　　③ 参见（宋）郭祥正《青山续集》卷 4《古诗·题赣州嘉济庙祈雨感应》，四库
全书本。

　　④ （宋）文天祥：《文天祥全集》卷 9《记·重修嘉济庙记》，中国书店 1985 年
版，第 218 页。

们，称他们为石古大王。①

二是石固信仰正式进入官方祀典的时间也正是在宋代。获得朝廷封赐，是"石固神"正式纳入官方祀典的重要标志，据文献记载，"石固神"获得朝廷的赐号，最早就是在北宋嘉祐年间。

那么，为什么宋代成为石固信仰的重要发展阶段呢？笔者认为有两个原因：

一是两宋时期全国掀起了一场"封神运动"，封神运动的结果就是许多原属乡土民神都被纳入国家祀典体系之中。② 建立"正祀"和打击"淫祀"是宋代朝廷对待民间信仰的两大措施，当时政府建立国家"正祀"体系的重要途径之一，就是对众多神灵庙宇赐以爵号封额。③ 在这场轰轰烈烈的全国性"封神运动"中，正如其他地方神灵一样，"石固"神灵亦于嘉祐至绍兴年间屡次荣获"显庆""昭烈"的庙号，从而被纳入国家祀典体系之中。

二是与赣南地区在宋代的开发有关。随着我国古代经济重心的南移，赣闽粤边区出现了大量的脱籍人口，使地处江南腹地的赣闽粤边区经济地位大大提高，而赣江—大庾岭通道的开凿，以及唐末以来大量北方汉人的涌入，又使赣闽粤边区的交通地位上升并又获得了大量的劳动力，这一切都使赣南地区的社会经济在两宋时期获得了巨大的发展。例如，县治的增设是地域社会经济发展的重要表现，赣南自西

① 阿伦：《兴宁神光山石古大王的传说》，《梅州日报》2012 年 4 月 12 日，第4 版。

② 近年来，通过研究朝廷、官员、士人对待民间信仰的措施和态度，来考察我国古代国家与地方社会的关系，是颇受学者青睐的研究路径。在这股研究热潮中，关于唐宋时期朝廷大肆封赐神灵庙号的"封神运动"，亦有不少优秀成果，如，林国平《福建民间信仰》（福建人民出版社 1993 年版）、［美］韩森《变迁之神——南宋时期的民间信仰》（包伟民译，浙江人民出版社 1999 年版）、贾二强《唐宋民间信仰》（福建人民出版社 2002 年版）、沈宗宪《国家祀典与左道妖异 宋代民间信仰与政治关系之研究》（台湾师范大学历史研究所 2000 年博士学位论文）、皮庆生《宋代民众祠神信仰研究》（上海古籍出版社 2008 年版）、雷闻《郊庙之外——隋唐国家祭祀与宗教》（生活·读书·新知三联书店 2009 年版），等等，这些成果对于我们考察"石固"信仰的问题颇有启发意义。

③ ［美］韩森：《变迁之神——南宋时期的民间信仰》，包伟民译，浙江人民出版社1999 年版，第 146—167 页。

汉建立行政区划以来，其行政区划的数量经历了一个由少到多的过程，直至清末，该地区共领辖 17 个县级行政区划，而仅在五代、两宋时期，赣南地区就增设了 6 个新县，所以五代到两宋是该地区增设县治最多的时期。① 赣南地区的社会发展，促使中央政权加强对这一地区的控制，其中，对民间信仰的控制，则是官府控制地方社会的重要措施。把信众多、流传广的民间神灵纳入官方祀典，则是国家控制民间信仰的重要方式之一。② 作为赣南地区的本土神灵，"石固"神灵在宋代屡屡获得朝廷封赐，并被纳入国家祀典，"石固神"在宋代所获得的这种"隆遇"，当与赣南在这一时期特殊的发展背景有关。

三 从正神到签神：道教对"江东神"的塑造

由于宋元以来赣南在全国经济和交通地位的骤然上升，使各种势力不断往这里渗透。不仅国家政权大力拉拢"石固神"，把它纳入官方的祀典体系之中，而且宗教势力也不甘落后，道教通过对"石固神"功能的重新解读，从而把它塑造成一个道教神灵。

一般来说，消除灾难和预知未来是神灵两个最重要的功能，它们通过种种迹象，帮助人们消除面临的灾难，或者预知凶吉祸福，从而获得民众对它的崇奉和敬拜。具体到江东神的信仰上，在"石固神"的祀典化过程中，具有官方立场的地方志书和文人士大夫就是通过详细描述"石固神"如何帮助官兵平定兵寇之乱，着力渲染它"有功于国"，从而为把它纳入官方祀典提供充分的依据。如在明初宋濂所作的《江东庙记》一文中，就详细描述了"石固神"在西汉初年、宋朝建炎三年（1129）、绍兴二十七年（1157）、绍定三年（1130）、淳祐七年（1247）、淳祐九年（1249）等年间，帮助官兵平定兵寇之

---

① 这一时期赣南地区增设的 6 个县级行政区划是瑞金、石城、龙南、上犹、兴国、会昌。参见赣州地区志编纂委员会《赣南概况·建置沿革》，人民出版社 1989 年版，第 3 页。

② 邹春生：《神灵入典与毁禁淫祠：略论国家对客家民间信仰的控制——兼论国家权力在客家文化形成中的作用》，《赣南师范学院学报》2008 年第 1 期。

乱的事迹。① 此外，在《江西通志》② 和《龙泉县志》③ 中，也分别讲述了"石固神"这一外来神灵在元延祐初帮助临江府清江县的万户杨重明讨伐盗寇蔡五九，以及在绍兴八年（1138）显灵吓退龙泉县凶寇李毒龙的故事。

然而，在道教系统中，人们更加看重的则是"石固神"的预知未来的功能，并把它看成在求签问卦以示凶吉方面具有特殊功能的神灵（我们姑且称之为"签神"）。

> 江东庙，在府城外贡水东五里，因名，即宋嘉济祠。其神，秦时赣县人，姓石名固，既殁，为神，后人因其灵应，为著韵语百首，第以为签，神乘之以应，人卜无不切中。④

明人陆深所撰《豫章漫抄》中的"江东签"云：

> 太祖一日用舟师至江上，适柂坏。江东庙有树可为材，将取之，祷于神，降之签云：世间万物皆有主，一粒一毫君莫取，英雄豪杰自天生，也须步步循规矩。太祖神之，遂不伐其树，祝之曰："使我有天下，当新其庙宇。"后乃兴建巨丽，故金陵江东庙遂著名云。⑤

清人褚人获《坚瓠集》对此亦有记载但略有不同：

> 高皇初起兵渡江。偶尔柂折。见江东神庙，（石固，秦人）有木可伐，将伐之。庙祝言神签颇灵，可问之。高皇从其请，得签曰："世间万物皆有主，非义一毫君莫取；总然豪杰自天生，

---

① （明）宋濂：《江东庙记》，见嘉靖《赣州府志》卷11《艺文》。
② 雍正《江西通志》卷108《祠庙·临江府·庙》。
③ 乾隆《龙泉县志》卷9《建置志上·坛庙·昭灵王庙》。
④ 《明一统志》卷58《江西布政司·赣州府·祠庙》。
⑤ （明）陆深撰：《俨山外集》卷21《豫章漫抄四》，四库全书本。

也须步步循规矩。"遂不伐。明朝小史云，高皇怒其不许，乃取其决本，送关圣掌之。至今关帝江东签，比本签决更灵。①

明朝陆粲《庚巳编》对"江东神"的签卜功能更是进行了十分生动的描述：

> 吾苏江东神行祠，在教场之侧，以百签诗决休咎，甚著灵验。记所知者数事。云：长洲耆儒赵同鲁，年八十一。有疾，卜签得诗云："前三三与后三三。"是岁同鲁卒，乃九月九日也。或言两三三为九九，亦正合赵寿数。县桥居民许氏为里长，当解军至湖广五开。惮远行，祈欲规免，得诗云："万里鹏程君有分。"既而解至都司，司门有绰楔，其扁曰："万里鹏程。"许举首见之，始忆神语。长洲学生周景良，庸鄙不学。秋试年问科名，得诗云："巍巍独步向云间。"自谓得隽之兆。及试于提学宪臣，乃被黜为松江府吏，而云间实松古郡名也。府学生陶麟，累举不第，卜以决进退，得诗云："到头万事总成空。"以为终无成矣。后应贡初试时，编号得"空"字，遂与贡入太学。正德丁卯始领乡荐，其朱卷号亦"空"字。辛未上礼部亦如之，遂擢进士。予师毛先生（钦），少时眷一妓，情好甚密。妓谋托终身焉，私以一钗遗之，约以为聘资。先生持归，意颇犹豫，潜往谒祷，得诗云："忆昔兰房分半钗。"其末云："到底终须事不谐。"先生读首句，为之惊竦下拜，时钗犹在袖也，于是谢绝之。尝读《祠记》云："神，秦人，姓石名固。"②

道教为什么会把江东神塑造成一个在求签问卦以示凶吉方面具有特殊功能的神灵呢？我们认为，主要有两个因素：

---

① （清）褚人获：《坚瓠集·六集》卷4，"江东签"，载《笔记小说大观》第15册"江东衍"，江苏广陵古籍刻印社1983年版。

② （明）陆粲：《庚巳编》卷7，"江东签"，谭棣华、陈稼禾点校，中华书局1987年版，第81—82页。

一是江西历来是道教活动十分活跃的地方，"石固神"作为一个在当地有巨大影响的民间神灵，道教自然十分注意把它吸纳过来。

二是在"石固神"的传说中，本身也含有不少该神灵能够预测未来的故事，这些故事成为道教改造"石固神"的良好材料。如，

> 圣济庙者，初兴于赣，渐流布于四方，所在郡县多有之。神盖姓石氏，名固，赣人也。生于秦代，既殁，能发祥焉。汉高帝六年，遣懿侯灌婴略定江南，至赣。赣时属豫章郡，与南粤接壤。尉陀寇边，婴将兵击之，神降于绝顶峰，告以克捷之期。已而有功，馆神于崇福，里人称为石固王庙。

> 淳熙十六年，岁当大比，州人士刘文粲以梦征于神，梦三十人执高竹而立，因更名筌，遂入乡选。①

> 江东王本赣雷岗之神也。……勾吴孟君拭总制乐清之明年，始立庙花山上。庙成于至正二十四年二月。先是君陷于集庆虏中，义不屈，计欲自拔遁去，潜谒神，卜之而吉，遂脱身，间走姑苏，卒达于温，因誓为立庙。②

"石固神"转化为道教中的"签神"，也有一个历史过程。詹石窗在《论道教拟兆》一文中说，"正如其他诸多占卜形式一样，文字拟兆—签诗的产生也不是偶然的。它具有深刻的思想根源和信仰背景。作为一种供人预卜吉凶的人工文字，兆—签的祈求对象自然是神仙。因此，只有当某神的所谓灵应为民众所接受，造成了一定的社会影响，'签兆'才会被制作出来"。③ 从前面的叙述中我们可以知道，"石固神"的历史十分悠久，至迟在唐代从进士杨知新题写"石固王

---

① 嘉靖《赣州府志》卷11《艺文》，引（明）宋濂《江东庙记》。
② （元）陈高撰：《不系舟渔集》卷12《记·江东王庙碑记》，民国十七年刻本。
③ 詹石窗：《论道教拟兆》，《世界宗教研究》1996年第2期。

碑"来看，该神灵就已得到当地民众的广泛信仰。到了宋代，关于"石固神"显灵的种种故事，更是如雨后春笋，层出不穷。在宋濂所写的《江东庙记》一文中，十分生动地描述了 16 个"石固"显灵的故事，其中有 12 个故事就是发生在宋代。① 尽管有人对这篇文章乃明初名士宋濂所写提出怀疑②，但它至少也反映了宋代当地民众对"石固"神灵的迷信和膜拜。那么，人们又是如何把"石固神"的显灵故事与占卜灵验的做法联系起来的呢？

我们在前面就已说过，在当地民众关于"石固神"的传说中，本身也含有不少该神灵能够预测未来的故事，道教人士通过对这些故事的重新解读，从而赋予其占卜应验的功能。例如，在"石固"故事中，显灵最早同时也是流传最广的，乃是灌婴攻打南粤时石固神灵的传说。在这个传说中，"石固"显灵方法是"告以克捷之期"。我们该如何解读"告以克捷之期"这个传说呢？如果联系到商周时期普遍流行的通过占卜决定战争日期、获知逃亡奴隶方向等行为来看，估计灌婴当时也是通过向"石固神"的祷告、占卜并成功获得神灵的预示，所以才取得了这场战争的胜利。这样，"石固神"的显灵故事也就与占卜灵验的做法联系起来了。这一故事，不仅承接了先秦时期贞人占卜的遗迹，而且也为后来"石固"神灵演化为专管占卜求签之神提供了历史的依据。而最终促成这一重大演化的，乃是宋代担任赣县县尉的傅灿："宋宝庆间，莆田傅灿为赣县东尉，艳神之为，撰为繇辞百章。俾人占之，其响答吉凶，往往如神面语之者。"③

傅灿所撰 100 首签辞，曾经广泛流传过，后来还被编为《护国嘉济江东王灵签》，被道教经典《正统道藏》所收录。"石固"神灵也就从一个赣南土著小神，上升为道教系统中的正神，达到了它的辉煌

---

① 嘉靖《赣州府志》卷 11《艺文》，引（明）宋濂《江东庙记》。

② 如康熙年间曾任赣南兴国县令的张尚瑗就认为此文非出宋濂手书："自旧《志》有宋濂转《江东庙记》，神名与庙貌焯然不易。然西绎记文，序次芜杂，所陈显应之迹，多里巷细人情事，必非文宪手笔。考《宋学士集》无此文。其为伪撰可知。"参见同治《赣州府志》卷 12《舆地志·祠庙》。

③ 嘉靖《赣州府志》卷 11《艺文》，引（明）宋濂《江东庙记》。

巅峰。

　　然而，令人遗憾的是，到了明代中后期以后，随着关帝神格的提高和民间的巨大影响，《护国嘉济江东王灵签》被关帝庙借用，逐渐成为中国流传最广、影响最大的灵签之一，结果人们只知道《关帝签》，而不知道关帝签实乃《护国嘉济江东王灵签》。①

---

　　① 林国平：《〈道藏〉中的签谱考释》，《福建论坛》（人文社会科学版）2005 年第 12 期。

第五章 从民间信仰看赣闽粤边区的文化特质

前面几章我们集中阐述了儒家、佛教和道教文化在赣闽粤边区的传播，及其对赣闽粤边区民间信仰的影响。作为这几章内容的延续，接下来我们还要讨论赣闽粤边区客家民间信仰的形成原因以及与之密切相关的客家文化的特质。

第一节 客家民间信仰的成因分析

通过前文的阐述，我们知道儒家、佛教和道教文化在赣闽粤边区广泛传播，并对这里的民间信仰产生了强烈的影响。对于赣闽粤边区来说，儒家、佛教和道教文化都属于外来文化，这些文化为什么能够在赣闽粤边区传播，并且又能够与本地民间文化结合，是本节要重点探讨的内容。我们认为，在赣闽粤边区客家民间信仰形成过程中，以下这些因素发挥了重要作用。

一 文化本身的因素

儒家、佛教和道教文化之所以能够在赣闽粤边区传播，我们认为与文化本身的发展状态密切相关，主要体现在以下两个方面：

一是主流文化与地域文化的不同作用力。所谓主流文化，是指体现着时代的主导思想，支配着文化的发展方向，占有统治地位的文化，它具有主导性和制度性的典型特点。主流文化的这两个特点，使它一方面能够得到政治权力的支持而获得广泛的传播；另一方面，在传播过程中，又能够依靠自身的文化优势和权力支持，对传入地区的本土文化产生巨大的渗透力和同化作用。① 不同地域的自然地理环境、民俗风情、政治经济情况，及其不同社会结构和发展水平孕育了不同特质、各具特色的地域文化。所谓地域文化，即不同土地界域内的文化，包括在一定地域范围内长期形成的历史遗存、文化形态、社会习俗、生产生活方式等。相对于主流文化而言，地域文化的影响力要弱得多，它至多只是对本区域的群体有影响。在文化传播过程中，它的传播力十分微弱，如遇强势的主流文化，往往可能被同化。具体到本书所探讨的论题中，我们前面已重点论述的儒家文化、佛教文化和道教文化，都属于主流文化，得到政府的认可和支持。儒家文化一直得到中原政权的大力支持，甚至成为国家的指导思想。道教虽来自民间，但因为它与我国原始宗教信仰密切相关，并且也十分关注成仙、养生等问题，所以得到了上至皇帝百官、下至黎民百姓的欢迎。佛教虽是外来文化，但在中国流传过程中也不断被改造，无论是寻常百姓还是官宦宫廷，都热衷信仰它。这三种文化之所以能够在赣闽粤边区广泛传播，就是与它的主流地位有关。

　　因为主流文化在众多文化行列中享有崇高的地位，具有优先发展的地位，所以地域文化都力图挤进主流文化的行列，希望得到它的承认，以获得自己的生存和发展空间。文化发展过程中客观存在的这种不平等，对民间信仰的影响很大。作为主流文化的儒家文化、佛教文化和道教文化，自然对赣闽粤边区的民间信仰造成巨大影响：一方面是大量国家主导的神灵纷纷进入赣闽粤边区；另一方面是民间信仰面对处于主流地位的宗教信仰，往往采取迎合和依附的姿态，以获得生存和发展的机会。

　　国家主导的神灵进入赣闽粤边区的情况，在地方志中有很多记载。文庙一般都是官方最为豪华壮观的祭祀场所，郡县百官在行政长官的带领下，都要定期到这里祭祀朝拜。文庙里虽然祭祀的是儒家圣贤，但当地百姓也往往把它们当作特殊的神灵来看待。无论古代还是现在，凡是读书人，都要到这里祭拜。笔者在赣州市、长汀县、龙川

① 陈华文：《文化学概论》，上海文艺出版社 2001 年版，第 201—204 页。

县等地做田野调查时，都曾看到不少父母带着在读的孩子到文庙烧香祷告，祈求保佑孩子在中考或高考中获得好名次。与文庙祭拜的内涵相一致的是，文昌君的信仰十分普遍。文昌本是星名，《史记·天官书》："斗魁戴匡六星曰文昌宫。"① 文昌帝君则是对文昌六星的神格化。奎星也是星宿，是西方白虎七宿之第一宿，东汉时期已有"奎主文章"的说法，后来文昌君成为道教神灵系统的重要一员，主管功名文运，被应试科举者视为守护神，在士大夫和知识阶层受到普遍的信奉。随着道教在赣闽粤边区的传播，该神灵也得到客家人的热烈崇拜，建造了很多文昌、魁星崇拜的庙宇。

民间信仰攀附主流神灵的情况也很多。在赣闽粤边区，不少民间神灵显灵的故事，都会附会上保家卫国，或与名僧神道交会的情节，就是向主流文化依附的重要表现。例如，长汀县的二王庙信仰，其实原本就是两个土神，但在流传的过程中，被塑造成守城御敌、灭熄火患的功能："助威盘瑞二王庙　在府东南驻扎寨。相传神汉末人，御敌死城下，郡人祀之，号石固大王，累著灵异。庙前涧水暴溢，有神像乘流而至，屹立于石固之右，众并祀之，号石猛大王，以息火患功，封石猛助威王、石固盘瑞王。宋元丰中建庙，元朱文霆为记，明弘治七年修，国朝重建。"② 此外，不少民间信仰也把佛教、道教的神灵迎进土神庙宇，借以获得政府的认可，也是民间信仰主动向主流神灵示好的表现，希望得到主流文化的庇护。这方面的例子很多，前文已多有详叙，于此就不再赘述。

二是从文化区位来看，中原地区和赣闽粤边区分别处于华夏文化区的中心和边缘的地位，这种区位差异，也必然导致汉族文化要从中原文化中心向边缘区域传播。

广义的"中原地区"，是指以黄河中下游地区为中心的淮水以北长城以南的广大北方地区。黄河流域是华夏文化的发源地，在很早以前就成为古代中国的文化中心。在文化学理论中，文化有中心和边缘

---

① 《史记·天官书》。
② 乾隆《汀州府志》卷 13《祠祀》。

的区别。所谓文化中心，就是指一个文化区特有的文化特质最集中、处于主导地位且具有向周边辐射功能的部分；所谓文化边缘，主要是指一个文化中心区的边缘地区，它处于次要的、受容的地位。一般情况下，文化中心由于处于文化的密集区，其政治、经济、制度等方面信息流量大，而且对周边地区的文化必然产生直接或间接的影响，带动文化向前发展，而文化边缘总是受到文化中心的控制和影响。[①] 文化中心所具有的这种强烈的文化辐射作用，是推动中原汉族文化向赣闽粤边区传播的文化本身的动力，它对客家文化的形成也起到了十分重要的作用。唐宋以前，中原地区已取得的文化成就自不待言，而同一时期赣闽粤边区又是处在什么样的发展水平呢？据史籍记载，当时居住在这个区域的主体居民是"俚""越""畲""峒"等土著民族。在隋代，这些土人还处于"俱无君长，随山洞而居"[②] 的原始公社氏族民主制时代。在这三个区域中，赣南由于地近中原，且有当时成为连接岭南与中原主要大动脉的赣江—大庾岭通道贯穿其中，所以开发程度要远远高于其他两个地区。即便如此，甚至到了宋代，赣南仍然是"驿路荒远，室庐稀疏，往来无所庇"。[③] 这种状况，与当时辉煌的中原文明相比，完全不可相提并论。文化本身具有流动性，在这两种文明发展程度差距悬殊的情况下，以中原地区为主的北方强势文化必然要向客家大本营地区扩展渗透。

　　赣闽粤边区与中原地区在文化发展上存在如此的不平衡，对赣闽粤边区的民间信仰也产生了巨大的影响。作为文化的重要组成部分，中原地区的宗教信仰自然也就容易向赣闽粤边区传播。我们以佛教在赣闽粤边区的传播为例。佛教在中国的传播，起先都是以中原地区为中心。因此，著名的佛教僧人，闻名天下的佛教寺庙，大型的佛教石窟，基本都集中在北方中原地区。但随着在这里的高度密集，积累到一定程度，佛教文化必然外溢，流散到其他区域。在赣闽粤边区，佛

---

① 陈华文：《文化学概论》，上海文艺出版社 2001 年版，第 211—216 页。

② （唐）魏征：《隋书》卷 82《南蛮传》。

③ （元）脱脱等：《宋史》卷 328《蔡挺传》。

教也基本都是在唐宋以后才大规模传入。之所以会在这个时间段之后才普遍传播，既与赣闽粤边区的开发时间有关，也与唐宋以后中原佛教大肆向外扩散这一发展态势密切相关。

二 人口迁移与民间信仰的关系

人口的流动也是文化传播的重要途径。德国人类地理学的创立者拉策尔（Friedrich Razal）认为，文化要素是伴随着民族迁徙而扩散开去的，物质文化只有通过人，同人并与人的精神文化一起才能够传播。[1] 中国古代的人口流动，其迁移的方式主要有两种：一是为了生计或战争等天灾人祸所迫而形成的自由式人口流动；二是官方为实现一定目的所进行的有组织的强制性移民。就客家民系的形成过程来看，两种方式都有。例如，秦始皇派兵征服岭南后，令秦兵驻守当地，并应守将赵佗之请，另遣"女子无夫家者"一万五千人，"以为士卒衣补"。[2] 唐时，"初置汀州，徙内地民居之，而本土之苗，仍杂处其间，今汀人呼为畲客"。[3] 在赣闽粤边区，更多的是由于北方战乱使中原汉人辗转南迁到赣闽粤边区的自由流民。[4] 无论是强制性的政府移民还是自发性的人口流动，都对文化的传播起到了积极的作用。葛剑雄先生指出："移民既然是以定居为目的，就不得不作出文化上的选择，或者接受迁入地的文化，使自己融入其中；或者坚持自己的文化，并且推行到当地人中去。由于他们最终会成为主人的一分子，所以在接受或传播一种文化时都会采取比较积极的态度。"[5] 伴随着人口迁移的是文化的传播，民间信仰作为文化的重要组成部分，也会随着人口的迁徙而向外传播。

我们以赣南地区寒信村的水府老爷信仰为例。

寒信村位于于都县城东北约 40 公里处，原属车溪公社，后在

---

① 夏建中：《文化人类学理论学派》，中国人民大学出版社 1997 年版，第 198 页。
② 司马迁：《史记》卷 118《淮南衡山列传》。
③ （清）杨澜：《临汀汇考》卷 3《畲民》。
④ 罗香林：《客家研究导论》，台北南天书局有限公司 1992 年版，第 37—93 页。
⑤ 周积民：《中国社会史论》，湖北教育出版社 2000 年版，第 285 页。

1984 年乡镇合并重组时改属段屋乡。该片村含中街、上街、寒信墟、胡竹尾、土段上等六个自然村。① 我们所要讲述的水府庙，就在该片村的寒信墟。该庙位于梅江河畔，梅江发源于宁都县，是赣江上游的重要支流——贡江的分支。梅江流量极大，时涨时落，坐落在江边的水府庙，供奉温公和金公两位神灵，成为寒信村忠实的守护神。"水府老爷"是怎么来的？在水府庙墙上的一段碑文，有这样的记述：

> 寒信肖氏始祖寿六公，元明朝处士也，明初由赣州信江营卜迁峡溪，耕读之暇，恒垂钓于寒信峡前，祖传公定居寒信后之第二年夏，霪雨连朝，梅江暴涨，寺庙庄稼，冲毁无数，迫天霁水退，公趋峡前，方展钓具，见短木漂游漩涡中，捡视，乃一神像，推返中流，回复至再，公曰："神其有意与我同在此地开基乎？"负归建庙江边供奉，此为水府庙之始建。神容严肃，取色厉即温之义，因名"温公"。又以神自水中来，额庙曰"水府庙"，时为洪武某年五月初六日。秋，七月二十四日，又在同处获"金公"，金公以金身灿烂而得名，同供庙中，通称"水府老爷"，定出水之日为二公寿诞。②

从这段碑文中，我们就知道，寒信村的金、温二公菩萨是从别处漂流过来的，这意味着寒信村的"水府老爷"信仰在其他地方早已存在。那么，该神灵究竟是从哪里传播过来的，其传播方式又是怎样的呢？笔者认为，寒信村"水府老爷"应该是源自赣州的"储君老爷"信仰，其传播方式是通过人口迁移而传播到寒信村的。

储君庙立于储潭之畔。储潭位于赣州城东北 10 公里的储山下，是赣江河道上的一个深潭。赣江自储潭至万安，河道礁石密布，水流湍急，共有十八险滩，经常发生舟沉人亡事故。文天祥《过零丁洋》

---

① 于都县地名办公室：《江西省于都县地名志》，1985 年编印，第 163 页。
② 《五修寒信水府庙碑文》，萧汉撰。该碑文刻录于 1994 年 1 月，现仍嵌于水府庙内右侧墙上。

诗中"惶恐滩头说惶恐"之句中所说的惶恐滩，就是十八滩中的一滩。古时在赣江上放排行船，途经储潭时，必会抛锚登岸，前往储君庙烧香叩头，祈求平安过滩。现在赣江十八滩中的暗礁虽已炸除，但来往船家还保留着上岸祭拜储君庙的习俗。

储君庙早在晋代就已建庙，庙中所供奉的，乃是"储君老爷"，也是一个水神。关于储君老爷的来历，有多种说法，在当地民众中流传较广的，说他原是黄帝的儿子，因看不惯战争杀伐，故隐居至此："储君者，黄帝幼子也。蚩尤作乱。不用帝命。随父战于逐鹿之野，目睹血流成河，尸堆如山，不忍再战。遂避地南荒，隐于赣县储山下。"① 神灵生前因是黄帝之子，贵为储君，所以被称为"储君老爷"。储君庙内的"储君老爷"全身金色，身着龙袍，头戴花冠。据当地人说，就是因为他是黄帝的储君，地位高贵，所以才有这样的打扮。

寒信村水府庙中的"金公菩萨"与"储君老爷"的形象打扮非常相似，也是头戴花冠，身着龙袍，方面大目，脸色慈祥。所不同的是，现在寒信村中的"金公菩萨"塑像并没镀金。但据《五修寒信水府庙碑文》中的"七月二十四日，又在同处获'金公'，金公以金身灿烂而得名"这句话，我们可以知道，"金公菩萨"的神像在被萧寿六公从河里捡来时，也是全身金光闪闪。现在的"金公菩萨"没有镀金，估计是该庙地处偏远，信众有限，暂时没足够资金来为菩萨塑造金身。

不仅如此，"储君老爷"与寒信金公菩萨的生日也相同，都是在农历七月二十四日。这一天也是储君庙最热闹的一天，中间也有道士做法事，各地信众祭拜、用餐等。也许是巧合，无论是寒信村水府庙，还是赣州储君庙，在农历五月也都举行一个小庙会。寒信村水府庙的庙会时间为五月初六，据说这一天是"温公菩萨"的生日。而储君庙的庙会时间是在五月十二日，主要是祭祀庙中的关公爷。这两个庙会，无论是参与信众的数量，还是庙会的规模，以及收到捐款的

---

① 李孝和：《襄修储潭庙记》，该碑刻竖立于储君庙功德堂内，于 2006 年重修储君庙时镌刻。

数额，都远不及七月二十四日的大庙会。这就反映出，无论是"关圣公"还是"温公菩萨"，在各自的庙宇和信仰中，都是居于次要地位。实际上，笔者在田野调查中也了解到，当地信众对"温公菩萨"和关公菩萨的重视程度，确实远不如金公菩萨和储君老爷。基于水府庙与储君庙在上述方面的高度相似，因此笔者认为寒信村的"水府老爷"信仰很可能就是由赣州储君信仰传播而来。

寒信村距离储君庙近百余公里，该神灵是如何传播到寒信村的呢？关于"水府老爷"的来历，在寒信村水府庙墙上的《五修寒信水府庙碑文》中，说是金、温二公菩萨神像自水中漂流而至寒信的。如果"水府老爷"真是由储君信仰移植而来，这种关于金、温二公漂流而来的说法值得怀疑。因为寒信村在于都境内的贡江上，而储潭庙则在赣江边上，贡江是赣江上游的一条支流，神像不能溯江而上几百里漂至寒信村。那么，储君信仰到底是如何传播到寒信村的呢？我们认为应该与寒信萧氏宗族的迁徙有关。神灵传播方式有很多种，其中，信奉者在外地供奉神像或私设小神堂，以求祠神保佑就是一种非常普遍的神灵传播方式。尤其是对长期在外漂泊者，或背井离乡、迁居异乡的人来说，家乡的神灵往往成为他们在流浪迁徙过程中的最自然的祈祷对象。"迁徙过程中，有形的物质需求与无形的心灵安顿同样重要，而宗教正好扮演此种'安顿心灵'的重要角色。从相关文献和实际的田野考察经验中，常会发现移民社会将原居地宗教信仰或神祇，奉请随行以庇佑平安。"[①] 据学者研究，在宋代，就有很多往来各地的人群常随身携带所供神像，以便在旅途中或暂居地早晚祭拜。[②] 寒信村的水府老爷信仰也很可能是由萧氏祖先从赣州移民而来时随身带来的。

寒信村萧氏从何迁徙而来？在水府庙《五修寒信水府庙碑文》中有这么一句："寒信肖氏始祖寿六公，元明朝处士也，明初由赣州信

---

① 徐雨村主编：《族群迁移与宗教转化：福德正神与大伯公的跨国研究》，巨流图书股份有限公司 2012 年版，第 4 页。

② 皮庆生：《宋代民众祠神信仰研究》，上海古籍出版社 2008 年版，第 208—210 页。

江营卜迁峡溪"，这就明确说明寒信萧氏开基祖寿六公是在明朝初年从"信江营"迁来的。另外在萧氏族谱和寿六公祠内的碑文上，同样也有这样的说法："赣邑之东，溯河而上，至于信江营，有萧氏者，为齐帝萧道成之裔。自元迁居至此，传至万五郎之子寿六翁，厌此地湫隘，不足以增其式廓，乃胥宇至雩都峡溪，爱其山水清奇，遂卜居焉。"①"太祖肖寿六公，于明朝洪武初年，由赣州信江营北迁至寒信峡，喜见山水灵秀、大气磅礴，遂卜迁垦殖，构宅第于贡水之滨，耕读自立。"②

　　赣州"信江营"究竟在哪里？它与储潭储君庙有什么联系？据笔者收集文献资料和田野调查，"信江营"位于现在赣州城东面赣县大田乡境内桃江（明清地方志书中称"信江"或"信丰江"）与贡江合流处，这一地名也一直保留至今。"信江营"地名的来由，据当地人讲，是因为以前这里曾经驻扎过军营。这种说法也有相关文献得以证实。笔者查阅《赣县志》，得知在信丰江与赣县境内的贡江汇合处，确实曾设立"信丰江口塘"，里面常驻防兵五名。③

　　通过调查我们发现，"信江营"的萧氏宗族来源于赣州章贡区沙河口。那么，章贡区沙河口的萧氏宗族又从何而来呢？笔者认真阅读了沙河口萧氏宗族在光绪年间所修的族谱，里面有一篇记文，对该地萧氏宗族的来龙去脉作了详细介绍：萧氏祖先乃殷商微子之后裔，其二十八世祖萧何乃为西汉丞相，萧何之后又延绵至南朝时梁朝开国皇帝萧道成，其曾孙萧球从金陵迁长沙。萧球的重孙萧绘因唐末五代社会动乱，乃从长沙迁江西吉州。"绘公生子三，长觉，次学，三黉，时已六十二世矣。唐季五代时，因避马氏乱，兄弟挈家而徙吉州泰邑之早禾渡。"传至明代，第九十世顺福公，生子三：朝崇、朝云、朝鹤。兄弟三人又从吉州泰和南富圩迁徙至赣州章贡储潭。后来，兄弟三人后裔子孙繁衍发展，分布在赣南各个地方。其中就有萧游、萧伯

---

① 《峡溪萧氏族谱序》，寒信萧氏敦睦堂《雩邑峡溪萧氏重修族谱》（不分卷），清乾隆三年刻本。
② 《七修肖寿六公祠序》，1990年碑刻，该碑刻现存嵌于寒信村肖寿六公祠内墙上。
③ 《赣县志》卷23《兵制·防汛》，清同治十一年刻本。

等裔孙播迁到茅店等地。① 族谱中所提到的"茅店",就在离桃江与贡江交汇点的不远处,而"信江营"恰恰也在这一范围之内,所以我们认为,寒信萧氏应该与章贡沙河口萧氏存在深厚的渊源关系。寒信萧氏与沙河口萧氏之间的密切关系,还从元宵节的"送船"习俗中也可看出。沙河口的萧氏在"送船"过程中,亦如寒信村萧氏那样,也有"收瘟摄毒"、收取五色种子包、抬神巡游、牵着鸭子到江心把龙船烧化等仪式内容。②

通过对上述萧氏宗族脉络的梳理,我们就可以比较好理解,为什么来自赣县"信江营"的寒信萧氏先祖,会把赣州储君庙中的"储君老爷"供奉到寒信村中来。因为储潭是湖南长沙萧氏经吉州泰和辗转迁到赣南后的第一个寓居地,这里早已存在的"储君老爷"信仰对长沙萧氏自然有着十分深厚的影响。作为储潭萧氏后裔的"信江营"萧氏,也应该是"储君老爷"信仰者。从"信江营"迁移出去的寿六公在寒信定居之后,很可能就把祖居地的"储君信仰"奉请到寒信村。

寒信村水府信仰只是人口流动带动民间信仰的传播这一范式中的一个极其微小的例子。其实,这方面的事例比比皆是。如在台湾地区,诸如定光古佛、福德正神、妈祖、王爷、天上圣母、保生大帝、清水祖师、开漳圣王、广泽尊王、三山国王等神灵,都是来自大陆。这些为台湾同胞所熟知的神灵均是以分身、分香、漂流等方式,随大陆移民从福建和广东地区传入台湾的。③ 这些神灵与原乡的关系十分密切,被台湾的闽粤籍移民称为"桑梓神",受到他们的特别敬奉,

① 《萧氏历代世系总序》,载赣州沙河口崇鹤堂《萧氏族谱》(不分卷),清光绪七年刻本。

② 张嗣介:《沙河口的萧氏宗祠崇鹤堂及祭祖俗》,见罗勇、劳格文主编《赣南地区的庙会与宗族》,国际客家学会、海外华人研究社、法国远东学院1997年版,第111—115页。

③ 台湾地方当局曾于1918年、1930年、1960年、1966年、1975年和1981年六次对台湾当地的庙宇和神灵进行过统计。在历次调查统计中,名次均位居前20名的主神中,除了开台圣王、有应公、义民爷等三尊神灵是台湾土生土长的神灵外,其余17尊都是从大陆传入台湾。参见余光弘《台湾地区民间宗教的发展——寺庙调查资料之分析》,台湾《中央研究院民族学研究所集刊》第53期,1982年春季。

同时也为加强两地之间的文化交流起到了重要的桥梁作用。

三 政治强权与民间信仰的关系

我们在讨论客家民间信仰的形成机制时，必须高度重视"国家"的作用。当代历史学家陈春声先生曾经说过，在传统中国的区域社会研究中，"国家"的存在是研究者无法回避的核心问题之一：

> 对于中国这样一个保存有数千年历史文献，关于历代王朝的典章制度记载相当完备，国家的权力和使用文字的传统深入民间社会，具有极大差异的"地方社会"长期拥有共同的"文化"的国度来说，地方社会的各种活动和组织方式，差不多都可以在儒学的文献中找到其文化上的"根源"，或者在朝廷的典章制度中发现其"合理性"的解释。①

陈先生这段话给了我们这样的启示：同样作为"地方性知识"的客家民间信仰，它的形成和发展，也无法脱离"国家"的影响。"国家"对民间信仰的影响，主要从以下两个方面来实行：

1. 推行官方神灵体系

为了更好地管理和掌控神灵信仰，"国家"按照儒家"以神道设教"的祭祀原则，建立起了一整套自己的祭祀体系，并把这套神灵体系向全国各地推行。在这样的背景下，很多外来的官方神灵也因此进入了地域社会。

"国家"按照儒家原则建立起了一套完整的官方祭祀系统，并把它们积极向地方推行，赣闽粤边区也不例外。以闽西地区为例，宋代汀州府十分重视地方祀典的建设。地方官员或是亲自倡建庙宇，或是为民间神灵申请封赐、题写庙额。如莲城县按照国家祭祀体制，在县

---

① 陈春声：《走向历史现场》，"历史·田野"丛书《总序》，转引自温春来《从"异域"到"旧疆"：宋至清贵州西北部地区的制度、开发和认同》，生活·读书·新知三联书店 2008 年版。

令的支持下建立了 12 座祠庙坛壝。① 此外，五通庙、昭惠公庙等神灵也获得了官府的赐封或题额，具备了合法身份。② 明清时期，官方在闽西地区设立的坛壝祠庙更多了。乾隆年间汀州府设立了 325 座，而整个宋代才 79 座；上杭县也从宋代的 8 座增长到 48 座。与官方庙宇建立的同时，大量祀典神灵也纷纷进入了闽西地区。

总之，宋元以来政府不遗余力地在赣闽粤边区进行地方祀典的建设，在建设过程中，始终秉承"以神道设教"的原则，严格按照儒家的礼制。在推行官方祀典过程中，很多外来的官方祭祀神灵也因此进入了赣闽粤边区。

2. 按照"以神道设教"的原则管控民间信仰

"国家"对客家民间信仰的控制，是以儒家文化中"以神道设教"的祭祀原则，按照"有功于民"和"合乎法统"两个条件来甄别和对待民间神灵的。"国家"对民间信仰的管控方式主要有以下三条：

一是承认并将之纳入官方祭祀体系。也即承认该信仰的合法性，将它纳入官方的祭祀体系，给予该神灵以国家所承认的正神地位。例如，江西南康的贤女娘娘的信仰，原是宋代一个刘氏女子因为婚姻不幸投水身亡而被人们所祭祀。后来该事迹被当地政府立碑书石以记之并建祠祭祀。③ 宁都县的金精山祠，祭祀的是为反抗权贵强聘为妾而自杀身亡的汉代民女张丽英。④ 这些神灵原先都是广泛流行于民间的普通信仰，后来被纳入官方祭祀系统而成为官方认可的正神。⑤

二是予以打击和毁禁。能够纳入国家的祭祀体系当然是一件非常

① （宋）胡太初修、赵与沐纂：《临汀志》，不分卷，《祠庙》，长汀县地方志编纂委员会整理，福建人民出版社 1990 年版，第 67—68 页。

② 同上书，第 63—64 页。

③ 邹春生：《从历史人类学的视野看客家文化特质的形成——以江西南康刘氏女出凡入神的过程为例》，《嘉应学院学报》2006 年第 2 期。

④ 参见道光《宁都直隶州志》卷 25、卷 28、卷 31 中的相关记述。

⑤ 综观明清时期赣闽粤边区地方志的纂写体例，对于地方神祠庙宇的记述主要有两种：《祠庙志》（有的称为《坛庙志》《祠祀》）一般是记载政府认可并岁时致祀的正统神灵，而《寺观志》（或称《宫观志》《寺庙志》）则是记载佛教、道教和普通民间神灵。并且在编排顺序上也是《祠庙志》在前，《寺观志》在后，以突出官方祀典的正统地位。

荣耀的事情，但官方对民间信仰的承认和接纳本身就是一件基于价值判断并进行取舍的过程。所以在这一过程中，许多神灵和信仰由于不合礼制被指称为"淫祠""淫祀"而遭到毁禁。政府按照儒家"以神道设教"的原则，对赣闽粤边区的一些被认为与主流意识形态格格不入的民间神灵进行禁止和毁废。地方文献中对此有大量的记载。如黄世忠，"宏治初，由乡举知赣县事。以民俗尚鬼，毁淫祠百十，作诗遍谕百姓"黄泗，"正德间，由乡举知兴国事。以民俗尚鬼，毁淫祠百十，作诗遍谕百姓"；①张弼，"成化中守郡。……兴文教，去淫祠，教民医药，勿惑师巫"；林大佐，"万历间知崇义县事，戒奢侈，禁邪教，修学校，端风化"②；刘昌祚，"万历九年任知县。禁龙舟、赛神等会，民间省费不可胜言"③；吴德基，名履，"元年④为南康丞。邑有淫祠，每祀。有蛇出户，民指为神。履缚巫责之，沉神像于江"⑤。这些毁禁淫祠、淫祀的力度是很大的，成效也十分显著。例如，张弼对在南安府的毁禁运动的描述可以清楚体现："南安鬼俗淫祠太盛，近乃毁之，凡六百所。土木偶人付诸水火。祠屋之小者，付诸无居之民，间为巡警铺舍；稍宽洁者为社学；宏富者拆除之，材瓦官用……军民初甚不然，久之渐以为便。乃计岁省费牛四百余、猪千二百余、狗百余，小牲杂费弗论；酗斗之讼亦减。凡计之，岁省银岂止千两而已！"⑥从他的描述中可知，毁禁淫祠杂祀对于节省财物资源、端正地方风俗还是取得了明显的效果。

3. 允许其继续存在并加强监控

当然，在祀典和淫祠之间，则是分布更为广泛的普通民间信仰，这种信仰及其宫观祠庙，在地方文献和客家乡村中大量存在。官方对

---

① 同治《赣州府志》卷43《官师志·县名宦》。

② 同治《南安府志》卷15《名宦》。

③ 同治《雩都县志》卷7《明名宦》。

④ 查同治《南康县志》卷6《职官志·文职》和同治七年《南安府志》卷9《秩官·南康秩官表》，应指洪武元年。

⑤ 同治《南康县志》卷6《职官志·名宦》。

⑥ 同治《南安府志》卷25《复广东提学赵金宪书》。

这种民间信仰的态度是既不承认其正神地位，也不将它们贬为"淫祀"，而任由其存在。有学者把它称为"私祀"，并且认为它的大量存在是由于地方宗族的推动，以及这种民间信仰虽量大面广但一般不会直接对统治者形成较大的威胁。① 笔者赞同这种观点，并且还认为它们的大量存在还与原始宗教对官员和士大夫保持深刻影响有关。按照学者的观点，儒家基本上是否定灵魂、神灵和神性意义上的鬼神存在，显示出鲜明的无神论倾向和面对现实的定位。② 但是在万物有灵观念支配下而形成的原始宗教，是中国古代民众的普遍信仰，即使是掌握了较高文化知识的儒家知识分子也不例外。③ 这些以儒家起身的官员和士大夫虽然熟读了儒家的无神论，但在现实生活中也常参与对鬼神的祭拜活动。受这种生活体验的影响，他们对于社区民众的神灵信仰所表现出来的虔诚和狂热自然就有了充满感性的"理解之同情"。这种体验和同情，对他们在对待民间神灵问题上势必产生影响。他们在处理量大面广的民间祭祀时，除了很少的一部分可以获得正神资格或遭到打击外，大多数神灵还是会由于官员们的"理解之同情"而继续存在。当然，允许民间信仰的存在并不意味着放任其自流，官方经常提醒民众要遵守法令，勿与邪教相勾连，并且时刻关注它们的发展。例如，赣州知府杨豫成撰写《劝诫词》，要人们警惕被白莲、天地会等组织的欺骗和利用④；身为刑部主事的黄宏纲也致书家乡赣南雩都的县令，要求他采取必要措施防备"前劫龙山丘宅之贼"乘本邑举行神会之际又来作乱，必要时应"密遣明敏之人，细访各方会首姓名，就中摘数人重惩之。仍责令十三总地方日夜巡缉，尽法严禁"，以确保神会的顺利进行。⑤

---

① 王健：《祀典、私祀与淫祀：明清以来苏州地区民间信仰考察》，《史林》2003 年第 1 期。

② 陈咏明：《儒家与中国宗教传统》，宗教文化出版社 2003 年版，第 1 页。

③ ［美］杨庆堃：《中国社会中的宗教——宗教的现代社会功能与其历史因素之研究》，上海人民出版社 2007 年版，第 12—35 页。

④ 同治《赣州府志》卷 78《劝诫词》。

⑤ 同治《赣州府志》卷 67《简方邑侯论神会书》。

从上述内容可以看出，"国家"在决定民间神灵的去留问题上具有十分重要的作用。对某个民间神灵进行祀典化，可以使这个民间神灵取得合法的资格而广泛流传开来，而把某个神灵斥之为"淫祠""淫祀"并加以毁禁，则极有可能使这种神灵信仰自此终止而逐渐退出历史舞台。由此可见，"国家"对于民间信仰握有近乎生杀予夺的权力。

第二节　民间信仰与客家文化特质

一　民间信仰是客家文化的重要组成部分

民间信仰与客家人的社会生活息息相关，影响到生产和生活的各个方面。民间信仰不仅是客家文化的重要的组成部分，而且还比较全面地反映了客家社会诸多事象。

1. 民间信仰与客家人的祖先崇拜

客家人有强烈的崇祖意识。宗族是指拥有共同祖先，以血缘关系为纽带联系在一起的人类共同体。江西客家人崇祖意识，主要表现在聚族而居、修纂族谱、设置祖产、宗族救助等方面。由于客家人有着强烈的崇祖意识，所以又形成了相关的崇祖仪式。这些客家崇祖仪式往往又与民间信仰交织在一起。

客家人把祠堂当作祖先灵魂安放的场所，十分重视祠堂建设。清代之人描述赣州府："巨家寒族莫不有宗祠以祀其祖先，旷不举者，则人以匪类摈之，报本追远之厚庶几为吾江右之冠焉。"[1] 在瑞金县，"瑞邑每姓必建立祠堂，以馂先祖；每祠必公置产业，以供祭祀，名曰公堂"。[2] 其他亦如宁都县的邱氏宗族，除了在洛口灵村建有邱氏新旧两座宗祠（供奉始迁祖二居士及其系下包括瑞金、石城、兴国、泰和、吉水等各房始祖共 706 位祖先牌位）之外，仅在宁都境内还建

---

① （清）光绪《江西通志》卷48《风俗》。
② （清）光绪《瑞金县志》卷1《风俗》。

有七座大型支祠（祭祀本房先祖）[1]；赣南夏府谢氏宗族，建有总祠一座（祭祀夏府开基祖端俊公），分祠四座（祭祀第四世分房时的四个支房房祖），此外还有若干支祠（祭祀四大房系下的各个支系房祖）[2]；铜鼓县上崇王氏宗族，亦建有总祠一座（祭祀始迁祖琮公），支祠七座（分别祭祀三大支房房祖谷英公、文信公、九瑞公），此外还有若干"祖厅"（祭祀小房系下的支派房祖），仅族系发展最弱的九瑞公房下的祖厅就有七个。[3]

在房舍结构上，也强烈体现了崇祖意识。几乎每家都会建祖堂，祖堂位于整座房屋的中轴核心，祖堂安放祖宗牌位，悬挂祖宗画像。其他房间则以祖堂左右均衡地延展。例如，建于清朝嘉庆年间的龙南关西围，主围占地约达 8000 平方米，是三进六开而形成九栋十八厅的整体结构像个巨大的"回"字大型建筑。徐氏祖堂就设立在围屋的核心"口"字部位，其余 124 间主房则以祖堂所在的正厅为中轴线，往左右对称延伸。由于安放祖宗牌位的祖堂是客家人心目中的神圣空间，所以对它也是更加爱护。我们在龙南武当山田心围做田野调查时，发现在其前厅侧墙上嵌有一块乾隆二十七年所镌刻的禁碑："祖堂乃先公英灵栖所，严禁堆放竹木等项……"这种结构，强烈体现了以宗族祖先为核心的向心力和凝聚力，也反映了客家人敬宗崇祖、慎终追远的心态。

祠堂既是安放祖宗神位、供族人祭祀祖先的神圣空间，同时也是族人聚在一起，解决宗族重大问题，商讨宗族发展大事的重要场所。除了每年照例在这里举行重大的春秋两祭外，其他诸如办学、赈济、庆贺添丁、惩罚叛逆等活动也在这里举行。例如，赣县白鹭村钟姓宗族的王太夫人祠，既是祀奉祖姑王太夫人的祠堂，同时族中义仓亦设

---

① 刘劲峰主编：《宁都县的宗族、庙会与经济》，国际客家学会、海外华人资料研究中心、法国远东学院 2002 年版。

② 罗勇、林晓平主编：《赣南庙会与民俗》，国际客家学会、海外华人资料研究中心、法国远东学院 1998 年版。

③ 刘劲峰、赖文峰主编：《铜鼓县的传统经济与民俗文化》，国际客家学会、海外华人资料研究中心、法国远东学院 2006 年版。

于此，每逢灾发歉收之岁，就要在这里举行赈济活动。所有这些都表明，客家祠堂不仅是已逝祖先的神圣空间，其实更是现存族人的现实空间。一座座祠堂的建立，也正昭示了围绕着堂内供奉着的祖先而构建起来的血缘体系的存在。

客家人不仅建立了祠堂，而且也有丰富多彩的祭祀仪式，许多仪式也与民间信仰密切相关。客家人的祖先祭祀分私祭和公祭两种。私祭，也叫家祭，指单家祭礼；公祭指合族、合祠或合房拜祭。在赣南和赣西北，为了方便家祭，客家人居住的堂上必设神龛，龛中用红纸或木牌书写"某某（指郡望名）堂上历代考妣一脉宗亲神位"。每月初一、十五要点燃香烛，逢年过节要用三牲烛帛供奉，更为虔诚者，每天晨昏两次，一般由家庭主妇或指使家中小孩双手捧着满满的一碗刚刚蒸好的米饭到祖宗牌位前敬拜。若是到了清明、中元、过年三个时节，祀奉更是隆重：清明节，家庭长辈要带着家中所有男丁前往祖先墓地，修葺杂草，添培新土，挂纸祭奠；中元节（农历七月十五），先在家中举行家祭，后到众家祠堂去祭祖，然后又回到家中在厅堂的祖宗神位前上香，烧送很多用"钱錾"①打印出了钱币图案的纸钱、纸车、纸箱甚至纸人。农历小年日（有的地方则是在除夕日），各家用香烛、三牲、米酒供奉祖宗，并鸣放鞭炮，除夕那天，堂上要点燃大红烛，要用全鸡、大块的熟猪肉，一甑插满筷子的熟饭。

公祭的场面较大，也非常隆重。每年都会举行的公祭主要是清明和冬至（有些地方则是在中元节）这两天。公祭一般在众家祠堂举行，清明节时还要到祖墓前挂祭。公祭规模视祭祀对象而有不同。有小房公祭，有大房公祭，也有联宗公祭。有的地方大小公祭都会举行。

祭祖仪式由祠长公或族长公主持，率领众人在祠堂大厅向祖宗灵位行跪拜礼，仪式十分烦琐。以林晓平先生对宁都丘氏祠堂祭祖礼仪

---

① 一种金属工具，专门用来在草纸上打出钱币图痕。在赣南，只有这种打有钱币图痕的草纸才称为"纸钱"。

的调查为例，丘氏祠堂祭祖的整套礼仪包括就位、迎神、上香、进酒、酹酒、进馔、奏乐、行初献礼、行二献礼、行三献礼、致词、撤馔、送神、燎祝文、退位等十几道程序，每个程序又有若干步骤。整个过程伴随着敬诵祝文，鸣炮奏乐，以及香烟缭绕，场面非常庄重肃穆。[①]

　　2. 风水信仰对客家社会的影响

　　风水信仰是客家人十分重要的民间信仰之一。风水也称"青乌""青囊""堪舆"，是我国历史悠久的一门方术。风水本为临场校察地理的相地之术，原本是选择合适的居住之地的一门学问，主要关乎宫殿、住宅、村落、墓地的选址、座向、建设等方法及原则，是一种研究环境与宇宙规律的知识。其核心思想是认为人既然是自然的一部分，自然也是人的一部分，人与大自然应该和谐共处，因此也是我国古代"天人合一"哲学思想的重要体现。

　　"风水"一词始见于晋郭璞《葬书》："葬者乘生气也，经曰，气乘风则散，界水则止，古人聚之使不散，行之使有止，古文谓之风水。""风水之法，得水为上，藏风次之。"风水是一门勘测学，是关于人类如何与周围环境和谐相处的一门朴素学问。风水学起源很早，在其发展过程中，逐渐形成了两大流派和体系，即江西"形势派"（实为赣南派）和福建"理法派"。形势派重视因地制宜，因形选择，观察来龙去脉，追求优美意境，特别看重分析地表、地势、地场、地气、土壤及方向，尽可能使宅基于山灵水秀之处。理法派一般以八卦、十二支、天星、五行为四纲，讲究方位，特别是重视罗盘定向，阳山阳向，阴山阴向，不相乖错，以定生克。

　　客家人笃信风水，认为风水的好坏，对于人丁、财运、官运都有关系。小至房屋装修、室内摆设，大至盖房、造灶、挖井、修桥筑路和坟墓选址等，都十分重视风水的因素。[②] 例如，赣闽粤边区普遍建

　　① 林晓平：《赣南客家宗族制度的形成与特色》，《赣南师范学院学报》2003 年第1 期。

　　② 罗勇：《客家民间风水信仰研究——以赣南为重点的考察》，《广西民族大学学报》（哲学社会科学版）2010 年第 3 期。

有风水塔，客家人相信风水塔可以祈福消灾，往往在河流的转弯和交汇处建造风水塔，以镇水患；或在村落入口的河流边上建造"水口塔"，以保村落财富不外流；或在城镇、乡村附近的山上建立"文昌塔"，以祈文教昌盛、科宦发达；等等。风水信仰对客家人的丧葬习俗也有很大影响，出现停柩不葬和坟墓屡迁的奇特现象。"葬惑于风水之说，有数十年不葬者。葬数年必启视，洗骸，贮以瓦罐，至数百年远祖，犹为洗视。或屡经起迁，遗骸残蚀，止余数片，仍转徙不已。甚且听信堪舆，营谋吉穴，侵扩盗葬，构讼兴狱破产，以争尺壤。俗之愚陋，莫丧葬为甚。"① "停柩不葬有至数年、十数年，甚而数十年者。"②

风水信仰对客家社会的影响，主要体现在两大方面：一是对阳宅建筑的影响，二是对阴宅建筑的影响。

所谓"阳宅"，主要是指活着的人的民居建筑。客家人在选择民居建筑时，十分重视风水因素。《阳宅十书》论及住宅选址问题，提出"人之居处宜以大地山河为主，其来脉气势最大，关系人祸福最为切要。若大形不善，纵内形得法，终不全吉"③。客家人在房屋选址上，必定要请地理先生来看风水，尽量选择青龙、白虎、朱雀、玄武环抱的风水宝地。同时，要尽量避免那些不好的地址。如风水学说认为，吉地的地势宜高，水气多之低地不宜。因为低地填高，填出的土地或是河川新生地因为地基还不够压实，贸然盖房，会影响建筑物的安全性；同时，低地一般湿气更重，对居住者健康不利；此外，地势过低，积水难泄，遇有降雨，易积水成患。地址选好了，什么时候建房，也要请风水先生来"择日"。择日又称"开课""化课"，一般是择取黄道吉日，避免"土王""三煞"及"杨公忌日"等凶煞不祥之日，同时还要避免动工之日与主家子孙的生肖相冲相克。开工之日，风水先生还要到场请神。此外，在建房过程的很多程序，平基、开

---

① 乾隆《嘉应州志》卷1《"舆地部·风俗"》。

② 同治《零都县志》卷5《民俗》。

③ 《阳宅十书·论宅外形》。

基、落石、安门、上梁等，也十分注意风水的因素。例如，客家人对阳宅的门窗安放十分讲究，要求房屋前低后高，大门要正，认为"门高于厅，后代绝人丁，门扇或斜欹，夫妇不相宜"。上梁的时候也要选择吉日良辰，选用上好杉木，安放栋梁之木时务必要放正，否则有损各房子孙的家运。新居落成和乔迁新居时，还要举行一定仪式，进行"驱邪""除煞"。①

　　所谓"阴宅"，就是指坟墓。客家人非常重视阴宅风水，认为选择一个好的风水地葬先人，既是对先人的尊重和安慰，同时也事关家庭、宗族的盛衰。因此，选择坟地要请风水先生勘察地理。什么是好风水？在客家地区普遍认可的标准是龙、穴、砂、水四者俱佳。龙即山势起伏犹如龙状，对来龙的要求是要有生气，即山势连绵不断、蜿蜒起伏，这样就能让主人兴旺发达；穴指安坟之处，要求是生气郁结之宝地，起到藏风蓄气的作用；砂是指墓穴前后左右的山，砂的形势好坏，直接关系到各房的盛衰；水指墓穴前所看见的流水，风水的要求是宜曲不宜直，水的出口最好还要有山紧紧挡住，见到来水看不到去水的情形就比较好。客家人在阴宅选址时，特别注意阴宅好不好要看它是否具有"朱雀、玄武、青龙、白虎"齐备的四象，还有来龙、案砂、明堂、水口、立向等。如果一个阴宅地的后面有绵延不绝的群山峻岭，前方有一些低山或小丘；而左右两侧则护山环抱，重重护卫；中间部分堂局分明，地势宽敞，最好有弯曲的流水来环抱，那么这个地理环境就是非常理想的风水宝地。这个是南北向；如果是平原上的阴宅，那最基本是前低后高，左右有一些建筑物来护卫不可过高，主要后面要高为好，左边可以有小的流水也为最佳。同时，阴宅最忌周围高而所在地势低，这样对子孙健康不好，好的阴宅是不可以进水的，同时阴宅要有阴阳平衡原则；不可以在穷山恶水中，不可以在直面受风的地方。

　　3. 民间信仰对客家人生产活动的影响

　　民间信仰对客家人的生产活动也有巨大的影响，集中体现在有各

---

① 万幼楠：《赣南围屋研究》，黑龙江人民出版社 2006 年版，第 200—212 页。

种各样的祈福禳灾的民俗活动，而这些民俗活动往往与民间信仰相联系。

赣闽粤边区是一个灾害种类多、发生频率高、破坏强度大的地区，常见的农业灾害主要有水灾、旱灾、虫灾、雹灾、霜冻等，这些灾害对农业生产破坏极大。① 赣闽粤边区本来就是一个"为壤既瘠且贫，无金锡之珍，鱼盐之阜，畜牧驹骡之饶，织文机巧工技之利"②的地方，频繁的自然灾害，对生活在这里的客家族群来说，无疑是雪上加霜。面对频频发生的自然灾害，客家族群在采取诸如兴修水利、人工驱虫、建仓储粮等防灾抗灾措施的同时，也十分迷信超自然的力量，采取各种仪式，祈祷神灵的护佑。赣闽粤边区为消灾而举行的农事祈禳活动很多，按照其举行时间来分，大体可以分为岁时祈丰、定期游神打醮和临灾祈禳三类。

（1）岁时祈丰　是指在传统的岁时节日里举行的祈禳活动。众所周知，在我国古代的农耕社会里，许多岁时节日和节气安排，都与农业生产相关。因此，在这些特定时刻举行的农事祈神，其实也是一种预防性的消灾活动，希望神灵能够预防灾难的发生，保佑农业生产获得丰收。诚如古人所云："二月祈谷，五月迎神，以祈甘雨，祝丰穰。"③ 在赣闽粤边区的岁时节日里，客家人也要举行此类活动。如赣南在农历"立春"这一天，要供斋饭、焚香烛、放鞭炮，迎接春神到来，目的是"祈祷来年风调雨顺，五谷丰登"。④ 农历七月十五的中元节是客家人的重要节日，在这一天，广东五华、兴宁等地民众会在稻田中插杆挂纸以驱害虫。"中元，以竹竿纸钱插田园，谓之'标园'，迎神驱虫豸也。"⑤

---

① 邹春生：《自然环境与客家人文特质的形成———以赣南自然灾害研究为中心》，《赣南师范学院学报》2003 年第 5 期。

② 同治《赣州府志》卷 20《喜丰堂记》。

③ 同治《安远县志》卷 1《地理志·风俗》。

④ 赣州地区地方志编纂委员会：《赣南概况》，人民出版社 1989 年版，第 123—124 页。

⑤ 乾隆《嘉应州志》卷 1《舆地部·风俗》。

（2）定期游神打醮　除了在传统的岁时节日之外，客家人也会在其他时间定期举行打醮和游神的祭神活动，这些祭神活动的举办时间一般都是固定的，针对性也很强，多是为了防止某一种（些）灾害的发生，也是属于一种预防性的消灾活动。例如，福建武平县的"保苗醮"，"秧长将熟，敛钱迎神斋醮，或用男巫婆娑吹筲舞，谓之保禾苗。盖本邑以农为本，城乡五月后，皆有此举"①。始兴县隘子村在每年六月初六举行"扛公王"的游神活动，村民认为大神巡察过的禾苗能得到雨水滋润，不生虫灾。②

（3）临灾祈禳　顾名思义，所谓临灾祈禳，就是在灾害降临时所举行的祈神消灾活动。在赣闽粤边区，临灾祈神活动很多，与当地水旱灾害最为剧烈的特点相一致，客家族群最常举行的祈神禳灾活动就是求雨和止潦，这方面的事例在地方文献中也最多。如福建宁化县，"若间不雨及潦，人民各舁其坊之神，折柳击鼓，至县衙前，县官出为行香如仪，甚则禁止屠宰若干日，至雨或霁而止"。③ 实际上，客家人临灾祈神的活动是十分普遍的，每当禾苗遭受病虫灾害，冰雹摧侵农作物，禽畜遭受瘟疫，甚至连野兽危害庄稼，都会举行祈祷仪式，祈求神灵消除灾害。如，赣南安远县"如遇病虫害严重成灾，村民即组织打'香火龙'活动，大肆进行祭神拜社公活动，巡回到山野田间转游，驱逐瘟疫，以求神灵消除这场灾祸保佑禾苗正常生长"。④ 长汀县张地村的村民在野猪危害猖獗的年份，会打"野猪醮"，认为这样就能驱除野猪危害，保护稻谷、地瓜等庄稼以及山上的竹子能有好的收成。⑤

总之，无论是定期举办的岁时祈丰和游神打醮，还是不定期举

---

① 民国《武平县志》卷 19《礼俗志》。

② 曾祥委、曾汉祥：《始兴隘子客家大庙及崇拜习俗调查》，《韶关大学学报》1995年第 3 期。

③ 民国《宁化县志》卷 11《礼俗志》。

④ 刘兆升、田惠裕：《安远民俗浅说》，《安远县文史资料》第 5 辑，政协江西省安远县委员会文史资料研究委员会 1991 年编印，第 121—123 页。

⑤ 杨彦杰：《长汀县的宗族、经济与民俗》，国际客家学会、海外华人资料研究中心、法国远东学院 2002 年版，上册，第 134—135 页。

行的临灾祈禳，其实三者在本质上都是相同的，都是希望获得神灵的保佑，防止或减免自然灾害的危害。这些频繁举行的祈祷仪式，一方面揭示了赣闽粤边区自然灾害频繁、客家族群深受其害的社会现实，另一方面也反映了民间信仰对客家族群生产生活的重大影响。

二 民间信仰在促进不同区域客家文化交流中的作用

民间信仰是民间存在的活态文化，与广大民众的生活息息相关。积极开展民间信仰之间的交流与沟通，能有效地促进不同区域民众之间的沟通和联系，实现中华民族的大团结。定光信仰是海峡两岸客家人普遍信仰的民间信仰，两岸之间的定光文化交流十分密切。本小节以海峡两岸定光古佛文化交流为例，旨在说明民间信仰在促进区域文化交流中的重要作用。

客家人所信奉的定光古佛，俗姓郑，名自严，泉州同安人，出身官宦世家。自严11岁出家，17岁得到云门大师的嫡孙、清凉智明禅师的高徒西峰圆净大师的指点，豁然开悟，得道成佛。后来云游到闽西武平县南岩之地，便在这里驻锡结庵，广传佛法，施福于民。

据学者考证，定光古佛信仰在大陆的传播，主要在闽西地区及其周边的闽北、赣南和粤东等地。具体言之，在闽西地区有武平县、长汀县、上杭县、连城县、清流县、宁化县等原汀州所属县域，以及相邻的邵武、沙县、建阳、建瓯、南平、泰宁、崇安、顺昌、晋江等闽北、闽中和闽南各县。在赣南有宁都县、于都县；粤东有梅州、惠州等地都有其信仰。①

定光古佛信仰在台湾的传播，是随着闽西客家人向台湾的迁移而带过去的。

台湾是重要的客家人聚居区，"台湾为中国大陆外客家人聚居最多的地区。目前在台湾的客家人达450余万，桃园、新竹、苗栗三县

---

① 谢重光：《闽台定光佛信仰研究》，见谭伟伦主编《民间佛教研究》，中华书局2007年版。

约 200 余万人口，百分之七八十是客家"。① 在台湾的客家人中，直接来自闽西或祖籍来自闽西的客家人占了台湾客家人的近四分之一。"历史上由闽西直接去台湾的客家人有 70 余万，即使从广东去台的客家人，其祖籍地基本也在闽西，而在台的闽南人也有 30 余万的祖先曾是闽西的主人。"②

闽西客家人向台湾的迁移，在族谱中有大量的记载：

《闽粤台河南堂丘氏族谱》载：闽西丘氏自河南入闽，有丘三郎之子丘三五郎者，携兄弟三人经宁化石壁开基上杭来苏里中都，三五郎为汀杭开基一世祖。三五郎裔脉昌盛并派衍台湾各地。

永定县古竹苏氏："十一世祖肖屏公，嘉靖丁未岁生，娶吴氏，生五子。（此系后代第十七世、十八世有人到台湾）十六世祖泰友公，生八子（其中一房移居台湾）。十五世祖升槐公，生于顺治八年，娶卢氏，生四子。（第十七世迁台湾新竹。）十五世祖升□公，生于顺治十七年，娶阙氏，生六字，其中次子癸舍、五子德舍、六子春满皆迁往台湾，现在升□公的后代在台湾有 1000 多人。"③

永定高头江氏祖先出自中原，传至江铎，讳十八郎，肇居上杭三坪村，江铎生九子，其裔孙播迁甚广，其中江铎第四世孙江百八郎迁居高头开基，尊江铎为一世祖。学者据永定江氏族谱得出，上杭高头江氏从第十五世开始向台湾迁移，至第三十代，迁台者共有323 人。④

大量族谱显示，闽西地区先后有 100 多个客家姓氏迁居台湾。福建武平县在 1997 年"闽西：闽台渊源关系族谱展"中，用图表的形

---

① 丘权政：《常思家国兴亡责——记香港客家贤达黄石华先生》，《客家》1994 年第2 期。

② 张开龙：《龙岩：对台客家文化交流的热点》，《福建对台工作》1998 年第 4 期。

③ 永定古竹苏氏《芦山派系始祖益公遗下族谱》，光绪二十一年手写本。转引自楊彦杰《台湾北部的汀州移民舆定光古佛信仰——以淡水鄞山寺为中心》，见赖泽涵、傅宝玉主编《义民信仰与客家社会》，中央大学客家研究中心 2006 年编印，第 284 页。

④ 江太新：《从永定高头江氏族谱所见》，见《"全球客家地域"学术研讨会论文集》，台湾师范大学文学院地理系 2003 年编印。

式，展示了武平各姓氏迁台的情况以及现今在台裔孙的人口数字：武平岩前镇何姓何大郎的裔孙迁往台湾，今在台湾繁衍子孙 4 万余人；岩前镇魏氏迁台后，在台裔孙繁衍到 6000 余人；岩前镇钟氏于清代咸丰间迁台，现发展到裔孙 3000 余人；岩前镇曾氏亦于清代咸丰间迁台，现发展到裔孙 2000 余人；大禾乡蓝氏迁台后，裔孙人口发展到 4.8 万人；像洞乡练氏于清代嘉庆间迁台，现发展到裔孙 8000 余人；下坝乡刘氏、吕氏，同于清代咸丰间迁台，现其裔孙分别发展到 3000 余人和 1000 余人；武东乡饶氏于清代咸丰间迁台，现发展到裔孙 1000 余人；城厢乡李氏有李轮光奉旨受理台湾府儒教左堂兼彰化县儒教正堂，现在台裔孙有 4000 余人。①

伴随着人口迁移的往往也是文化的迁移，正如德国人类地理学的创立者弗里得里希·拉策尔（Friedrich Razal）所云："文化要素是伴随着民族迁徙而扩散开去的，物质文化只有通过人，同人并与人的精神文化一起才能够传播。"② 中国移民史研究专家也认为："不同人群创造不同的文化存在差异，不同地域得到文化风貌也不尽相同。人口在空间的流动，实质上是他们所负载的文化在空间的流动。所以说，移民运动本质上是一种文化的迁移。"③ 台湾地区的定光古佛信仰也正是随着闽西客家人向台湾的迁移带到台湾地区的。

台湾的定光寺庙，从目前的资料来看，较大的寺庙只有两处，即彰化县的定光庵和台北县淡水的鄞山寺。彰化定光庵位于县城西北部，乾隆二十六年（1761）由永定县士民以及北路总兵张世英等筹建，初名"定光庵"，又称"汀州会馆"，以后经历嘉庆、道光和咸丰年间的多次修建，其建筑规模曾达到"两进两廊左右厢房"的格局，并正名为"定光佛庙"。庙的主神为定光古佛，从祀有佛童，陪祀有太上老君、城隍爷、福德爷、妈祖等。庙内还设有"汀州八邑倡

---

① 转引自严雅英《客家族谱研究》，黑龙江人民出版社 2007 年版，第 79—80 页。
② 转引自夏建中《文化人类学理论学派》，中国人民大学出版社 1997 年版，第 198 页。
③ 葛剑雄、曹树基、吴松弟：《简明中国移民史》，福建人民出版社 1993 年版，第 586 页。

议捐士绅缘首董事禄位”的长生牌位。据该寺主持人介绍，定光古佛寺庙是从永定县金砂乡的金谷寺分香到台湾的。[①] 淡水定光古佛来自汀州的说法，我们从另一位学者的调查笔记中也可得到印证。李乾朗先生是台湾著名的建筑史研究专家，他在《淡水鄞山寺调查研究》中亦提及了彰化的定光庵，称“殿内仍存乾隆、嘉庆及道光古匾等文物，其中乾隆三十八年（1773）所立之‘济汀度海’匾充分证明来自汀州”。此外，殿中还有两副楹联，其一为道光十四年之物，永定巫宜福与巫禊兄弟敬题：“活百万生灵迹托鄞江留一梦，觑三千世界汗挥线地有全人。”另一联为“古迹溯鄞江换骨脱身空色相乎圆光以外，佛恩施台岛灵签妙语示吉凶于前定之光。”[②] 很显然，古匾中“济汀度海”中的“汀”，当指汀州，两副对联中都提到的“鄞江”，则是汀江之水在长汀县境内的古称，所有这些，都表明彰化定光古佛是从闽西传播过去的。

台湾另一座定光寺庙在台北县的鄞山寺。鄞山寺建于道光二年（1822），由汀州人罗可斌、张鸣岗等发起建庙。“（鄞山寺）在沪尾山顶，道光二年汀州人张鸣岗等捐建，罗可斌施田。”[③] 鄞山寺曾于咸丰八年（1858）重修，同治十二年（1873）再度重修。由于历次维修，鄞山寺目前仍然保持170多年前的原貌，成为台湾清代中期寺庙建筑的典型代表，尤其是一种传统客家古建筑最完善的代表作。寺庙供奉的主神是定光古佛，古佛两旁另外供奉着观音菩萨及福德正神。正门旁有一对石鼓，石鼓两侧的柱上，以定光二字为首的诗句写道：“定之方中古貌古心留胜迹，光被四表佛法佛缘布鸿庥。”此外，正门的左侧山门柱上、石柱以及墙壁上还分别题有三首诗，这些诗词都是在道光三、四年所题。寺内还藏有同治十二年、光绪十八年等清代碑刻多通，对于我们了解鄞山寺的建寺历程、经营管理以及周边宗族姓氏之间的关系，有着十分重要的意义。

---

① 转引自江彦震《定光古佛在台湾》，《环球客家》2009年第2期。

② 李乾朗：《淡水鄞山寺调查研究》，台北县政府，1988年。

③ 同治十年《淡水厅志》卷十三《古迹考》附“寺观”。

实际上，除了这两座以定光古佛为主神的寺庙外，定光古佛也还作为配神安奉在其他寺庙中。如，台北板桥的接云寺，该寺原称石壁湖慈云岩，建于清雍正年间，公元1853年因乱废寺，由地方人士推举林本源家林国芳为首，迁移建寺供奉，迄今已历经三次重修，庙宇庄严，香火鼎盛，在地方民间信仰中扮演着极重要的角色。该寺以观音佛祖为本尊，定光古佛是其配祀神灵之一。①又如桃园县大溪的福仁宫，俗称"大溪大庙"，兴建于嘉庆十八年（1813），该庙本尊为开漳圣王，配神有定光古佛、玄坛元帅、巧圣先师、财神爷、天上圣母、注生娘娘、池头娘娘等。按照其安放神灵的位置和顺序，定光古佛位居正殿左龛，可知它在福仁宫的地位仅次于开漳圣王。②

另外，除了庙宇供奉定光古佛之外，在私人家中安奉定光神位的现象也很普遍。据台湾学者介绍，台湾北部和南部屏东或高雄一带的闽西客家人家庭中，常能见到供奉定光佛的情况："台北一带汀州人聚落，如淡水阿里薈沿岸，家户均供定光古佛。"③此外，一些来自汀郡的县级同乡会，如台北市福建武平同乡会，也供奉定光佛，把他作为缅怀桑梓、增进乡谊的象征。④

定光古佛信仰被渡海迁台的闽西客家人带到台湾后，在客家人的努力下，不仅成为台湾闽西客家人的保护神，有效地促进维护了客家人的团结，并且也成为海峡两岸客家人进行交流和联系的重要媒介。

定光古佛传播到台湾近300年，两岸定光古佛信仰的文化交流从未间断过，后来由于日本占领台湾和国民党禁止台湾同胞赴大陆探亲，所以有很长一段时间两岸的文化交流包括定光古佛信仰的交流遭到人为中断。直到1987年国民党宣布解除探亲禁令，定光古佛文化

①　转引自刘大可《闽西客家人迁台与定光佛信仰》，《台湾研究》2003年第1期。

②　转引自蓝植铨《大溪的诏安客——从福仁宫定光古佛谈创庙的两个家庙》，见《客家文化研究通讯》1996年第2期。

③　陈香：《台湾的根及枝叶》，台湾国家出版社1972年版，第34页。

④　谢重光：《客家民俗佛教定光佛信仰研究》，《佛学研究》2000年第9期。

交流才得以恢复。

1989 年和 1991 年，台湾淡水鄞山寺住持胡俊彦两次带领信士跨越海峡，走遍福建几个县，最后才找到台湾定光佛的祖庙就在武平均庆院，并定下一条规矩，要求信徒每隔三年到武平定光古佛像前包装香灰回台。次年农历七月初一，胡俊彦主持再次率领信徒前往武平狮岩朝拜。[①]

胡俊彦主持的热心行动开启了两岸定光古佛文化交流的新时代。在此之后，两岸之间的定光古佛文化交流日益密切。

2000 年，台南县大竹镇派人到武平均庆寺移植定光古佛的香火到台南。[②]

2007 年，台湾海峡两岸合作发展基金会董事长张世良率领彰化县的定光信徒来武平定光祖庙进香。[③]

此外，在龙岩市人民政府网站和武平县人民政府网站中也保留了近年来海峡两岸定光古佛文化交流的情况[④]，因篇幅较长，在此不一一列举。

民间信仰与普通民众的日常生活密切相关，无论春祈秋报、祈神祛灾、祭祀祖先、婚丧嫁娶等，都充满了对神灵的信仰和谒拜，成为他们精神世界的重要反映。尽管在民间信仰中确实含有不少封建迷信的东西，但我们也要看到，当人们在进行神灵祭拜时，他们摒弃了性别、家庭、身份、职业等生理和社会差别，一起投入共同的文化活动中，这就充分体现了民间信仰在沟通和联系人与人之间的感情和交流方面，具有其他文化所无法比拟的独特的作用。

以"定光古佛"为主题的闽台文化交流如火如荼开展，对于促进

---

①　何安庆：《闽台定光佛　根源在武平》，见《定光古佛与客家民间信仰》，闽西客家联谊会、龙岩市政协文史和学习委员会 2008 年编印，第 272—273 页。

②　钟茂富：《客家人纪念定光的由来》，《闽西日报》2006 年 8 月 31 日。

③　钟茂富：《两岸客家牵手佛缘》，《环球客家》2007 年第 3 期。

④　本节以下关于海峡两岸定光文化交流活动的材料，如不特别注明，均来自龙岩市人民政府官方网站（http：//www. longyan. gov. cn）和武平县人民政府官方网站（http：//www. wp. gov. cn）。

两岸同胞的联系和交流起了重要作用。在每一次重大文化活动交流中，两岸人们都表现出了极大的热情，有效地增进了台湾同胞对原乡的感情。例如，2010年12月16—24日，定光佛祖金身在台湾进行了为期8天的巡游。在台巡游期间，在彰化、台中、苗栗、新竹、桃园等地举行了盛大的游境活动和隆重的祈福法会，接受了大批信众的朝拜。① 在海峡两岸定光古佛文化交流活动中，也增进了台湾同胞对大陆原乡的桑梓深情。例如，2011年6月12日，首届海峡客家风情节——定光佛文化节在武平召开。来自台湾的台东县议会议长饶庆铃动情地说："作为一位祖籍武平的台湾客家人，今天能'回家'来参加盛会，在这里体验自家人的风土人情、风俗习惯，观看风情表演，品尝风味美食，感到无比的激动。……作为祖籍武平的客家人，我愿意为进一步弘扬定光佛文化，为进一步深化两岸交流合作而尽微薄之力！"② 又如，在2012年11月，台湾中华海峡两岸客家文经交流协会理事长饶颖奇先生在参加第二届海峡两岸定光佛文化旅游节时，也充分表达了自己对原乡的深切感情："300年前，我的祖先就是从这里迁到台湾的。武平是我的祖籍地，是我的故乡，今天我又回来了，回家的感觉真好啊！……定光古佛是客家人的保护神，一千多年来，受到人间香火祭拜。同根同源的骨肉亲情让大家相融在一起，一脉相承的定光佛文化让大家欢聚在一起。"③

　　实际上，除了定光古佛信仰之外，在台湾地区，还有其他许多来自大陆的民间信仰。如福德正神、妈祖、王爷、天上圣母、保生大帝、清水祖师、开漳圣王、广泽尊王、三山国王等。这些为台湾同胞所熟知的神灵均是以分身、分香、漂流等方式，随大陆移民从福建和

---

① 《福建定光佛金身首游台湾 弘扬客家文化》，转引自中国新闻网官方网站：http://www.chinanews.com/tw/2010/12-25/2746088.shtml。

② 《台湾台东县议会议长饶庆铃武平行纪实》，转引自中国台湾网：http://www.taiwan.cn/local/dfkx/201107/t20110707_1914836_1.html。

③ 武平县人民政府官方网站（http://www.wp.gov.cn/cms/siteresource/article.shtml?id=930259881592340004&siteId=40185175012560000）。

广东地区传入台湾的。① 这些神灵与原乡的关系十分密切，被台湾的闽粤籍移民称为"桑梓神"，受到他们的特别敬奉。近些年来，台湾各地神庙掀起了拜谒祖庙的热潮，纷纷组织起香团返回大陆寻根拜祖。由于台湾许多庙宇与神灵与大陆原乡之间存在祖庙和分香的关系，所以这些民间信仰活动在沟通海峡两岸的文化联系和交流中，起着非常重要的作用。"神庙谒祖朝圣，实际上是中国祖先崇拜观念在神仙世界中的变相反映，通过'分身'或'分香'的形式，把大大小小的宫庙整合归属在一个中心祖庙周围，既易于辨识神庙之间的渊源关系，又利于强化信徒的寻根拜祖的观念。"②

　　20世纪80年代以来，在官方或上层精英人物的积极推动下，海峡两岸无论在社会、经济和文化各个领域的联系和交流都得到了加强。为了使海峡两岸的文化交流和互动得到进一步的发展，我们应该充分发挥民间文化的力量。只有海峡两岸普通大众积极参与到各种文化交流活动中来，才能真正实现两岸同胞的大团结。笔者认为，因为民间信仰具有生活化、平民化、广泛性的显著特点，它在促进海峡两岸文化交流、增进两岸同胞之间的血脉之情的重要作用，我们应该高度重视，我们应该采取更加积极有效的措施，去推动海峡两岸的民间信仰方面的交流和互动。

三　民间信仰体现了客家文化的特质

　　对客家文化的文化特质的探讨，是近年来客家学者比较关注的问题，已有不少论文对此有过专论。关于"文化特质"的理解，客家学界存在两种意见，第一种是强调文化的专有性，把"特质"理解为"唯我独有的东西"。第二种是强调文化的彰显性，把"特质"理

---

　　① 台湾地方当局曾于1918年、1930年、1960年、1966年、1975年和1981年六次对台湾当地的庙宇和神灵进行过统计。在历次调查统计中，名次均位居前20名的主神中，除了开台圣王、有应公、义民爷等三尊神灵是台湾土生土长的神灵外，其余17尊都是从大陆传入台湾的。参见余光弘《台湾地区民间宗教的发展——寺庙调查资料之分析》，载台湾《中央研究院民族学研究所集刊》第53期，1982年春季。

　　② 林国平：《福建民间信仰研究》，福建人民出版社1993年版，第367—368页。

解为"特别彰显的东西"。我们认为，要正确理解文化特质这一概念的内涵，首先要弄清"文化"的概念。"文化"是指一个国家或民族的历史、地理、风土人情、传统习俗、生活方式、文学艺术、行为规范、思维方式、价值观念等。"文化"既是人类创造的为人类社会所独有的物质精神现象，是通过文化的创造，人类与其他有生命体从本质上得以区分；同时，由于不同的国家或民族，更由于不同的环境，文化的表现也有所不同。而"文化特质"概念的提出，就是要将不同的文化有效地加以区分。"文化特质"这一概念中的"特质"，应该是指这种文化中所含有的，并且又能够将这种文化与其他文化区别开来的因素。因此，所谓文化特质，就是指某一种文化所含有的、最能体现这种文化的个性、能够有效地把这种文化与其他文化进行区别的文化因子的总和。文化特质并非某些文化事象和表征的简单相加，而是对这种文化中极具个性化的事象和表征的抽象与概括。一种文化的文化特质正是由这些文化因子来体现的，文化因子的性质不同和数量多寡，都对文化特质有影响，那些"唯我独有"的文化因子固然能够体现这种文化的文化个性，就是某些文化因子因其数量很多，同样也能够彰显这种文化的文化个性。

通过上述阐述我们可以知道，民间信仰与客家人的生产生活密切相关，已经成为客家文化的一个重要组成部分。透过客家民间信仰的种种现象，理应可以揭示客家文化的一些文化特质。我们认为，从民间信仰的角度考察，客家文化至少具有多元性、移民性和区域性等特征。

1. 从民间信仰看客家文化的多元性特征

赣闽粤边区客家民间信仰具有多神性的特征，神灵来源广泛，神灵谱系十分庞杂。客家民间信仰的这种特征，也反映了客家文化的多元性特质。

前文我们已经讨论过，客家族群由古越族后裔、畲族和北方汉人等多个族群构成，这些不同族群本身所蕴含的族群文化，在新的客家族群共同体中也有所体现。

　　畲瑶、古越族的文化在客家文化中有明显体现。清代学者屈大均在论述当时广东土著民族的生产方式时，用"刀耕火种"来概括，即"耕无犁锄，率以刀治土，种五谷，曰刀耕。燔林木，使灰入土，土煖而蛇虫死，以为肥，曰火耨"①。客家人至今仍在使用的耕作方式中就有"烧土肥田"，即铲好草皮，晒干，然后呈圆锥型堆垒起来，中间填干稻草作为火引，让其闷燃，燃尽，连土带灰，一起挑至田里用作肥料。很显然，这种生产方式就保留了刀耕火种的痕迹。又如，在客家地区常见的"走马楼"民居建筑，也"与古代南方百越人，以及今天西南地区一些兄弟民族的'干栏式'住房相似。显然，这是客家人南迁后吸收了南方土著民居的优点，以适应岭南地区多山、潮湿和多虫蛇兽害等自然环境"②。再如，赣闽粤边区的客家初婚女子一般是在晚上嫁至夫家拜堂成亲，而按照中原风俗，只有寡妇出嫁才在晚上进行。此外，赣闽粤边区的客家族群还普遍种植畲禾③、制造土纸、石灰撒田、伐木烧炭、养蜂酿蜜以及制饮擂茶、椎髻跣足、女劳男逸，等等，都是客家人保留了畲瑶、古越族等非汉文化的表现。④

　　在客家文化中，也有大量中原汉族文化。无论在社会经济制度、婚姻制度、家族制度等方面，客家人都与中原汉族文化保持着高度的一致。例如，客家社会保留了十分严密的宗族结构，而且宗族制度对客家社会生活有着十分重要的影响。⑤ 客家地区以姓划村，聚族而居，建祠堂、修族谱、购族产的现象十分常见。他们还修订了严紧的家族法规，要求族人严格遵守，如果有人恣意妄为，将会按照家法族规受

---

　　① （清）屈大均：《广东新语》卷7《人语·畲人》。

　　② 丘桓兴：《客家人和客家文化》，商务印书馆1998年版，第44页。

　　③ 畲禾又称百日禾、棱禾，是赣闽粤边区以前普遍种植的粮食作物，速生，高产，适合在酸性土壤的山区种植。

　　④ 关于客家文化的土著因子的详细举证，请参见《客家与畲族的关系》（蒋炳钊，1994年）、《客家源流探奥》（房学嘉，1994年）、《客家传统文化概说》（吴永章，2000年）、《畲族与客家福佬关系史略》（谢重光，2002年）、《客家文化中的楚文化因素举隅》（刘佐泉，2000年）等著文。

　　⑤ 孔永松、李小平：《客家宗族社会》，福建教育出版社1995年版。

到严厉处置。① 在婚姻制度中同样也可以看出客家文化与中原汉文化的一致性。例如客家婚嫁礼仪中不仅比较完全地保留了古代中原地区的"六礼",而且还严格遵循着"同姓不婚"的遗训。"凡子姓不得与同姓为婚。如有不肖子孙违犯,通族告官离异。"② 此外,在客家文化的精神层次中,也表现出客家人对中原主流文化的高度认同。客家人诸如勤劳与洁净、冒险与进取、俭朴与质直、刚愎与自用、纯朴保守、坚忍刻苦、崇尚忠义、尊文重教、尊重妇德、持重武术、爱国爱乡、喜斗好胜、尚鬼信巫等精神风貌和人文气质,基本上与中原汉族是一致的。

由此可见,在客家文化体系中,无论是物质文化层次,还是在制度文化和精神文化层次,都既包含了以畲族、古越族等南方土著民族的文化因子,又包含了来自北方地区的汉族文化因子,这就明确体现了客家文化是一个融多元文化于一体的结构特征。

客家文化这种多元文化的特质,在客家民间信仰中也有十分清楚的体现。前面各章我们已经集中讨论了儒家文化、佛教和道教等外来文化在赣闽粤边区民间信仰的种种表现,在此不再赘述了。在此笔者想比较详细谈谈南方土著文化对赣闽粤边区民间信仰的影响。在赣闽粤边区的民间信仰中,含有大量土著民族的文化因子。例如,在赣闽粤边区至今普遍流行"买水浴尸"的丧葬习俗:死者家属,在未正式成服以前,孝子、孝女、媳妇、儿孙们,将上衣反穿,腰束麻皮,持壶或碗哀哭着去河溪中间向河神买水,先在河岸上插上未点燃的香纸,再丢几文钱于河中,顺流舀水,舀水多少均不能重舀。回来时不能哀哭,至堂上为死者抹脸,俗称"沐浴"。③ 实际上,这一风俗在方志文献中早有记载,乾隆和光绪时期的《嘉应州志》均记载了这

---

① 谢庐明:《传统与变迁:赣南客家家法族规的地域性分析》,《赣南师范学院学报》2004 年第 4 期。

② 《瑞金杨氏族史》卷首《杨氏祖传族规族训》,弘农郡"四知堂"杨族史编纂委员会瑞金市分会编印。

③ 黄玉钊主编:《梅州客家风俗》,暨南大学出版社 1992 年版。

一风俗："（亲死），子往河浒，焚纸钱，取水浴尸。"①"丧，始死，子往河浒焚纸投铜钱三枚，以新瓦罐取水浴尸，谓之买水。"②这种葬俗也源于古越族和蛮族。南宋中原文人在广西为官，也看到了当地盛行此俗，颇觉惊异，于是在笔记中记载了此俗："亲始死，披发持瓶瓮，痛哭水滨，掷铜钱纸币于水，汲归浴尸，谓之买水。否则，邻里以为不孝。"③"钦（州）人始死，孝子披发顶竹笠携瓶瓮持纸钱往水滨，号恸，掷钱于水，而汲归浴尸，谓之买水。否则，邻里以为不孝。"④

　　赣闽粤边区的客家人盛行"二次葬"，也反映了客家民间信仰深受当地土俗的影响。二次葬又叫"捡金""洗金""迁骨葬""洗骨葬"，一般是在人死安葬数年后，又开启棺墓，捡拾遗骨，重新安葬。由于埋葬的一般都是腐朽尸体的骨骼，且多数是迁到别处安葬，所以又称"捡金""洗金""迁骨葬""洗骨葬"。此葬俗在赣南、闽西和粤东北毗邻区普遍存在。

　　　　如粤东北地区的丰顺县："葬后十年或十余年，易以瓦罐，俗呼金罐。"⑤

　　　　赤溪县（笔者注：1953年并入广东台南市）："捡骸曰捡金，故罂曰金罂。"⑥

　　　　潮州地区："相尚屡迁，葬后数年，必发冢洗骸。"⑦

　　　　广东嘉应州："乃有既葬后，或十年或十余年复出诸土，破棺捡骨，谓之洗金。"⑧

---

① 乾隆《嘉应州志》卷1《舆地部·风俗》。

② 吴宗焯修、温仲和纂：《嘉应州志》卷8《礼俗》，光绪二十四年刻本。

③ 马端临：《文献通考》卷330《四裔考》七，录存《桂海虞衡志》佚文一"羁縻州峒"，严沛校注本，第150页。

④ （南宋）周去非：《岭外代答》"食用买水沾水"条。

⑤ 光绪《丰顺县志》卷7，《风俗》。

⑥ 民国《赤溪县志》卷1《舆地上·风俗》。

⑦ （清）蓝鼎元：《鹿洲初集》卷14，《潮州风俗考》。

⑧ （清）张心泰：《粤游小志》，见《小方壶斋舆丛钞》第94卷第4册。

闽西上杭县，"又有改葬之陋俗云。十二年后棺朽而肉化，以罂易棺，捡骸而置其中，骸曰骸金，罂曰金罂。"①

汀州："改葬之事，古人所有。昌黎有改葬服议，朱子曾改葬其亲是也。但计改葬之时，历年多则木必朽，旧棺自不可用。若另易一棺，岂能不开棺更动？意改葬时必须置一椁，而以原棺安厝于椁中。今汀俗不然。《讦素文集》愧曾曾痛切言及此事，云起扦捡筋之恶俗，独盛于汀州。每至大寒前后，携锄执耒齐诣坟头，自行开视，如骨少好，则仍安（原）所，否则捡骨瓦罂，挑往他处。明岁此时又时开看。此视祖父之骸如儿戏。"②

赣南安远县，"坟山之讼，案牍颇多，更有改葬、迁葬，难免洗筋抹骨之惨。"③

赣闽粤边区盛行的这种葬俗，显然是本土古俗的遗留。众所周知，中原文化以儒家文化为核心，十分讲究孝道，"敬宗重祖""入土为安"是对孝子贤孙的基本要求。那种认为此俗是由南迁汉人从中原带来的观点，显然是不对的。对于这一点，民国期间《上杭县志》的编纂者就讲得很清楚：

当宋季南迁转徙不常，取先骸而珍藏之，便于携带，亦其一说，而未必皆然。盖其始虑亲骨入土易朽，易以瓦器，本出于珍护先骸之意，其后为福祸所惑动，归咎于先坟有一迁再迁至屡迁者，岂孝子慈孙所忍心乎？④

瑶畲之人把盘瓠作为自己的祖先，素有以狗作为图腾崇拜的习俗。不少学者认为流行在赣闽粤边区地区的"盘古玉"崇拜，就与畲瑶的图腾崇拜有关。

---

① 民国《上杭县志》卷20《礼俗志》。
② （清）杨澜：《临汀汇考》卷3，《风俗》。
③ 同治《安远县志》卷一之八《地理志·风俗》。
④ 民国《上杭县志》卷20《礼俗志》。

嘉应州："盘古圣王宫，在西阳堡樟坑口。"①
大埔县："盘古庙，在古源桃花笔山麓。"②
盘古宫：在黄坑村（同仁甲）。③
赤溪县："盘古庙二，一在北门外，一在田头堡小马村。"④

　　盘古信仰是汉族人的重要神灵信仰之一，但据学者考证，盘古信仰原本就是南方地区的民间信仰，大约在汉代，汉族已将源出南方的盘古神话纳入自己的创世神话体系中了，盘古成为汉民族神灵系谱中的重要一员。⑤赣闽粤边区至今普遍流行的盘古信仰，也有可能是畲瑶等族对祖先槃瓠的信仰的变异，但无论如何，都应该是受了当地原有的盘古信仰这一古俗的影响。

　　此外，在很多民间祈神禳灾的仪式中，也含有许多巫术色彩，也应该是深受当地土著文化的影响。例如，安远、长汀、武平等地的客家人在禾苗遭受病虫灾害，冰雹摧侵农作物，禽畜遭受瘟疫，甚至野兽危害庄稼时，都会举行祈祷仪式，祈求神灵消除灾害。如安远县"如遇病虫害严重成灾，村民即组织打'香火龙'活动，大肆进行谒神拜社公活动，巡回到山野田间转游，驱逐瘟疫，以求神灵消除这场灾祸保佑禾苗正常生长。"⑥长汀县张地村的村民在野猪危害猖獗的年份，会打"野猪醮"，认为这样就能驱除野猪危害，保护稻谷、地瓜等庄稼以及山上的竹子能有好的收成。⑦福建武平县的"保苗醮"，"秧长将熟，敛钱迎神斋醮，或用男巫婆娑吹笳舞，谓之保禾苗。盖本邑以农为本，城乡五月后，皆有此举。"⑧始兴县隘子村在每年六

---

① 《嘉应州志》卷 17《祠庙》。
② （清）嘉庆《大埔县志》卷 7，"盘古庙"条。
③ （民国）《大埔县志》卷 5。
④ 民国《赤溪县志》卷 3。
⑤ 曾祥委：《盘古探》，《广东民族研究论丛》第 12 辑，广东人民出版社 2004 年版。
⑥ 刘兆升、田惠裕：《安远民俗浅说》，见《安远县文史资料》第 5 辑，政协江西省安远县委员会文史资料研究委员会 1991 年编印，第 121—123 页。
⑦ 杨彦杰：《长汀县的宗族、经济与民俗》上册，见香港国际客家学会、海外华人资料研究中心、法国远东学院 2002 年版，第 134—135 页。
⑧ 民国《宁化县志》卷 19，《礼俗志》。

月初六举行"扛公王"的游神活动，村民认为大神巡察过的禾苗能得到雨水滋润，不生虫灾。① 此外，上杭、石城等地的客家人在临遇干旱时，也会举行巫术色彩浓厚的求雨仪式。福建上杭县有一块外形似龙的石头，当地人把它称为"石龙"。"遇旱，乡人积沙石于其背，即雨；水涨，去之乃止。"② 石城县天旱时常到一个叫"鱼骨礤"的地方求雨，其仪式为"祷雨者坠崖抵石上，举篙投辞，须臾，旋波若吸状，既入，即出，缘崖上奔，风雨立至。"③

上述种种文化事象，都带有浓厚的巫术色彩。这些巫术色彩，应该是受到了当地文化的影响。因为赣闽粤边区素有尚鬼信巫、迷信风水的风俗。这些颇具巫术色彩的禳灾仪式之所以存在，应该是受了当地原有的迷信巫鬼习俗的影响。这也在一个侧面说明了客家文化与土著文化之间的密切关系。

2. 从民间信仰看客家文化的移民性特征

客家族群在形成和发展过程中，一直与移民运动密切相关，正是这些客观存在的移民运动，使客家人带上了十分浓厚的移民情结，从而使客家文化带上了比较浓厚的移民文化色彩。客家文化的移民性特征，体现在以下方面：

珍重族谱是客家文化具有移民性特征的重要表现。客家人带有浓厚的移民情结，对故土和祖先有着深深的眷恋。因为一页页发黄的族谱上，写着自己祖先的姓名、故乡的地址，以及家乡的味道，浓缩成一部沉重的故乡，所以无论客家人漂泊至何方，都永远背负在身上。

热衷寻根也是客家文化具有移民性特征的重要表现。在客家地区的客家祠堂楹联中，追根溯源绝对是其中最常见的内容，体现了客家人深厚的移民情结。如，江西宁都县李氏祠堂楹联是"叶密枝繁，自世根深柱下；支分派远，由来源自陇西"；江西赣县戚氏祠堂楹联是"堂基开宋代，昔自苏州分派；世袭出临辕，颇看赣水发祥"；江西

---

① 曾祥委、曾汉祥：《始兴隘子客家大庙及崇拜习俗调查》，《韶关大学学报》1995年第 3 期。

② 乾隆《汀州府志》卷 3《山川》。

③ 道光《石城县志》卷 1《舆地志·山川》。

上犹县廖氏祠堂楹联是"源远流长自唐代为御史中丞，祖德宗功当思发扬光大；溪清水秀由博州迁豫章南野，瓜繁椒衍毋忘好友亲朋"，等等，都追述了自己宗族的祖源、宗望。此外，客家人还热衷于回到故土寻根谒祖，不辞劳苦地回到原乡拜谒祖坟、访问亲属等，也都是客家族群具有浓厚移民文化心理的表现。

客家音乐文化中也有浓厚的移民性特征。例如，客家汉乐又叫汉调音乐、外江弦、儒家乐、清乐，亦有中州古乐之称，是客家民间器乐中最具代表性的器乐合奏乐种，也是因其与中原汉族音乐有紧密联系而得名。如果把客家汉乐的许多曲名与中原各地的民间乐曲相比较，可以发现两者有不少是相同的。这些现象，都是与客家移民密切相关的。[①]

客家擂茶饮食文化中，也可找出移民文化的踪迹。擂茶，是客家人的一种制茶和饮茶习俗，就是把茶叶、芝麻、花生等原料放进擂钵里研磨后冲开水喝的茶饮习俗。擂茶技术是我国最早的茶叶制作方法，啜饮擂茶也是我国早期的饮茶方式。这种制茶和饮茶方式，在明清以后就逐渐地在全国的绝大部分地区消失了，只有客家人及西南地区极个别的少数民族仍传承了下来。[②] 擂茶之所以能够在客家地区传播并保留下来，就是与客家族群的移民运动有关，也是客家文化具有移民文化特征的一个显例。

此外，客家文化的移民文化色彩还体现在客家民居建筑、服饰文化等诸多方面。客家文化的这种移民文化色彩，是客家形成发展史上有过长期移民运动的产物。

客家文化的移民性特征，在民间信仰中也有明显的体现。前面我们提到了于都寒信村的水府老爷信仰是从肖姓宗族从赣州储君庙带过去的。江东神的传播也是随着赣南人口的外迁不断传到其他地区的。台湾和东南亚的许多神灵，也都是客家人从客家原乡带过去的。我们以台湾为例，台湾的民间信仰，大多数由移民传自一水之隔的福建、

① 冯光钰：《客家音乐与移民文化》，《音乐研究》1998 年第 4 期。
② 薛翘、刘劲峰：《客家擂茶源流考》，《农业考古》1994 年第 4 期。

广东，其中与福建尤其是闽南关系特别密切。台湾民间信仰的神灵，诸如天公、观音、孔子、文昌、财神、灶神、八仙、各行业神，及其他天神、土地公、地狱神、有应公及其他阴间鬼神，大树公、石敢当、风狮爷及其他自然、动植物神灵等，皆可以从祖国大陆尤其是福建民间信仰中找到其原形。台湾有些原是全国性或外省籍的神祇，由福建移民传进台湾，以后在台进一步传播；有些系福建籍人士，被奉为神，由福建移民带入台湾，建庙以祀，作为保护神，流传下来。[①]例如，妈祖是流传于我国沿海地区的民间信仰。它起源于福建莆田的一个地方神灵，后来在民间和官方的共同推动下，成为一个全国性的水上保护神灵，出现"有海水处有华人，华人到处有妈祖"的盛况。在台湾，有近千座妈祖庙。这些庙宇都奉莆田湄洲岛妈祖庙为祖庙，由于移民出发地不同，来自莆田的台湾人所奉的妈祖庙，因直接分香于湄洲祖庙，所以被称为"湄洲妈"，分香自泉州的妈祖称为"温陵妈"，分香自同安的称为"银同妈"。[②]

又如，台湾的王爷信仰十分普遍，这些王爷也都是从福建迁移过去的。据统计，1960年台湾王爷庙多达730座，成为全台各种寺庙之首，其中，台南鲲鯓五府王爷庙、麻豆代天府、朴子震天宫、台北万华集义宫等最为出名。[③]台湾的王爷信仰几乎全部都是从福建各地的移民迁移过去的。例如，高雄市旗津区天凤宫的吴王爷来自泉州府晋江县潘径乡十都，高雄县凤山寺北辰宫的巫王爷来自兴化府莆田县南天宫，台南县将军乡保济宫的池王爷来自泉州府晋江县十七都大仑庄，将军乡福安宫的吴王爷来自泉州府锡坑村十七、十八都，北门乡兴安宫的纪王爷来自泉州府晋江县十三都，归仁乡永丰代天府的池王爷来自同安县马厝巷，嘉义县东石乡连天宫的何王爷来自泉州府晋江

---

　　① 邱季端主编：《福建古代历史文化博览》，福建教育出版社2007年版，第1111—1112页。

　　② 林华东主编：《历史、现实与未来　闽南文化的传承创新研究》，厦门大学出版社2011年版，第97页。

　　③ 刘枝万：《台湾之瘟神庙》，《民族学研究所集刊》1966年秋季号。

县长市乡白石堡南门外呈尾。[①]

除此之外，台湾还有很多神灵都是由福建分香出去的。如漳州龙海白礁、厦门海沧青礁和泉州花桥慈济宫在台湾有 200 多座分炉；平和三平寺和安溪清水岩均有近 200 多座分炉在台；古田大桥镇临水宫在台有 74 座分炉；全台数百座关帝庙都是东山铜陵关帝庙和泉州通淮关岳庙的分炉；永宁、安溪城隍庙在台分炉分别有 100 多座和 200 多座；晋江安海龙山寺在台湾的分炉多达 441 座；而云霄、漳浦、漳州等地的威惠庙则是台湾各地开漳圣王庙的祖庙。[②]

台湾各地庙宇与福建祖庙的香火关系十分清楚，这些神灵与家乡有着千丝万缕的联系，并且为使神灵保持灵验，还得定期回原乡来寻亲。所有这些，都体现了民间信仰的移民文化特征。

3. 从民间信仰看客家文化的区域性特征

地理环境作为人类赖以发展的基础，对人类文化的发展与交流有不可忽视的重要影响。客家人的形成地域，在赣、闽、粤三省毗邻区，大致是"西起大庾，东至闽汀，纵横蜿蜒，山之南、山之北皆属之。即今之福建汀州各属，江西之南安、赣州、宁都各属，广东之南雄、韶州、连州、惠州、嘉应各属，及潮州之大埔、丰顺，广州之龙门各属"。[③] 这里地理环境的总体特点，是崇山峻岭，间有一块块狭小盆地。任何一种文化形态的产生，都与它所处的环境密切相关：它既受环境的制约，又体现出环境的特色。客家文化是在赣闽粤毗邻区形成和发展的，该区域的地理环境特征也必然使客家文化带上明显的地域色彩。著名的客家学者王东先生认为，任何一个地域性的社会文化系统，都是在独特的文化源头和独特的文化历史进程中形成和发展起来的。这是由于这种文化源头以及发展过程中的独特性，才从总体上决定着这个地域内部各种社会或文化因素在成因上的一致性以及它

① 姚同发：《台湾历史文化渊源》，九州出版社 2002 年版，第 303 页。
② 邱季端主编：《福建古代历史文化博览》，福建教育出版社 2007 年版，第 1111—1112 页。
③ （清）徐旭增：《丰湖杂记》，见《徐氏宗谱》总谱·卷二，转引自罗香林《客家史料汇编》，中国学社 1965 年版，第 297—298 页。

们在空间形式上的同质性。这种一致性和同质性，不仅造就了该地域独特的文化景观和文化氛围，而且还使该地域从总体上区别于周边的其他区域。① 赣闽粤边毗邻区作为一个独特的地域性社会或文化单元，在这一地域形成和发展起来的客家文化，也应该符合这一规律。事实上也是如此，客家文化在不同方面也都表现出明显的区域特征，反映出客家文化浓厚的地域性色彩。

例如，客家方言是汉语七大方言之一，也是客家族群最为显著的外显性特征，不少学者都主张把其母语是否为客家话作为判别客家人身份的标准。客家方言也明显带有强烈的赣闽粤边区的地域色彩。罗美珍和邓晓华在《客家方言》一书中，十分详尽地介绍了客家方言的语音、语法和词汇特点，认为客家方言是一种在古汉语基础上独自发展演变并吸收了百越语成分的汉语方言。操这一方言的人主要是南迁汉人以及改换了原有语言的畲族。②

又如，采茶戏是赣南客家人的重要曲艺，以载歌载舞而著称，"矮子步""扇子花"和"单袖筒"被认为是构成赣南采茶戏舞蹈表演独特美的"三要素"。不少学者认为，赣南采茶戏的产生，采茶戏的剧目内容、舞蹈表演、服饰道具等，都与赣闽粤毗邻区的山区环境和产茶生活密切相关。③

再如，客家饮食文化也是环境的产物。赣南的腊香肠、板鸭和闽西的"八大干"（武平猪胆干、宁化老鼠干、长汀豆腐干、永定菜干、上杭萝卜干、连城地瓜干、明溪肉铺干）都是客家地区有名的传统食品，这些食品的产生也与赣闽粤边区的物产和气候条件密切相关。④

---

① 王东：《那方山水那方人：客家源流新说》，华东师范大学出版社 2007 年版，第 40—68 页。

② 罗美珍、邓晓华：《客家方言》，福建教育出版社 1995 年版，第 6—27 页。

③ 参见廖军《无茶不成戏——略谈茶与赣南采茶戏及其艺术特点》（《农业考古》1996 年第 2 期）、黄玉英《江南一枝花——谈赣南采茶戏》（《戏曲艺术》1998 年第 3 期）、薛俊敬《客家茶叶文化对"采茶戏"发展的影响》（《歌海》2009 年第 4 期）等论文。

④ 王增能：《客家饮食文化》，福建教育出版社 1995 年版。

　　此外，在客家人的服饰文化中，也有鲜明的地域特色。如从原料上来看，客家传统服饰大多使用本地所产的麻布、葛布绩织而成；从色彩来看，客家服饰以蓝色为主色调，"大蓝衫"也成了客家人的标志性服装，这是因为当地广泛种植用以提取染料的"蓝靛"这一经济作物。

　　客家文化这种地域性特征，在客家民间信仰中也有清楚反映。客家民间信仰中的各色神灵虽然来源复杂，神职各异，但从总体上来看，赣闽粤边区客家社会的神灵种类和功能等特点，都反映出与当地自然环境和人文历史的密切相关性，从而体现了客家文化的地域性特征。

　　从神灵类型和功能上来看，虽然客家地区神灵多样，十分驳杂，但就其显著者，大致分为祖先神、行业神和宗教神灵三大类。这三大类神灵的存废，当与客家人建立在当地自然环境和人文历史基础上的区域社会生活需求有关。

　　祖先神是客家人最重要的神灵，其在客家人日常生活中的影响也最为显著。来自法国远东学院的劳格文博士长期关注赣闽粤边区的民间信仰问题，作为一个外来学者，赣闽粤边区浓厚的祖先信仰给他留下了极为深刻的印象："我们在客家地区的田野作业中，最大的惊讶是许多祖先如神一样为人们所崇拜。特别是这些与人们关系密切的神明，经常地采用宗族的说法，如公太、公爷、阿公和姑婆太等。"[1]在赣闽粤边区的客家社会中，为逝去祖先而建的祠堂和神位的数量，居于当地所有神灵之首。

　　我们以赣南地区宁都县的东龙村为例。该村基本上是属于单姓村，全村现有人口400余户，2000余口，除了5户约30人之外，其余都是李姓。在这个面积仅15平方公里的小小村落中，在最繁盛的时候，村中所建大小宗祠、分祠多达百余座，虽经过太平天国运动、"四清"运动和"文革"等的摧残，村中至今仍然还保存了

---

① John Lagerwey. The structure and dynamics of Chinese rural society 见《第四届国际客家学研讨会论文集》，台北，1998。

48 座祠堂。相对来说,这里的神灵庙宇就要少多了,主要有玉皇宫(祀玉皇大帝)、太公庙(又叫胡公庙,祀胡姓官员)、将军庙(祀宋朝通判赵彦覃)、蛇阳庙(又叫文昌阁,祀文昌梓橦星君)、宝塔寺(又叫妙觉庵,祀三宝、观音、弥勒佛和地藏菩萨)、永东寺(祀三宝、观音和地藏菩萨)、七仙庙(祀种痘菩萨)、相公庙(祀七郎祖师),此外,还有神祇来源不甚清楚的三仙庙、杨公庙、谷雨庙。①

又如,赣南地区赣县的白鹭村,面积不大,长约 1 公里,宽约 0.5 公里,就在这狭长的小小古村中,在民国年间,其各式祠堂庙宇多达 69 栋。村落中绝大部分古建筑都是钟姓宗祠、堂屋,如世昌堂(钟氏总祠)、敬公祠、恢烈公祠、王太夫人祠、文锦堂、友益堂、葆中堂、洪宇堂、兰善堂、保善堂、佩玉堂,等等。这些建筑或为敬奉祖先的专祠,或是居住与祭祀合一的堂屋。此外,还散落着诸如福神庙、三元宫、七姑庙、仙娘阁、小土地庙等神灵庙宇。② 很显然,这座古村落中,祖先神的庙宇远比其他神灵更多。

在客家社区中,祖先神之所以居于头等重要的位置,在于客家社会具有致密的宗族结构。而客家宗族结构的形成,除了受中国原有的宗族传统的影响之外,还与客家人村落的人文历史和自然环境有关。赣闽粤边区境内的客家人居住的环境多是崇山峻岭,山多地少,并且客家族群由于是后来之民,原来那些靠近河流山谷的土厚质肥的地方早已被土著居民占尽,所以客家人只好在更加贫瘠的山地上落居。源自自然资源的争夺,以及土客族群之间的文化冲突,都使客家人只有依赖宗族的力量,才能在斗争中获得生存和发展,所以建立了异常发达的宗族结构。为了加强宗族内部的团结,祖先神的祭祀也因此摆到了头等重要的地位。

除了祖先神之外,在赣闽粤边区还分布着林林总总的行业神。这些行业神种类很多,涉及人类生活的各个方面。但从总体上看,

---

① 田埠乡人民政府、宁都县史志办:《东龙》,2007 年编印,第 32—42 页。

② 张嗣介:《赣县白鹭村聚落调查》,《南方文物》1998 年第 1 期。

农业神、水神和医神则是行业神中在赣闽粤边区分布最为广泛、信众最多的神灵。

　　农业神主管农业生产事务，神灵职能主要在于保护庄稼、牲畜顺利生长。此类神灵很多，如在闽西北地区流传甚广的五谷大帝（祭祀神农），赣南石城县的后稷庙（祭祀后稷），宁都县的人们普遍祭祀"作田菩萨"（祀定光古佛），福建长汀县张地村祭祀"雨耕禅师"（祀胡姓和尚），以前赣州府还建有"刘将军庙"，专祀驱蝗之神刘猛。此外，对天公和土地神的崇拜，也可以算是属于农业神崇拜的范畴。

　　水神信仰也十分普遍。如遍布赣闽粤边区的龙王庙、天后宫，于都寒信村的"水府老爷"，赣州城下贡江河畔的"储君老爷"，会昌县的"赖公"，广东兴宁市茂兴村的"把水公王"。此外，在江西地区十分流行，被称为"江西福主"的许真君信仰，究其实质，也属于水神信仰，他学道有成，凭着自己的高超法术，打败了欲把江西化为东海的孽龙，并把它囚禁在南昌西郊西山万寿宫的故事，在江西广为流传。

　　医神专管人们疾病、妇幼平安，这方面的神灵也较多。如在福建长汀奉祀"药王先师"，该神灵实为战国时期的神医扁鹊。在赣南宁都县城，以前还有"药王庙"，祭祀扁鹊、华佗、孙思邈等古代名医。此外还有许多分布在赣闽粤边区各地，名称不一，但主治水痘、天花等疾病，保护母子生育平安的"三奶夫人庙""仙花宫""仙娘庙""痘娘庙"等。

　　为什么这三类神灵及其庙宇信众最广，分布最多？究其原因，乃与客家人居住的生态环境有关。在客家传统社会中，农业是客家人最重要的产业，它是客家人生存的基础，农业生产的好坏，直接关系到他们的温饱问题。因此，在赣闽粤边区农业神灵备受人们崇拜，不是没有道理的。水神信仰能够大行其道，获得广大信众的支持，其实也是与当地的自然环境密切相关。赣闽粤边区境内虽然没有像"四渎"那样的大江大河，但区域内沟壑纵横，万川条陈，加上这些河道狭小曲折，一遇洪水，积滞不畅，容易酿发水灾；并且因为赣闽粤边区的山田较多，地势很高，灌溉不便，山间水坝涵水不多，水路又远，所以稍有干旱，即成灾祸。此外，赣闽粤边区的客家人要外出与外界联系，把这里的木材、药物、蓝靛等土产运到外面去，又还得凭借这些曲曲折折的大小河道。因此这里的水神信仰信仰十分普遍，并且功能也比较强大，既能排涝，又能降雨，还能护航。

参考文献

一　历史文献类

1. （汉）司马迁：《史记》，中华书局 1975 年版。

2. （汉）班固撰，（唐）颜师古注：《汉书》，中华书局 1975 年版。

3. （南朝）范晔撰，（唐）李贤等注：《后汉书》，中华书局 1965 年版。

4. （宋）欧阳修、宋祁撰：《新唐书》，中华书局 1975 年版。

5. （元）脱脱等撰：《宋史》，中华书局 1977 年版。

6. （宋）欧阳修撰，（宋）徐无党注：《新五代史》，中华书局 1974 年版。

7. （清）吴任臣撰：《十国春秋》，中华书局 2010 年版。

8. （清）张廷玉等撰：《明史》，中华书局 1974 年版。

9. （清）徐松辑：《宋会要辑稿》，中华书局 1957 年版。

10. （宋）乐史：《太平寰宇记》，中华书局 2000 年版。

11. （宋）李昉：《太平御览》，中华书局 1985 年版。

12. （宋）王象之：《舆地纪胜》，中华书局 2003 年版。

13. （清）顾祖禹：《读史方舆纪要》，中华书局 2005 年版。

14. （元）马端临撰：《文献通考》，中华书局 1986 年版。

二　地方志、族谱类

15. （宋）胡太初修、赵与沐纂：《临汀志》，长汀县地方志编纂委员会整理，福建人民出版社 1990 年版。

16. （明）谈恺修纂：《虔台续志》，嘉靖乙卯（1555）年刻本，台北图书馆汉学研究中心影印本。

17. （明）邵有道纂修：《汀州府志》，嘉靖六年刻本，天一阁藏明代地方志选刊续编，上海书店 1990 年版。

18. （清）杜士晋修纂：《连城县志》，康熙五年刻本，方志出版社 1997

年版。

　　19. （明）王廷耀修，（明）郑乔纂：《崇义县志》，嘉靖三十二年刻本，崇义县志办校注线装本，崇义县志办 1987 年编印。

　　20. （清）王之正修纂：《嘉应州志》，乾隆十五年刻本，程志远等整理，广东省中山图书馆古籍部 1991 年校刊本。

　　21. （清）黄鸣珂修，（清）石景芬纂：《南安府志》，清同治七年刊本，赣州地区志编纂委员会办公室 1987 年重印本。

　　22. （清）方履篯修纂：《永定县志》，道光十年刊本，福建师范大学图书馆藏。

　　23. （清）卢兆鳌修、余鹏举纂：《平远县志》，嘉庆二十五年刻本，中国方志丛书，成文出版社 1974 年版。

　　24. 江西省兴国县志编纂委员会：《兴国县志》（上下册），兴国县志编纂委员会 1988 年编印。

　　25. 南康县志编纂委员会编：《南康县志》，江西省地方志丛书，新华出版社 1993 年版。

　　26. （清）杨鄗纂修：《南安府志补正》，清光绪元年刊本，赣州地区志编纂委员会办公室 1987 年重印本。

　　27. （宋）梁克家：《三山志》，福州市地方志编纂委员会编，海风出版社 2000 年版。

　　28. （民国）廖立元：《明溪县志》，民国三十二年，中国地方志集成，上海书店 2000 年版。

　　29. （民国）张超南：《永定县志》，民国三十年印本，中国地方志集成，上海书店 2000 年版。

　　30. （清）朱维高修，（清）杨长世纂：《瑞金县志》，康熙二十二年刻本，日本藏中国罕见地方志丛刊本，书目文献出版社 1992 年版。

　　31. （清）蒋叙伦、肖朗峰：《兴国县志》，清道光四年，江西省图书馆藏。

　　32. （清）朱宸等修，（清）林有席纂：《赣州府志》，清乾隆四十七年刻本，江西省图书馆藏。

　　33. （清）魏瀛修，（清）钟音鸿纂：《赣州府志》，清同治十二年刊本，赣州地区志编纂委员会办公室 1987 年重印本。

　　34. （清）黄永纶修，（清）杨锡龄纂：《宁都直隶州志》，道光四年刻本，赣州地区志编纂委员会办公室 1987 年重印本。

35. （清）黄德溥修，（清）褚景昕纂：《赣县志》，清同治十一年刻民国二十年重印本，中国方志丛书，成文出版社 1967 年版。

36. （清）申疏来修，（清）宋玉朗纂：《南康县志》，清康熙四十九年刊本。

37. （清）杨柏年修，（清）黄鹤雯纂：《石城县志》，乾隆四十六年刻本，故宫珍本丛刊，海南出版社 2001 年版。

38. （清）崔国榜修，钟音鸿等纂：《兴国县志》，清同治十一年刻本，江西省图书馆藏。

39. （清）郭一豪修，（清）朱雪映纂：《续修瑞金县志》，康熙四十九年刻本，日本藏中国罕见地方志丛刊本，书目文献出版社 1992 年版。

40. （民国）丘复：《武平县志》，民国三十年铅印本，福建省武平县志编纂委员会 1986 年编印。

41. （清）张瀚：《信丰县志》，清康熙五十八年刊本，清代孤本方志选（第一辑），线装书局出版社 2001 年版。

42. （清）黄瑞图修，（清）欧阳铎纂：《安远县志》，同治十一年刻本，安远县志编纂委员会校注本，1990 年。

43. （清）蒋大纶修，（清）王廷纂：《龙南县志》，乾隆十七年刻本，故宫珍本丛刊，海南出版社 2001 年版。

44. （清）祝文郁修，李世熊纂：《宁化县志》，康熙二十三年刻本，福建人民出版社 1989 年版。

45. （民国）黎彩彰、黎景曾：《宁化县志》，民国十五年铅印本，中国地方志集成，上海书店 2000 年版。

46. （清）朱一慊：《石城县志》，清道光四年刻本，石城县地方志办公室 1982 年重印本。

47. （清）陈廷枢纂：《永安县志》，清顺治九年版刻本，福建省地方志编纂委员会点校本，方志出版社 2004 年版。

48. （清）蒋廷铨修纂：《上杭县志》，康熙二十六年刻本，福建师范大学图书馆藏。

49. （清）朱维高修、（清）杨长世纂：《瑞金县志》，康熙二十二年刻本，日本藏中国罕见地方志丛刊本，书目文献出版社 1992 年版。

50. （清）刘长景修，（清）陈长栋纂：《会昌县志》，同治十一年刻本，会昌县文史资料室 2005 年重印本。

51. （明）康河修，（明）董天锡纂：《赣州府志》，明嘉靖十五年，天一阁藏明代地方志选刊，上海古籍书店 1982 年重印版。

52.（清）刘广聪修纂：《程乡县志》，康熙三十年刻本，程志远等整理，广东省中山图书馆 1993 年校刊本。

53. 刘织超：《民国新修大埔县志》，民国三十二年铅印。

54.（民国）卢兴邦修，洪济芳纂：《尤溪县志》，成文出版社 1970 年版。

55. 龙岩地区地方志编纂委员会：《龙岩地区志》，上海人民出版社 1992 年版。

56. 江西省赣州地区地方志编纂委员会编：《赣州地区志》，新华出版社 1994 年版。

57. 赣州地区志编纂委员会：《赣南概况·建置沿革》，人民出版社 1989 年版。

58. 赣州地区志编纂委员会：《赣南概况》，人民出版社 1989 年版。

59. 长汀县地方志编纂委员会：《长汀县志》，生活·读书·新知三联书店 1993 年版。

60. 江西省石城县县志编委会：《石城县志》，中华人民共和国地方志丛书，书目文献出版社 1989 年版。

61. 连城县地方志编纂委员会：《连城县志》，群众出版社 1993 年版。

62. 兴宁县志编修委员会：《兴宁县志》，广东人民出版社 1992 年版。

63. 蕉岭县地方志编纂委员会：《蕉岭县志》，广东人民出版社 1992 年版。

64. 梅州市地方志编纂委员会：《梅州市志》，广东人民出版社 1999 年版。

65. 黎锡波主编：《梅县松口镇志》，松口镇志编纂办公室 1990 年编印。

66. 清流县地方志编纂委员会：《清流县志》，1994 年。

67. 于都寒信村《雩邑峡溪萧氏重修族谱》，乾隆三年刻本。

68. 赣州沙河口《萧氏历代世系总序》，清光绪七年刻本。

69. 兴国《龙兴祠刘氏联修族谱》，民国三十年刻本。

三　古人文集类

70.（宋）王安石：《临川文集》，见（清）纪昀等总纂《景印文渊阁四库全书》第 1105 册，台北商务印书馆 1983 年版。

71.（宋）李纲：《梁溪集》，见（清）纪昀等总纂《景印文渊阁四库全书》第 1126 册，台北商务印书馆 1983 年版。

72.（宋）黎靖德编：《朱子语类》，中华书局 1986 年版。

73. （宋）程颢、程颐：《河南程氏遗书》，王星贤点校，中华再造善本，北京图书馆出版社。

74. （明）王守仁撰、吴光等编校：《王阳明全集》，上海古籍出版社 1992 年版。

75. （宋）吴曾：《能改斋漫录》，中华书局 1960 年版。

76. （宋）王安石：《临川文集》，中华书局 1971 年版。

77. （清）屈大均：《广东新语》，中华书局 1985 年版。

78. （唐）韩愈：《昌黎先生集》，三秦出版社 2004 年版。

79. （宋）洪迈：《容斋随笔》，孔凡礼点校，唐宋史料笔记丛刊，中华书局 2005 年版。

80. （宋）程颢、程颐：《二程集》，中华书局 1981 年版。

81. （宋）丘濬辑：《朱子家礼》，清嘉庆十四年刻本。

82. （明）归有光：《归有光文选》，钱仲联编，苏州大学出版社 2001 年版。

83. （明）谢肇淛：《五杂俎》，中华书局 1936 年版。

84. （宋）洪迈：《夷坚志》，何卓点校，中国图书馆学会 1981 年编印。

85. （清）郭柏苍：《竹间十日话》，光绪间福建郭氏沁泉山馆刊 1882 年版。

86. （清）褚人获：《坚瓠集》，浙江人民出版社 1986 年版。

四　近人论著

专著类

87. ［美］杨庆堃：《中国社会中的宗教——宗教的现代社会功能与其历史因素之研究》，上海人民出版社 2007 年版。

88. ［日］渡边欣雄：《汉族的民俗宗教》，周星译，天津人民出版社 1998 年版。

89. ［美］韩森：《变迁之神——南宋时期的民间信仰》，包伟民译，浙江人民出版社 1999 年版。

90. 林国平、彭文宇：《福建民间信仰》，福建人民出版社 1993 年版。

91. 徐晓望：《福建民间信仰源流》，福建教育出版社 1993 年版。

92. 方品光编：《福建通志》，同治十年重刊本，福建省图书馆藏。

93. 熊铁基、刘固盛：《道教文化十二讲》，安徽教育出版社 2005 年版。

94. 孔令宏：《中国道教史话》，河北大学出版社 1999 年版。

95. 林国平：《林兆恩与三一教》，福建人民出版社 1992 年版。

96. 何绵山：《闽文化概论》，北京大学出版社 1996 年版。

97. 卿希泰主编：《中国道教》，知识出版社 1994 年版。

98. 于民雄：《道教文化概说》，贵州人民出版社 1991 年版。

99. 吴幼雄：《泉州宗教文化》，鹭江出版社 1993 年版。

100. 任宗权：《道教章表符印文化研究》，宗教文化出版社 2006 年版。

101. 张泽洪：《道教斋醮符咒仪式》，巴蜀书社。

102. 王柏中：《神灵世界：秩序的构建与仪式的象征：两汉国家祭祀制度研究》，民族出版社 2005 年版。

103. 贾二强：《唐宋民间信仰》，福建人民出版社 2002 年版。

104. 雷闻：《郊庙之外：隋唐国家祭祀与宗教》，生活·读书·新知三联书店 2009 年版。

105. 郑土有等：《中国城隍信仰》，生活·读书·新知三联书店 1994 年版。

106. 汪毅夫：《客家民间信仰》，福建教育出版社 1995 年版。

107. 王健：《利害相关：明清以来江南苏松地区民间信仰研究》，上海人民出版社 2010 年版。

108. 林晓平：《客家民间信仰与民俗文化》，中国社会科学出版社 2012 年版。

109. 陈咏明：《儒家与中国宗教传统》，宗教文化出版社 2003 年版。

110. 皮庆生：《宋代民众祠神信仰研究》，上海古籍出版社 2008 年版。

111. 陈华文：《文化学概论》，上海文艺出版社 2001 年版。

112. 夏建中：《文化人类学理论学派》，中国人民大学出版社 1997 年版。

113. 周积民：《中国社会史论》，湖北教育出版社 2000 年版。

114. 钱穆：《民族与文化》，台北东大图书公司 1989 年版，第 2 页。

115. 罗勇、林晓平主编：《赣南庙会与民俗》，香港国际客家学会、海外华人研究社、法国远东学院 1998 年版。

116. 子月：《岭南经济史话》，广东人民出版社 2000 年版。

117. 许怀林：《江西史稿》，江西高校出版社 1998 年版。

118. 徐晓望主编：《福建通史》（1—5 卷），福建人民出版社 2006 年版。

119. 吕思勉：《中国民族史》，上海世界书局 1934 年 4 月第 1 版。

120. 葛剑雄：《中国移民史》，福建人民出版社 1997 年版。

121. 江应梁：《中国民族史》，民族出版社 1990 年版。

122. 郭志超：《闽台民族史辨》，厦门大学出版社 2006 年版。

123. 广东省民族研究所：《广东省畲族社会历史调查资料汇编》，民族出版社 2009 年版。

124. 罗香林：《客家研究导论》，南天书局 1992 年版。

125. 谢重光：《客家文化述论》，中国社会科学出版社 2008 年版。

126. 房学嘉等：《客家文化导论》，花城出版社 2002 年版。

127. 余英时：《士与中国文化》，上海人民出版社 2003 年版。

128. 侯外庐、邱汉生、张岂之主编：《宋明理学史》，人民出版社 1997 年版。

129. 陈来：《宋明理学》（第二版），华东师范大学出版社 2004 年版。

130. 张立文：《宋明理学研究》，人民出版社 2002 年版。

131. 朱汉民：《宋明理学通论一种文化学的诠释》，湖南教育出版社 2000 年版。

132. 林晓平：《客家祠堂与文化》，黑龙江人民出版社 2006 年版。

133. 李国钧：《中国书院史》，湖北教育出版社 1994 年版。

134. 毛礼锐、瞿菊农、邵鹤亭：《中国古代教育史》，人民教育出版社 1984 年版。

135. 张岱年、方克立：《中国文化概论》，北京师范大学出版社 2004 年版。

136. 张应杭、蔡海蓉：《中国传统文化概论》，上海人民出版社 2000 年版。

学术论文

137. 沈宗宪：《国家祀典与左道妖异　宋代民间信仰与政治关系之研究》，博士学位论文，台湾师范大学历史研究所，2000 年。

138. 钟家新：《客家人"风水"信仰的社会学分析》，《客家研究辑刊》1998 年第 1、2 期。

139. 刘大可：《公王与社公：客家村落的保护神》，《世界宗教研究》2003 年第 4 期。

140. 王维庭：《天地君亲师考释》，《文史哲》1984 年第 4 期。

141. 包志禹：《明代社稷坛等级与定制时间——以北直隶为例》，《建筑学报》2009 年第 2 期。

142. 巫能昌：《闽西客家地区的伯公、社公和公王崇拜》，《世界宗教研究》2014 年第 1 期。

143. 杨式挺：《关于广东早期铁器的若干问题》，《考古》1977 年第 2 期。

144. 江西省文考古研究所、赣州地区博物馆、赣州市博物馆：《江西赣州七里镇窑址发掘简报》,《江西文物》1990 年第 4 期。

145. 徐梓:《"天地君亲师"源流考》,《北京师范大学学报》2006 年第 2 期。

146. 邹春生:《王化与儒化:9—18 世纪赣闽粤边区的社会变迁与客家族群的形成》,博士学位论文,福建师范大学,2010 年。

147. 林惠祥:《福建龙岩石器时代遗址的发现》,《厦门大学学报》(哲学社会科学版)1960 年第 2 期。

148. 江西省文物考古研究所:《江西考古的世纪回顾与思考》,《考古》2000 年第 12 期。

149. 童有庆等:《赣南文物考古工作概述》,《南方文物》1984 年第 2 期。

150. 赣南地方历史文化研究室:《赣南文物考古五十年》,《南方文物》2001 年第 4 期。

151. 古运泉等:《广东考古世纪回顾》,《考古》2000 年第 6 期。

152. 陈国强:《福建的古民族——"木客"试探》,《厦门大学学报》1963 年第 2 期。

153. 蒋炳钊:《古民族"山都木客"历史初探》,《厦门大学学报》1983 年第 3 期。

154. 郭志超:《闽粤赣交界地区原住民族的再研究》,《厦门大学学报》1996 年第 3 期。

155. 罗勇:《"客家先民"之先民——赣南远古土著居民析》,《赣南师范学院学报》2004 年第 5 期。

156. 徐规:《畲族的名称、来源和迁徙》,《杭州大学学报》1962 年第 1 期;

157. 施联朱:《关于畲族的来源与迁徙》,《中央民族学院学报》1983 年第 2 期。

158. 吴永章:《槃弧考述》,《思想战线》1986 年第 2 期。

159. 胡阳全:《近年国内畲族族源研究综述》,《历史教学》1992 年第 5 期。

160. 罗勇:《论民间信仰对客家传统社会的调控功能》,《西南民族大学学报》2004 年第 7 期。

161. 沈海波:《论孔子的神道设教思想》,《同济大学学报》(社会科学版)1996 年第 1 期。

162. 李华瑞、王海鹏:《朱熹襄弭救荒思想述论》,《中国农史》2004 年第 3 期。

163. 刘中平：《论清代祭典制度》，《辽宁大学学报》（哲学社会科学版）2008 年第 6 期。

164. 释本性：《福建佛教概况》，《法音》2000 年第 1 期。

165. 童辰：《江西古代佛教文化概说》，《江西社会科学》1996 年第 4 期。

166. 郭志超：《客家猎神的发现与寻根》，《民俗研究》2000 年第 3 期。

167. 朱丹琼：《佛教对巫术思维的批判及其影响》，《中南大学学报》（社会科学版）2005 年第 3 期。

168. 林蔚文：《论福建的猴神崇拜》，《民间文化论坛》1992 年第 2 期。

169. 黄活虎：《福建齐天大圣信仰研究》，硕士学位论文，福建师范大学，2006 年。

170. 郭健：《建国以来〈西游记〉主题研究述评》，《江淮论坛》2004 年第 2 期。

171. 谢重光：《佛教的外衣，道教的内容：福建民俗佛教论略》，《中共福建省委党校学报》2001 年第 5 期。

172. 徐晓望：《福建佛教与民间信仰》，《法音》2000 年第 1 期。

173. 林国平：《关于中国民间信仰研究的几个问题》，《民俗研究》2007 年第 1 期。

174. 吴天明：《神仙思想的起源和变迁》，《海南大学学报》（人文社会科学版）2004 年第 2 期。

175. 葛兆光：《古代中国道教的修炼、仪式和方法》，《中国典籍与文化》2002 年第 2 期。

176. 谢重光：《三山国王信仰考略》，《世界宗教研究》1996 年第 2 期。

177. 皮庆生：《宋人的正祀、淫祀观》，《东岳论丛》2005 年第 4 期。

178. 邹春生：《神灵入典与毁禁淫祠：略论国家对客家民间信仰的控制——兼论国家权力在客家文化形成中的作用》，《赣南师范学院学报》2008 年第 1 期。

179. 詹石窗：《论道教拟兆》，《世界宗教研究》1996 年第 2 期。

180. 邹春生：《从文化学视野下看客家文化特质的形成》，《江西社会科学》2006 年第 11 期。

181. 余光弘：《台湾地区民间宗教的发展——寺庙调查资料之分析》，《中央研究院民族学研究所集刊》1982 年第 53 期。

182. 王健：《祀典、私祀与淫祀：明清以来苏州地区民间信仰考察》，《史林》2003 年第 1 期。

后　　记

　　这本小册子是笔者从事客家研究 10 余年来的"意外"之作。从 2003 年起，笔者就涉足客家研究，主要旨趣是探讨客家文化的形成机制，想弄清楚在中国大一统的文化背景下，以儒家文化为主体的中原主流文化究竟是如何在赣闽粤边区进行传播的，这种文化传播又对该区域"客家"文化的产生起了什么样的作用。围绕这一主旨，在过去的 10 年中，笔者所主持的 1 个教育部高校人文社科基金项目和 4 个省级项目，都是在这一思路的指导下完成的。在研究过程中，大量客家民间信仰的资料和事象引起了笔者的关注。正如与其他族群一样，在客家传统社会中，民间信仰也是十分普遍的，客家地区至今流传着"抬头三尺有神明""人在做，天在看"等俗语。毫无疑问，民间信仰是理解客家文化特质和客家人心灵世界的重要窗口，开展客家民间信仰的研究，对于了解客家族群的社会生活，探究客家人的情感心态，认识客家文化的文化特质，等等，均具有重要的价值。于是，笔者开始有意识地积累相关资料，并写了一些小文章。正是因为有这样的积累，所以笔者写起这本小册子来，还算比较顺手。

　　这本小册子的顺利完成，除了感谢内子刘春凤和女儿邹楚月的鼓励和支持外，还有很多想要感谢的师友。首先应该感谢黄今言和谢重光两位先生，他们分别是我的硕、博士导师，正因为有他们对我的严格训练和悉心指导，我才敢坚持走在这条学术"畏途"上。同时还要真诚感谢为我在做田野调查时提供过诸多帮助的人，如龙岩学院张佑周、嘉应学院宋德剑、福建省社科院黄洁琼、龙南文化馆廖小凤、于都县旅游局肖紫雷、上杭县客家族谱馆严雅英、顺昌博物馆王益民，以及石城温涌泉、赣县白鹭钟隆楠、于都寒信李东洋等诸多师友、同人或报告人。因为碰到的热心人很多，生怕挂一漏万，留下

"介子之憾"，故不一一列举。书中有些章节的内容已在相关学术会议上宣读，并得到韩国大田大学文智成、中国历史文献研究会张涛、福建省委党校刘大可、深圳大学刘丽川等学者的评议和指导，在此亦表感谢。这本小册子被纳入《客家与民俗研究》丛书，得到了我校"江西省高水平学科（社会学）"的资助。能有幸忝列于这套丛书，还得感谢丛书组织者林晓平和万建中两位老师的帮助。此外，中国社会科学出版社的宫京蕾老师也为小册子的出版做了大量的编辑工作，在此一并感谢！

这本小册子的完成，只是笔者涉足客家民间信仰的起点。尽管书中存在诸多瑕疵和误漏，但至少也让自己在这一领域里历练了一回，积累了一些研究资料和田野调查经验。民间信仰包含深厚的历史文化积淀，又还在当下客家人的社会生活中鲜活地发展着，是我们开启客家文化殿堂的一把金钥匙。有了撰写一本小册子的基础和经验，笔者相信自己会更有信心在客家民间信仰这块领域中继续探索下去。

邹春生

书于赣州天伦山麓·潜心斋